DISCIPLINA POSITIVA
NA CRIAÇÃO DE FILHOS

Jane Nelsen
Mary Nelsen Tamborski
Brad Ainge

DISCIPLINA POSITIVA
NA CRIAÇÃO DE FILHOS

AS 49 FERRAMENTAS PARENTAIS MAIS EFICAZES

Tradução de Bete P. Rodrigues e Ruymara Almeida

Título original em inglês: *Positive Discipline Parenting Tools – the 49 most effective methods to stop power struggles, build communication, and raise empowered, capable kids*
Copyright © 2016 Jane Nelsen, Mary Nelsen Tamborski e Brad Ainge. Todos os direitos reservados.
Publicado mediante acordo com Harmony Books, selo da Crown Publishing Group, uma divisão da Penguin Random House LLC, Nova York, EUA.

Produção editorial: Retroflexo Serviços Editoriais

Tradução: **Bete P. Rodrigues**
Treinadora certificada em Disciplina Positiva para pais e profissionais pela Positive Discipline Association. Mestre em Linguística Aplicada (LAEL-PUC/SP). Escritora, palestrante e consultora para pais, escolas e empresas. Professora da COGEAE-PUC/SP e Coordenadora da Pós-Graduação Integral em Educação Parental

Ruymara Almeida
Graduada em Letras Português e Inglês pelas Faculdades Oswaldo Cruz. Responsável pela formação e desenvolvimento de professores e coordenadores em uma rede de ensino de idiomas e um sistema bilíngue. Certificada em Disciplina Positiva para pais, Disciplina Positiva na sala de aula e Empowering People in the Workplace pela Positive Discipline Association

Revisão de tradução e revisão de prova: Depto. editorial da Editora Manole
Projeto gráfico: Depto. editorial da Editora Manole
Diagramação: Elisabeth Miyuki Fucuda
Capa: Ricardo Yoshiaki Nitta Rodrigues
Imagem da capa: freepik.com

CIP-BRASIL. CATALOGAÇÃO NA PUBLICAÇÃO
SINDICATO NACIONAL DOS EDITORES DE LIVROS, RJ

N348d

    Nelsen, Jane
       Disciplina positiva na criação de filhos : as 49 ferramentas parentais mais eficazes / Jane Nelsen, Mary Nelsen Tamborski, Brad Ainge ; tradução Bete P. Rodrigues, Ruymara Almeida. - 1. ed. - Barueri [SP] : Manole, 2024.

       Tradução de: Positive discipline parenting tools : the 49 most effective methods to stop power struggles, build communication, and raise empowered, capable kids
       ISBN 9788520460610

       1. Disciplina infantil. 2. Motivação na educação. 3. Disciplina escolar. I. Tamborski, Mary Nelsen. II. Ainge, Brad. III. Rodrigues, Bete P. IV. Almeida, Ruymara. V. Título.

24-91699   CDD: 371.392
                             CDU: 37.091.4

Gabriela Faray Ferreira Lopes - Bibliotecária - CRB-7/6643

Todos os direitos reservados.
Nenhuma parte desta obra poderá ser reproduzida, por qualquer processo, sem a permissão expressa dos editores.
É proibida a reprodução por fotocópia.

A Editora Manole é filiada à ABDR – Associação Brasileira de Direitos Reprográficos.

Edição brasileira – 2024

Direitos em língua portuguesa adquiridos pela:
Editora Manole Ltda.
Alameda Rio Negro, 967 – CJ 717
Tamboré – Barueri – SP – Brasil
CEP: 06454-000
Fone: (11) 4196-6000
www.manole.com.br | https://atendimento.manole.com.br/

Impresso no Brasil
Printed in Brazil

Para Mary e Brad. Que divertido ter dois de meus filhos se juntando a mim na criação deste livro.

– Jane

Ao Mark, meu marido, que oferece amor e apoio infinitos; e aos meus três filhos, Greyson, Reid e Parker, que me lembram diariamente como a parentalidade pode ser desafiadora e gratificante.

– Mary

Aos meus três filhos, Kelsie, Gibson e Emma, sobre os quais tenho mais a dizer nos agradecimentos.

– Brad

Durante o processo de edição desta obra, foram tomados todos os cuidados para assegurar a publicação de informações técnicas, precisas e atualizadas conforme lei, normas e regras de órgãos de classe aplicáveis à matéria, incluindo códigos de ética, bem como sobre práticas geralmente aceitas pela comunidade acadêmica e/ou técnica, segundo a experiência do autor da obra, pesquisa científica e dados existentes até a data da publicação. As linhas de pesquisa ou de argumentação do autor, assim como suas opiniões, não são necessariamente as da Editora, de modo que esta não pode ser responsabilizada por quaisquer erros ou omissões desta obra que sirvam de apoio à prática profissional do leitor.

Do mesmo modo, foram empregados todos os esforços para garantir a proteção dos direitos de autor envolvidos na obra, inclusive quanto às obras de terceiros e imagens e ilustrações aqui reproduzidas. Caso algum autor se sinta prejudicado, favor entrar em contato com a Editora.

Finalmente, cabe orientar o leitor que a citação de passagens da obra com o objetivo de debate ou exemplificação ou ainda a reprodução de pequenos trechos da obra para uso privado, sem intuito comercial e desde que não prejudique a normal exploração da obra, são, por um lado, permitidas pela Lei de Direitos Autorais, art. 46, incisos II e III. Por outro, a mesma Lei de Direitos Autorais, no art. 29, incisos I, VI e VII, proíbe a reprodução parcial ou integral desta obra, sem prévia autorização, para uso coletivo, bem como o compartilhamento indiscriminado de cópias não autorizadas, inclusive em grupos de grande audiência em redes sociais e aplicativos de mensagens instantâneas. Essa prática prejudica a normal exploração da obra pelo seu autor, ameaçando a edição técnica e universitária de livros científicos e didáticos e a produção de novas obras de qualquer autor.

SUMÁRIO

Sobre os autores xi

Colaboradores xiii

Agradecimentos xv

Introdução xix

Capítulo 1: O básico 1

   Decifrar o código 1

   Reserve tempo para praticar 13

   Gentil e firme 22

   Conexão antes da correção 29

   Encorajamento 33

   Conquistar a cooperação 42

Capítulo 2: Orientação parental 47

   Reuniões de família 47

   Validar os sentimentos 56

   Decida o que você vai fazer 62

   Faça o acompanhamento eficaz 69

   Desapegar 76

Capítulo 3: Cometendo erros...**82**

Compreenda o cérebro... 82

Pausa positiva.. 88

Erros são oportunidades maravilhosas para aprender................. 94

Três "R" da reparação dos erros 101

Capítulo 4: Como se conectar.....................................**107**

Tempo especial 107

Acredite 112

Reconhecimentos... 120

Apenas escute 124

Capítulo 5: Resolução de problemas **128**

Resolução de problemas 128

Cumprir os acordos... 136

Peça ajuda 142

Foco em soluções 147

Roda de escolhas.. 151

Perguntas curiosas (motivacionais) 156

Evite mimar... 164

Capítulo 6: Lidando com os desafios...............................**171**

Abraços 171

Olho no olho.. 177

Pequenos passos 181

Encorajamento *versus* elogio 185

Perguntas curiosas (que geram conversas)............................ 191

Escolhas limitadas 197

Capítulo 7: Habilidades práticas...................................**201**

Mesadas 201

Tarefas domésticas 208

Limitar o tempo de tela 213

Rotinas.. 222

Capítulo 8: Menos é mais **231**

Ouvir 231

Preste atenção 236

Agir sem palavras 241

Sinais não verbais 246

Uma palavra 250

Capítulo 9: Consequências **254**

Consequências lógicas.. 254

Consequências naturais 261

Colocar as crianças no mesmo barco 268

Capítulo 10: Seja um exemplo...............................**273**

Controle seu próprio comportamento 273

Tom de voz 279

Não retruque 283

Senso de humor 288

Empodere seus filhos 293

Referências bibliográficas 301

Índice remissivo 303

SOBRE OS AUTORES

Jane Nelsen, ED.D., mãe de 7 filhos, avó de 22 netos, bisavó de 18 bisnetos, e por aí vai... É autora e coautora da série de livros Disciplina Positiva, que foi publicada em mais de 15 países. Com mais de 80 anos, ela também é uma famosa palestrante e facilitadora de *workshops* no mundo todo.

Mary Nelsen Tamborski, M.A., casada e mãe de 3 meninos, é terapeuta matrimonial e familiar em San Diego. Ela também é Trainer Certificada em Disciplina Positiva e *Coach* Parental.

O treinamento formal de Mary é secundário ao treinamento de vida que ela recebeu de sua mãe, Dra. Jane Nelsen, autora e coautora dos livros da série Disciplina Positiva. Desde que ela se lembra, sua mãe e seu pai a envolveram em comunicação respeitosa, encorajamento e foco em soluções.

Mary é coautora do baralho *Disciplina Positiva para casais* e do *e-book* de mesmo nome, com sua mãe, Jane Nelsen. Ela é uma famosa palestrante e facilitadora de *workshops*, e oferece muitas aulas de Disciplina Positiva para pais.

Brad Ainge é pai solteiro em tempo integral e blogueiro em meio período. Seus *hobbies* incluem lavar roupa, lavar louça, cuidar dos animais e ser árbitro de ocasionais debates do tipo "Ele começou!", "Não, ela começou!". Seu objetivo é algum dia escapar para uma remota vila escocesa e passar os dias jogando golfe. Ele começou a escrever um *blog* para compartilhar a experiência única de conciliar as responsabilidades de criar os filhos, namorar e ganhar a vida. Brad é pai de Kelsie, Gibson e Emma, e CEO da Empowering People, editora e distribuidora de muitos dos produtos da Disciplina Positiva nos EUA (www.positivediscipline.com).

COLABORADORES

Muitas pessoas contribuíram com histórias de sucesso para este livro. Os seguintes colaboradores também são Educadores Parentais Certificados em Disciplina Positiva e/ou Trainers que conduzem com regularidade aulas e treinamentos em Disciplina Positiva:

Khulod Muhammad Al Assaf
Melissa Bugeja, Malta www.breastfeedingmatters.net
Joel Devyn Carter
Tarisayi de Cugnac, França
Cheryl Erwin, www.cherylerwin.com
Lisa Fuller, www.lisafullercoaching.com
Samantha Garcia
Kelly Gfroerer, www.positivedisciplineatlanta.com
Dimitrios Giouzepis, www.positiveparentingguy.com
Gina Graham e Mariella Vega, Peru, www.crianzapositiva.org
Georgina Gurdian, Costa Rica, www.facebook.com/noalmaltratoinfantilcr
Saleha Hafiz, www.parentingfortomorrow.com
Monica Holliday
Lois Ingber, www.AdlerianConsulting.com
Julie Iraninejad, Trainer Certificada em Disciplina Positiva, www.parenting-forabetterworld.com
Sarah Joseph, www.prenataltoparenting.com

Seonghwan Kim, www.pd-korea.net
Amy Knobler, www.connectandrespect.com
Freddie Liger, www.relationshiphelp.net.au
Nisha Maggon, www.newlifeparenting.com
Flora McCormick, www.justastayathomemom.com
Casey O'Roarty, www.joyfulcourage.com
Yogi Patel, www.kinderhousemontessori.com
Jeanne-Marie Paynel, www.voilamontessori.com
Aisha Pope, www.RootsAndWingsConsulting.com
Joy Sacco, www.positivedisciplinesocal.com
Shaza A. S. Salaheldin
Christine Salo-Sokolowski, www.internallymotivatedkids.com
Julietta Skoog, www.juliettaskoog.com
Marcilie Smith Boyle, www.workingparenting.com
Elly Zhen, www.pd-china.org

AGRADECIMENTOS

De Brad: Meu filho, Gibson, adicionou um grande toque cômico a este livro. Adoro como ele sempre desafiou o *status quo* e me forçou a olhar mais profundamente para minha paternidade. Entre nossas muitas disputas por poder, Gibson e eu desenvolvemos um vínculo estreito como pai e filho. Ele cresceu e se tornou um jovem responsável e respeitoso. Ele é até legal com sua irmã mais nova, Emma, e se tornou um grande modelo para ela. Gibson está agora na faculdade estudando ciências da computação.

Quando minha filha mais nova, Emma, estava terminando o sexto ano, participei da cerimônia em que ela recebeu o prêmio de Melhor Aluna do Ano. Eu estava tão orgulhoso dela!

Transcrevo a seguir uma carta de sua professora que foi lida para o público quando ela recebeu seu prêmio.

Emma é uma garota excepcional. Ela é uma das pessoas mais gentis que você conhecerá e está sempre incluindo crianças que não têm mais ninguém com quem brincar. Ela se esforça ao máximo em qualquer tarefa que recebe e geralmente vai além de surpreender seus professores com seu esforço extra. Ela tem uma combinação maravilhosa de inteligência, criatividade e curiosidade.

Mas o que realmente diferencia Emma é sua dedicação a questões que estão além dos pensamentos da maioria dos alunos do sexto ano. Ela é totalmente dedicada ao meio ambiente e ao uso indevido de nossos recursos naturais. Ela iniciou o seu próprio negócio, que vende material escolar feito majoritariamente de materiais reciclados e até doou uma parte dos seus lucros à escola.

Emma é uma pessoa maravilhosa e será uma cidadã fantástica do nosso país. Ninguém que conheça Emma ficará surpreso ao vê-la ter sucesso em tudo o que ela empreender. É um orgulho tê-la como aluna em nossa escola!

Emma está agora no primeiro ano do ensino médio e deixará o ninho em breve. Não menciono minha filha mais velha, Kelsie, neste livro. Ela já estava na faculdade quando comecei a escrever um *blog* sobre as ferramentas da Disciplina Positiva. De qualquer modo, nunca senti que ela precisasse de muito cuidado. Na verdade, ela foi uma grande ajuda como irmã mais velha para seus dois irmãos mais novos. Ela tem uma personalidade tão amorosa que tudo sempre fica melhor quando Kelsie está por perto. Preciso dizer que ela tornou meu trabalho como pai solteiro muito mais fácil. Kelsie se formou no ensino médio com louvor e frequentou a faculdade. Ela fez algumas pausas nos estudos universitários: uma vez para trabalhar como babá na Alemanha, outra para servir como missionária e, mais recentemente, para se casar. Ela agora está de volta aos estudos, terminando sua faculdade.

De Mary: Muitos dos meus irmãos não tiveram o benefício de minha mãe ser uma avó mais disponível para seus filhos, porque ela ainda estava criando alguns dos seus próprios. Quando meu primeiro filho nasceu, ela se mudou para perto de mim, com a intenção de ficar um mês. Ela ainda mora perto e teve uma grande influência sobre mim e, portanto, sobre meus filhos. Eu não tinha ideia de que me tornaria uma defensora da Disciplina Positiva, mas como poderia escapar? Ela tem sido uma encorajadora constante e, assim, me ajudou a descobrir o quanto adoro encorajar outras pessoas a usarem essas ferramentas maravilhosas.

De todos nós: Somos muito gratos pelas nossas raízes e é por isso que iniciamos cada capítulo com uma citação de Alfred Adler ou Rudolf Dreikurs. A filosofia de ambos mudou as nossas vidas e as vidas de milhões de pessoas. Agrada-nos muito "passar isso adiante" por meio de nossos livros, *workshops* e aulas. É um vaivém constante. Muitos desses pais, do mundo todo, compartilham agora as suas histórias de sucesso neste livro. Sabemos que eles inspirarão muitos outros ao compartilharem a aplicação prática das ferramentas da Disciplina Positiva com seus filhos.

Tem sido muito gratificante receber as muitas histórias de sucesso da Disciplina Positiva de todo o mundo que irão inspirar os nossos leitores.

Nossos agradecimentos vão para a Associação de Disciplina Positiva (www.positivediscipline.org), uma organização sem fins lucrativos que é responsável pela garantia de qualidade da certificação de centenas (que cresce rapidamente para milhares) de Educadores Parentais e Professores Certificados em Disciplina Positiva, bem como Trainers (treinadores) de Trainers Certificados em Disciplina Positiva. Esses treinadores certificados estão conduzindo aulas e *workshops* de Disciplina Positiva em todo o mundo.

Agradecemos novamente pelas ilustrações de Paula Gray e Diane Durand que apareceram em muitos dos livros de Disciplina Positiva. Adoramos o fato de que suas ilustrações costumam dizer mais do que palavras.

Obrigado à Dra. Kelly Gfroerer pela pesquisa que citamos neste livro. Kelly é coautora do livro *Positive Discipline Tools for Teachers*. Como Kelly adora pesquisar, esse novo livro incluirá pesquisas para validar todas as ferramentas para professores que apresentamos.

Elogiamos para todos a nossa editora, Michele Eniclerico. Nós nos sentimos abençoados por ter o privilégio de trabalhar com uma pessoa tão talentosa e encorajadora como Michele. Suas contribuições, tanto na edição como na organização, fizeram deste livro algo que queremos ler continuamente. Muito obrigado!

Todos os nossos filhos sabem quantos erros cometemos; e nos amam mesmo assim. (Já mencionamos que a Disciplina Positiva não faz de você um pai/mãe perfeito(a)?) Somos gratos por nossos filhos não terem o fardo de viver à altura da perfeição. Sorria!

INTRODUÇÃO

COMO A DISCIPLINA POSITIVA É DIFERENTE?

Pesquisas sobre estilos parentais têm se concentrado, há várias décadas, em identificar quais práticas parentais são mais eficazes. Alfred Adler, um médico vienense e um dos primeiros a criar o campo da psiquiatria com Freud no final dos anos 1800, acreditava que o objetivo principal de todas as pessoas é pertencer (serem aceitas) e se sentirem importantes, e que as pessoas cometem todo tipo de erro em seus esforços para superar um sentimento de inferioridade (o sentimento de não ser bom o suficiente). Esses "erros" muitas vezes são identificados como mau comportamento. Adler acreditava que o "mau comportamento" se baseava em crenças como "Eu me sentirei bom o suficiente apenas se receber muita atenção", ou "apenas se eu for o chefe", ou "se eu magoar os outros como me sinto magoado", ou "se eu desistir e assumir que sou inadequado". Essas crenças formam o que Adler chamou de "lógica privada", e ele ensinou que a única maneira de mudar o comportamento é ajudar o indivíduo a mudar essas crenças.

Diferentemente de B. F. Skinner, que acreditava que a melhor maneira de mudar o comportamento é de fora para dentro (motivadores externos), por meio de punição e recompensas (uma abordagem agora chamada de behaviorismo), Adler acreditava que a melhor maneira de mudar o comportamento é de dentro para fora (motivadores internos), por meio de encorajamento que ajuda a pessoa a experimentar a profunda necessidade de pertencer (aceitação) como um ser social. Essa era uma filosofia voltada a tratar todos com dignidade e respeito. Ele via os pacientes cara a cara em vez de fazê-los deitar em um divã (como Freud) e assumir uma posição de superioridade em relação ao paciente.

Rudolf Dreikurs, um protegido e colega de Adler, continuou ensinando a filosofia adleriana após a morte de Adler em 1937, e levou essa filosofia de igualdade, dignidade e respeito por todas as pessoas para pais e professores, em vez de confiná-la ao consultório psiquiátrico para psicanálise. Dreikurs referiu-se a essa filosofia como "democrática" (liberdade com ordem), em contraste com "autoritária" (ordem sem liberdade) e "anárquica" (liberdade sem ordem). Ele usou esse modelo tridimensional para examinar como os pais influenciam seus filhos.

Diana Baumrind, uma psicóloga que trabalhava na Universidade da Califórnia, Berkeley, usou o termo "autoritativo", que usaremos mais frequentemente ao longo do livro, para descrever o que Dreikurs chamou de "democrático". Dreikurs identificou o estilo parental "democrático" como o mais benéfico, e defendeu essa abordagem responsiva, porém firme, para a liderança em casa, assim como nas escolas. Tanto Adler como Dreikurs reconheceram a necessidade de uma disciplina respeitosa projetada para ensinar a resolução de problemas e outras habilidades importantes para a vida.

A pesquisa longitudinal de Diana Baumrind sobre estilo parental se estendeu por várias décadas.[1-4] Seu trabalho também apoia o modelo parental de Disciplina Positiva, que se concentra na aplicação prática dos mesmos métodos que Baumrind e outros identificam como influentes no desenvolvimento de crianças e adolescentes. Baumrind examinou sistematicamente como a parentalidade impacta o ajuste social e psicológico, o sucesso acadêmico e o bem-estar geral de crianças e adolescentes. Baumrind descobriu que adolescentes cujos pais eram democráticos ou autoritativos se saíam melhor do ponto de vista acadêmico, eram mais estáveis nos aspectos emocional e social e usavam álcool e drogas substancialmente menos do que adolescentes provenientes de ambientes familiares permissivos ou autoritários. Baumrind resumiu sua própria pesquisa ao afirmar: "Adolescentes de famílias autoritativas e democráticas mostraram, de longe, maior competência social, maturidade e otimismo". Eles também obtiveram as maiores pontuações em testes de aproveitamento verbal e matemático.[5]

A maioria dos modelos de disciplina praticados em casas e escolas hoje se baseia em punições e recompensas. A Disciplina Positiva é baseada no modelo adleriano de eliminação de todas as punições e recompensas em favor do encorajamento que atende às necessidades básicas das crianças de pertencer e se sentir importante (aceitação e importância), e nossa tarefa é ajudar as crianças a encontrarem pertencimento e importância de maneiras socialmente úteis. Começamos pelo entendimento e abordagem das crenças equivocadas sobre como obter pertencimento e importância, e então ensinamos habilidades para conseguir pertencimento e importância de maneiras socialmente úteis.

O comportamento de uma criança, como a ponta de um *iceberg* submerso, é o que você vê. No entanto, a base oculta do *iceberg* (muito maior do que a ponta) representa a *crença* por trás do comportamento, e a necessidade mais profunda da criança por pertencimento e importância. A maioria dos programas parentais aborda apenas o comportamento. A Disciplina Positiva aborda tanto o comportamento quanto a crença por trás do comportamento.

Quando as crianças se comportam mal, geralmente têm uma *crença equivocada* sobre como ganhar um senso de pertencimento. A crença gera o que os pais chamam de mau comportamento. A maioria dos pais reage ao comportamento com algum tipo de punição (culpa, vergonha ou dor). Isso apenas confirma a crença da criança de que ela não pertence (não é aceita), criando um ciclo vicioso.

Alfred Adler e Rudolf Dreikurs ensinaram que uma criança que se comporta mal é uma criança desencorajada. O desencorajamento vem da crença "Eu não pertenço". Na maioria dos casos, isso é chocante para os pais. Eles se perguntam: "Como meu filho pode acreditar que não pertence? Como ele poderia não saber o quanto eu o amo? Isso não faz sentido".

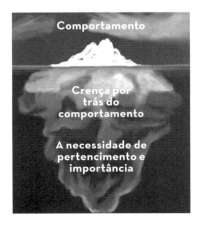

Aha! Você agora entrou no reino de um dos maiores mistérios da vida. Como e por que as crianças criam suas crenças, especialmente quando elas não fazem sentido para nós? É por isso que é tão importante entrar no mundo da criança, para entender sua "lógica privada". Todos nós temos nossa maneira única de perceber o mundo, mas às vezes os pais esquecem que seus filhos percebem o mundo de maneira diferente da deles. Neste livro, você aprenderá a entender as crenças que seus filhos formam à medida que interagem com o mundo e as ferramentas que você pode usar para capacitar seus filhos a adotarem crenças mais encorajadoras. Primeiro, gostaríamos de desafiar algumas crenças equivocadas que os adultos têm.

Alguns pais pensaram que Disciplina Positiva implica uma maneira positiva de usar punição. Na verdade, nós não acreditamos em punição. Além disso, não acreditamos em elogios, castigo, retirada de privilégios ou recompensas. As quarenta e nove ferramentas de Disciplina Positiva neste livro ajudam a mostrar quantos métodos de disciplina existem que não incluem recompensas ou punições. Pesquisas mostram que punições e recompensas não são eficazes em longo prazo e, de fato, impactam negativamente coisas como autorregulação, motivação intrínseca e a qualidade das relações familiares.[6] Até desencorajamos o uso de consequências lógicas – pelo menos na maioria das vezes – porque muitos pais tentam disfarçar a punição chamando-a de "consequência lógica". A seguir, uma lista de crenças que provavelmente serão criadas pela punição.

Os Quatro "R" da punição

1. Ressentimento: "Isso é injusto. Não posso confiar nos adultos".
2. Rebeldia: "Vou fazer justamente o oposto para provar que não preciso fazer do jeito deles".
3. Retaliação: "Eles estão ganhando agora, mas eu vou me vingar".
4. Recuo:
   - Dissimulação: "Da próxima vez não serei pego".
   - Redução da autoestima: "Eu sou uma pessoa ruim".

Algumas pessoas pensam que isso deixa apenas uma alternativa – a permissividade, que pode ser tão prejudicial quanto a punição. A permissividade convida as crianças a desenvolverem a crença de que: "Amor significa que eu deveria poder fazer o que eu quisesse", ou "Eu preciso que você cuide de mim porque não sou capaz de ter responsabilidade", ou até "Estou deprimido porque você não atende a todas as minhas demandas".

As descobertas de Baumrind também ilustram como o estilo parental permissivo pode ser prejudicial porque poucas exigências são feitas às crianças. Além disso, a falta de estrutura e rotina, em conjunto com a indulgência excessiva, é menos eficaz. E mais: suas descobertas mostram que pais autoritários, que são autocráticos e altamente diretivos porque valorizam a obediência imediata, também são ineficazes em longo prazo. É evidente na pesquisa que nem a parentalidade permissiva nem a autoritária fornecem o que as crianças precisam para o crescimento social e emocional em longo prazo e para o sucesso acadêmico.

"Então", você pode perguntar, "se não aplicar punição nem permissividade, vou fazer o quê?".

A resposta é **encorajamento**. A Disciplina Positiva é um modelo de encorajamento. Como a criança que se comporta mal também é uma criança desencorajada, Dreikurs ensinou que a criança precisa de encorajamento como uma planta precisa de água. Todas as ferramentas que compartilhamos com você são encorajadoras para as crianças, assim como para os pais. Elas são projetadas para aumentar o senso de pertencimento e importância, e, portanto, concentram-se na crença por trás do comportamento. Para ser mais específico, elas atendem a todos os cinco critérios que listamos como essenciais para a Disciplina Positiva.

Cinco critérios da Disciplina Positiva

1. Ajuda as crianças a sentirem um senso de conexão, pertencimento (aceitação) e importância.
2. É gentil e firme ao mesmo tempo.
3. É eficaz em longo prazo.
4. Ensina habilidades sociais e de vida valiosas para um bom caráter, promovendo respeito, preocupação com os outros, resolução de problemas e cooperação.
5. Convida as crianças a descobrirem quão capazes elas são e a usar seu poder de maneira construtiva.

Embora as ferramentas de Disciplina Positiva sejam projetadas para atender a esses critérios, é essencial entender que elas são baseadas nos princípios adlerianos discutidos anteriormente. Elas não são eficazes se usadas simplesmente como um roteiro. Quando entender os princípios nos quais uma ferramenta é baseada e adicionar seu coração e sabedoria, você não parecerá estar lendo um roteiro. Em vez disso, você encontrará sua própria maneira única, e suas próprias palavras, para aplicar essas ferramentas.

Ajuda ser muito claro sobre o que você espera alcançar com as crianças. Os pais desempenham um papel crucial no desenvolvimento da personalidade da criança e influenciam grandemente o bem-estar geral dos filhos.[7] Diferentes estilos parentais foram vinculados a uma variedade de resultados de desenvolvimento específicos relacionados ao bem-estar social e emocional, bem como ao sucesso acadêmico. Numerosos estudos mostram uma correlação direta entre o estilo parental e os níveis de autorregulação, satisfação geral com a vida, notas, uso de álcool, agressão e comportamento opositor.[2,8,9-12] Cada uma das ferramentas de Disciplina Positiva neste livro é projetada para ajudar os pais a aplicarem na prática o que é bem identificado na pesquisa como mais benéfico para as relações familiares e o desenvolvimento infantil. Essa abordagem apoia o que os adlerianos dizem há muito tempo: que o estilo parental é uma variável de liderança familiar que influencia a dinâmica familiar, que por sua vez impacta as percepções das crianças, o nível de ajuste e os resultados de desenvolvimento ao longo do tempo.

O QUE VOCÊ DESEJA PARA SEUS FILHOS?

Ao embarcar na jornada da Disciplina Positiva, ajuda ter um destino em mente e um mapa que o auxilie a chegar lá. Criar uma lista de características e habilidades de vida que você espera que seus filhos desenvolvam pode servir como seu mapa.

Imagine seu filho como um adulto que voltou para casa para uma visita. Com que tipo de pessoa você espera passar tempo? Quais características e habilidades de vida você espera que ele ou ela tenha? Reserve um tempo para criar sua lista. Ela se parece com esta que apresentamos a seguir?

Introdução

- Habilidades de resolução de problemas
- Responsabilidade
- Cooperação
- Autodisciplina, autocontrole
- Habilidades de comunicação
- Senso de humor
- Compaixão
- Respeito por si mesmo e pelos outros
- Empatia
- Integridade
- Entusiasmo pela vida
- Resiliência
- Autoconfiança
- Coragem
- Cortesia, paciência
- Mente aberta
- Interesse em aprender
- Honestidade
- Crença na capacidade pessoal
- Consciência social
- Automotivação

Adicione quaisquer características à sua lista que você sinta que foram deixadas de fora. Mantenha sua lista à mão e consulte-a frequentemente para verificar se as ferramentas de Disciplina Positiva neste livro estão ajudando você a alcançar seu destino.

Agora crie uma lista dos _desafios_ que você pode estar enfrentando com seu filho ou filhos. Você aprenderá ferramentas para lidar com cada um deles.

A seguir está uma compilação de desafios listados por centenas de pais. Pode ser reconfortante saber que você não está sozinho.

Desafios

- Não escutar
- Retrucar
- Falta de motivação
- Fazer exigências
- Materialismo
- Ser teimoso
- Desafiar
- Negligenciar tarefas/trabalho
- Vícios em mídia, mensagens constantes
- Birras, choramingos
- Trapacear
- Brigar
- Morder
- Agredir
- Mentir
- Furtar
- Problemas com lição de casa
- Problemas matinais, problemas na hora de dormir
- Linguagem inapropriada
- Interromper

Adicione quaisquer comportamentos que sejam desafiadores para você. Será encorajador saber que as ferramentas de Disciplina Positiva que você aprenderá não apenas mudam o comportamento negativo, mas também encorajam o desenvolvimento das características e habilidades de vida que você deseja para seus filhos.

ENTRANDO NO MUNDO DO SEU FILHO

Durante nossos *workshops* e aulas de Disciplina Positiva, ensinamos por meio de vivências, atividades experienciais, nas quais os pais têm a oportunidade de representar pais e filhos. Isso lhes dá a oportunidade de entrar no mundo da criança para ter uma noção do que funciona e do que não funciona.

Após cada atividade, o adulto que representou o papel de criança é levado a duas listas (semelhantes às anteriores) que estão expostas em destaque na parede, e perguntamos: "No papel de criança, você estava aprendendo alguma coisa desta lista de características e habilidade de vida?".

Depois de experimentar um método parental ineficaz, a "criança" sempre diz: "Não".

Em seguida, apontamos a lista de desafios e perguntamos se ele ou ela está se sentindo motivado a ter algum desses comportamentos. A "criança" geralmente aponta vários maus comportamentos que ela se sente motivada a ter. Isso ajuda os pais a compreenderem como podem ter um papel na criação dos maus comportamentos dos quais se queixam. Eles vivenciam como é ser uma criança que responde a métodos parentais desrespeitosos com ainda mais mau comportamento e por que a criança age dessa maneira.

Depois de a "criança" experimentar uma ferramenta de Disciplina Positiva durante uma encenação, ela é sempre capaz de identificar várias das características e habilidades de vida que está aprendendo. Esse tipo de aprendizagem experiencial tem um impacto maior sobre os pais do que qualquer outro tipo de aprendizagem.

Depois de apresentar a atividade das Duas Listas, adoramos começar com a atividade de Perguntas curiosas motivacionais para lidar com o desafio de "não ouvir". Na seção "Perguntas curiosas (motivacionais)" no Capítulo 5, você também pode experimentar a profunda consciência que surge ao entrar no mundo da criança por meio da dramatização.

Todas essas atividades e ferramentas transformarão você em um pai/mãe perfeito(a)? Não. Desculpe, não existe pai/mãe perfeito(a). (Você aprenderá mais sobre isso no Capítulo 3, sobre erros.)

Seus filhos desenvolverão um sentimento de pertencimento, importância e uma forte crença em sua capacidade pessoal? Sim.

Isso significa que eles serão perfeitos e nunca se comportarão mal? Não! Faz parte do seu processo de desenvolvimento individualizar-se – testar os limites à medida que descobrem quem são e como usar o seu poder pessoal. Na verdade, quando lhes proporcionamos um local seguro para se "individuarem", eles podem sentir que é mais seguro rebelar-se (que é apenas outra palavra para "individuar-se"). Mais uma razão para utilizar ferramentas parentais que se concentrem nas habilidades de resolução de problemas, em vez de métodos que aumentem as disputas por poder e os ciclos de vingança.

A DISCIPLINA POSITIVA É MANIPULADORA?

Um participante em uma de nossas oficinas comentou que achava que uma das ferramentas de Disciplina Positiva parecia manipuladora. De fato, todas as ferramentas de Disciplina Positiva são manipuladoras. Talvez a palavra "orientação" soe melhor do que "manipulação". Todos nós não queremos que nossos filhos desenvolvam as características e habilidades de vida que esperamos que eles tenham?

A chave é como a "manipulação" se parece. É respeitosa e empoderadora, ou desrespeitosa e desencorajadora? As ferramentas de Disciplina Positiva são todas projetadas para serem empoderadoras e encorajadoras, e há uma chave muito importante para garantir que sejam: como já mencionado, **cada ferramenta deve ser baseada em princípios fundamentais**.

Um princípio pode ser usado de muitas maneiras. Por exemplo, quando você usa os princípios da matemática, há muitas maneiras de chegar a 4: 2 + 2, 3 + 1, 8 − 2 − 2, e assim por diante. Quando uma ferramenta de Disciplina Positiva é baseada em um ou mais princípios e você adiciona seu coração e sabedoria, a ferramenta pode ser usada de muitas maneiras diferentes. Por exemplo, quando você baseia perguntas curiosas em alguns princípios básicos (como conexão antes da correção, entender a crença por trás do comportamento, gentileza e firmeza) e então adiciona seu coração e sabedoria, suas perguntas curiosas se adequarão à situação e serão encorajadoras e empoderadoras. No entanto, se você usar perguntas curiosas como um roteiro, elas soarão falsas, e serão manipuladoras de maneira negativa. Se você tentar usar qualquer ferramenta de Disciplina Positiva sem entender o princípio por trás dela, seus filhos muitas vezes responderão negativamente.

Quando seus filhos testarem os limites, você terá ferramentas de Disciplina Positiva para ajudá-los a aprender comportamentos socialmente aceitáveis que aumentem seu senso de capacidade, pertencimento e importância. Às vezes as sementes que você está plantando levam um tempo para florescer. Você sabe que está fazendo um ótimo trabalho quando seus amigos e vizinhos dizem que seus filhos são ótimos, e você se pergunta se eles estão pensando nos filhos de outra pessoa. É porque eles se sentem seguros para "se individuarem" com você, e então usam as habilidades que aprendem com você quando estão sozinhos.

Neste livro, você ouvirá sobre a eficácia dessas ferramentas de Disciplina Positiva de muitos pais ao redor do mundo que compartilham suas histórias de sucesso. Começaremos com as nossas.

História de sucesso da Dra. Jane Nelsen

Escrevi meu primeiro livro sobre Disciplina Positiva em 1981. Na época, eu estava apenas aprendendo esses métodos parentais baseados no trabalho de Alfred Adler e Rudolf Dreikurs. Embora eu concordasse com sua filosofia básica de abandonar todas as punições e tratar as crianças com dignidade e respeito, mudar velhos hábitos não era fácil. Ainda assim, à medida que usava as ferramentas, eu aprendia e melhorava (tanto a partir dos erros quanto dos êxitos), e minha alegria em ser mãe aumentou dez vezes. Eu queria compartilhar o que estava aprendendo com qualquer um que ouvisse.

Mal sabia eu que um dia estaria viajando pelo mundo inteiro! Disciplina Positiva cresceu muito ao longo das últimas décadas, e aquece meu coração ouvir tantos depoimentos e histórias de sucesso.

No entanto, nada se compara à sensação que tenho quando meus próprios filhos têm sucesso usando Disciplina Positiva com meus netos. Você pode imaginar a alegria que sinto ao escrever este livro com dois dos meus filhos, Brad (meu quinto filho) e Mary (a sétima). Nós temos escrito *blogs* sobre essas ferramentas há vários anos e descobrimos que os pais gostam de ouvir histórias reais da implementação da Disciplina Positiva – tanto os sucessos como os fracassos. É um alívio para os pais aprenderem que a perfeição não faz parte do processo.

História de sucesso de Mary Nelsen Tamborski

Quando era jovem, lembro-me de sentar no fundo da sala e vender livros nas palestras de minha mãe sobre Disciplina Positiva. Eu ouvia os pais elogiarem sua apresentação. Muitos lhe agradeciam por mudar suas vidas. Eu nunca realmente entendi o impacto que ela tinha sobre esses pais até me tornar mãe também.

Minha mãe recentemente me perguntou: "Com que frequência você diria que pratica Disciplina Positiva?".

Eu disse: "Pelo menos 80% do tempo".

Ela riu e disse: "Nossa, isso é realmente bom, eu só conseguia cerca de 70%, e eu escrevi os livros".

Cheguei a algumas conclusões possíveis: (1) talvez eu não esteja sendo realista com esses 80%, (2) talvez ser filha da autora tenha me dado uma vantagem de 10%, ou (3) talvez eu de fato e profundamente entenda os benefícios de praticar o modelo parental de Disciplina Positiva depois de ter sido criada com ele.

Sempre soube o quanto fui sortuda por ter sido criada pela autora da série Disciplina Positiva, mas só quando usei as reuniões de família com minhas colegas de quarto da faculdade percebi como isso ajudou meus pais e irmãos a viverem harmoniosamente e permanecerem amigos para a vida.

Agora, tenho ensinado Disciplina Positiva desde que meu segundo filho nasceu, há pouco mais de sete anos. É com humildade que compartilho meu conhecimento e experiência pessoal por meio de oficinas e *coaching* parental. Só posso imaginar quão orgulhosa minha mãe está, e posso dizer sem dúvida que ela é minha maior fã. Trabalhar juntas nos traz muita alegria, seja facilitando, apresentando ou escrevendo um livro. Sinto-me honrada e abençoada por trabalhar com minha mãe – minha melhor amiga.

História de sucesso do pai solteiro Brad

Tornar-me um pai solteiro em tempo integral foi um choque para mim no início! Como a maioria dos pais, eu era muito melhor sendo um apoio. Eu chegava em casa do trabalho, brincava com meus filhos e talvez lesse um livro para eles antes de dormir. Eu também gostava de treinar times de beisebol e ajudar com outras atividades extracurriculares. Mas, como a maioria dos pais que conhecia, eu começava a desmoronar se ficasse em casa sozinho com as crianças por mais de uma hora.

Então, quando comecei a cuidar dos filhos sozinho, fiquei completamente sobrecarregado! A televisão se tornou coisa do passado. Meu jogo de golfe começou a sofrer, e dobrar roupa se tornou meu novo *hobby*. E então, cerca de um mês nessa nova aventura, passei pelo que chamo de campo de treinamento para pais solteiros – quando a gripe atacou nossa casa com força. Mas, claro, meus filhos não pegaram a gripe ao mesmo tempo. Cada um pegou a gripe com cerca de uma semana de diferença. Então, por três semanas inteiras, cuidei das crianças para recuperar a saúde, trocando lençóis e limpando vômito. E então, justamente quando pensei que o pesadelo havia acabado, eu peguei a gripe!

De repente, ganhei uma nova perspectiva sobre ser pai solteiro. Ser um pai solteiro em tempo integral é difícil, mas quando você tenta lidar com esse trabalho tendo gripe, percebe que poderia ser muito, muito pior. Então, desde aquele dia, tentei ter uma atitude de gratidão.

Ser pai é o trabalho mais gratificante do mundo. Também pode ser o mais desafiador. É por isso que embarquei em uma aventura de um ano implementando uma ferramenta de Disciplina Positiva por semana. Esse experimento me deu uma nova perspectiva sobre meu relacionamento com meus filhos e sobre como eu poderia melhorar minhas habilidades parentais.

Não seja duro demais consigo mesmo. O perigo de começar algo novo é que às vezes criamos expectativas muito altas e ficamos frustrados quando nem tudo é perfeito. Algumas vezes, quando comecei a usar essas ferramentas, me peguei esperando perfeição de meus filhos, e minha frustração com eles piorou as coisas. Mas quando mudei minha atitude e foquei a melhoria, não a perfeição, a atmosfera em nossa casa melhorou muito.

Cada família é diferente e cada filho é diferente. É importante encontrar o que funciona para você e o que parece certo para você. Use sua intuição e divirta-se!

xxx

1
O BÁSICO

DECIFRAR O CÓDIGO

Os filhos decidem entre si qual o papel que pretendem desempenhar na família, e os pais reforçam a sua decisão.

— Rudolf Dreikurs

Você será mais eficaz com seus filhos se compreender a "crença por trás do comportamento deles".

Use o Quadro dos objetivos equivocados:

1. Escolha um desafio de comportamento.
2. Identifique os sentimentos que você tem e como você reage.
3. Identifique a reação da criança quando você lhe diz para parar.
4. Use o quadro para identificar qual crença pode estar por trás do comportamento da criança.
5. Experimente as sugestões da última coluna do quadro para encorajar a mudança de comportamento.

Na Introdução, apresentamos a analogia do *iceberg* para demonstrar como a Disciplina Positiva lida tanto com o *comportamento* quanto com a *crença por trás do comportamento*. Neste capítulo apresentamos o Quadro dos objetivos equivocados e mais quatro *icebergs* que ilustram quatro categorias de crenças que levam ao que Rudolf Dreikurs chamou de objetivos equivocados. Ele os chamou de objetivos equivocados porque o comportamento se baseia em crenças equivocadas sobre como alcançar os objetivos primários de pertencimento e importância. Essas crenças equivocadas são: atenção indevida, poder mal direcionado, vingança e inadequação assumida.

Para *atenção indevida*, a crença é "Eu pertenço apenas quando você me dá atenção constante e/ou um tratamento especial". A mensagem codificada que fornece pistas de encorajamento é "Dê-me atenção. Envolva-me de maneira útil".

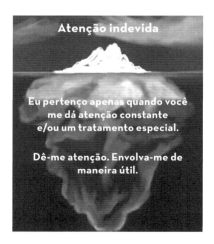

Para *poder mal direcionado*, a crença é "Eu pertenço apenas quando sou o chefe, ou pelo menos quando não deixo você mandar em mim". A mensagem codificada que fornece pistas de encorajamento é "Deixe-me ajudar. Dê-me escolhas".

Para *vingança*, a crença é "Eu não pertenço, e isso dói, então vou me vingar magoando os outros". A mensagem codificada que fornece pistas de encorajamento é "Estou sofrendo. Valide meus sentimentos".

Para *inadequação assumida*, a crença é "Eu desisto. Deixe-me em paz". A mensagem codificada que fornece pistas de encorajamento é "Não desista de mim. Mostre-me um pequeno passo".

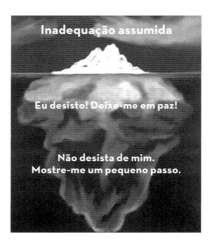

Muitas vezes perguntavam a Dreikurs por que ele colocava crianças nessas caixas. Ele respondia: "Eu não as coloco lá, eu as encontro lá".

É compreensível que os pais reajam frequentemente ao mau comportamento. Como você se sente em relação ao comportamento de seu filho é sua primeira pista para decifrar o código do comportamento de seu filho.

Quando o objetivo de uma criança é o poder mal direcionado, alguns pais podem dizer que se sentem impotentes para "obrigar" a criança a fazer o que ela deve fazer. Em um nível mais profundo, esses pais podem sentir-se desafiados ou derrotados porque não estão vencendo a disputa por poder. Muitos pais hoje ainda lutam para mudar de uma liderança autoritária ("porque eu estou mandando") para uma liderança democrática (autoritativa) ("vamos resolver isso juntos"). As ferramentas da Disciplina Positiva são projetadas para ajudar os pais de todas as culturas a se afastarem dos relacionamentos inferiores/superiores e em direção a um modelo que ensine respeito e dignidade para cada indivíduo, ao mesmo tempo que se concentra no ensino de habilidades de vida importantes com o intuito de encontrar soluções para os problemas da vida.

Confira o "Formulário de dicas para ser um detetive dos objetivos equivocados" adiante para ajudá-lo a utilizar o Quadro dos objetivos equivocados nas páginas 6-9. Isso o ajudará a "decifrar o código" do comportamento do seu filho, além de lhe oferecer pistas de encorajamento – formas de inspirar o seu filho a escolher crenças e comportamentos mais empoderadores.

Formulário de dicas para ser um detetive dos objetivos equivocados

1. Pense em um desafio recente que você teve com seu filho. Escreva. Descreva o que aconteceu como se você estivesse escrevendo um roteiro: o que seu filho fez, como você reagiu e, depois, o que aconteceu?

2. O que você estava sentindo quando estava no meio desse desafio? (Escolha um sentimento na Coluna 2 do Quadro dos objetivos equivocados.) Escreva.

3. Agora mova seu dedo para a direita na linha até a Coluna 3 do Quadro dos objetivos equivocados para ver se a ação que você teve em resposta a esse sentimento se aproxima de uma dessas respostas típicas. Se a sua ação estiver descrita em uma linha diferente, verifique novamente se há um sentimento em outra linha da Coluna 2 que represente melhor como você estava se sentindo em um nível mais profundo. (Muitas vezes dizemos que nos sentimos "irritados" quando, em um nível mais profundo, nos sentimos desafiados ou magoados; muitas vezes dizemos que nos sentimos "desesperados" ou "desamparados" quando realmente nos sentimos desafiados ou derrotados em uma disputa por poder.) Como você reage é uma pista para seus sentimentos mais profundos.

4. Agora mova o dedo para a direita na linha até a Coluna 4. Alguma dessas descrições se aproxima do que a criança fez em resposta à sua reação?

5. Depois de identificar o que a criança fez em resposta à sua reação, mova o dedo para a esquerda na linha até a Coluna 1. É provável que este seja o objetivo equivocado do seu filho. Escreva.

6. Agora mova o dedo para a direita na linha até a Coluna 5. Você acabou de descobrir qual pode ser a crença desencorajadora do seu filho. Escreva.

7. Mova o dedo para a Coluna 6. Isso se aproxima de uma crença que você tem e que pode contribuir para o comportamento do seu filho? (Lembre-se de que não se trata de culpa, apenas de conscientização.) Ao aprender habilidades para encorajar seu filho, você também mudará sua crença. Tente agora. Escreva uma crença que seria mais encorajadora para seu filho. Você encontrará pistas nas duas últimas colunas.

8. Mova o dedo para a direita, até a Coluna 7, onde você encontrará a mensagem codificada sobre o que seu filho precisa para se sentir encorajado.

9. Vá mais uma vez para a direita, até a última coluna, de modo a encontrar algumas ideias que você poderia tentar na próxima vez que encontrar esse

QUADRO DOS OBJETIVOS EQUIVOCADOS

1.	2.	3.	4.	5.	
O objetivo da criança é:	Se o pai/mãe ou professor se sente:	E tende a reagir:	E se a resposta da criança é:	A crença por trás do comportamento da criança é:	
Atenção indevida (para manter os outros ocupados ou conseguir tratamento especial)	Aborrecido Irritado Preocupado Culpado	Lembrando Adulando Fazendo coisas pela criança que ela poderia fazer por si mesma	Para temporariamente, mas depois retoma o mesmo ou outro comportamento perturbador Para quando recebe atenção individual	"Eu sou aceito [pertenço] apenas quando estou sendo notado ou recebendo um tratamento especial" "Só sou importante quando estou mantendo você ocupado comigo"	
Poder mal direcionado (ser o chefe)	Bravo Desafiado Ameaçado Derrotado	Lutando Cedendo Pensando: "Você não vai conseguir escapar dessa" ou "Eu vou te obrigar" Querendo estar certo	Intensifica o comportamento Apresenta transigência desafiadora Sente que ganhou quando o pai/a mãe ou professor está chateado Poder passivo	"Eu pertenço apenas quando sou o chefe, estou no controle ou provo que ninguém pode mandar em mim" "Você não pode me obrigar"	

O básico

6. Como os adultos podem contribuir para o problema:	7. Mensagens codificadas das crianças:	8. Respostas proativas e encorajadoras dos pais/mães e professores incluem:
"Não acredito que você consegue lidar com a decepção" "Eu me sinto culpado se você não estiver feliz"	"Perceba-me. Envolva-me de maneira útil"	Redirecione envolvendo a criança em uma tarefa útil para ganhar atenção útil Diga ao seu filho que você se importa e depois diga o que fará: "Eu te amo e"____ (por exemplo, "Eu me importo com você e passarei um tempo com você mais tarde"). Evite dar atenção especial Diga apenas uma vez e depois aja Acredite na capacidade da criança de lidar com os seus sentimentos (não resolva o problema nem resgate a criança) Planeje um momento especial com a criança Façam um quadro de rotinas Envolva a criança na resolução de problemas Use reuniões de família ou de classe Ignore o comportamento (com a intenção de redirecionar) colocando a mão no ombro da criança (tocar sem palavras) Combine sinais não verbais
"Estou no controle e você deve fazer o que eu digo" "Acredito que dizer a você o que fazer e dar um sermão ou puni-lo quando você não o faz é a melhor maneira de motivá-lo a fazer melhor"	"Deixe-me ajudar. Dê-me escolhas"	Reconheça que você não pode obrigar a criança a fazer algo e redirecione-a para o poder positivo pedindo ajuda Ofereça uma escolha limitada Não lute e não desista Retire-se do conflito e acalme-se. Seja firme e gentil Aja, não fale Decida o que você fará Deixe que as rotinas sejam o chefe Desenvolva respeito mútuo Peça ajuda à criança para estabelecer alguns limites razoáveis Pratique o acompanhamento eficaz Use reuniões de família ou de classe

(continua)

QUADRO DOS OBJETIVOS EQUIVOCADOS *(continuação)*

1.	2.	3.	4.	5.	
O objetivo da criança é:	Se o pai/mãe ou professor se sente:	E tende a reagir:	E se a resposta da criança é:	A crença por trás do comportamento da criança é:	
Vingança (para revidar)	Magoado Decepcio-nado Descrente Ressentido	Retaliando Vingando-se Pensando: "Como você pôde fazer isso comigo?" Levando o comportamen-to da criança para o lado pessoal	Faz retaliação Quer magoar os outros Destrói coisas/objetos Quer revanche Intensifica Agrava o mesmo comportamento ou escolhe outra estratégia	"Eu não acho que pertenço, então vou magoar os outros da mesma maneira que me sinto magoado" "Eu não posso ser querido ou amado"	
Inadequação assumida (desistir e ser deixada sozinha)	Desesperado Desanimado Desampa-rado Inadequado	Desistindo Fazendo a tarefa pela criança Ajudando demais Demonstran-do falta de confiança na criança	Recua ainda mais Torna-se passiva Sem melhora Sem resposta Evita tentar	"Não acredito que possa pertencer, então convencerei os outros a não esperar nada de mim" "Estou indefeso e incapaz. Não adianta tentar porque não vou fazer direito"	

O básico

6.	7.	8.
Como os adultos podem contribuir para o problema:	Mensagens codificadas das crianças:	Respostas proativas e encorajadoras dos pais/mães e professores incluem:
"Eu te dou conselhos (sem te escutar) porque acho que estou te ajudando" "Estou mais preocupado com o que os vizinhos vão pensar do que com o que você precisa"	"Estou magoado. Valide meus sentimentos"	Valide os sentimentos feridos (talvez você tenha que adivinhar o que a criança está sentindo) Não leve o comportamento da criança para o lado pessoal Quebre o ciclo da vingança ao evitar punições e retaliação Sugira que vocês dois façam uma pausa e depois foquem as soluções juntos Pratique a escuta ativa Exponha seus sentimentos usando uma frase em primeira pessoa Peça desculpas à criança e tente reparar o que foi feito ou dito Encoraje os pontos fortes Coloque as crianças no mesmo barco Faça reuniões de família/classe
"Eu espero que você corresponda às minhas altas expectativas" "Achei que fosse minha responsabilidade fazer as coisas por você"	"Não desista de mim. Mostre-me um pequeno passo"	Simplifique uma tarefa em pequenos passos Torne a tarefa mais simples até a criança ter sucesso ao realizá-la Crie oportunidades de sucesso Invista tempo em treinamento Ensine habilidades e mostre como fazer, mas não faça a tarefa pela criança Pare com todas as críticas Encoraje todas as tentativas positivas, não importa quão pequenas elas sejam Demonstre confiança nas habilidades da criança Foque os pontos fortes da criança Não sinta pena da criança Não desista Aprecie estar com a criança Desenvolva atividades e conversas sobre o que ela gosta e tem preferência Use reuniões de família ou de classe

comportamento desafiador. (Você também pode usar sua própria sabedoria para pensar em algo que você poderia fazer ou dizer que correspondesse à mensagem codificada na Coluna 7.) Escreva seu plano.

10. Como foi? Registre em seu diário exatamente o que aconteceu. Você desejará revisitar suas histórias de sucesso para que se sinta encorajado no futuro. Se o seu plano não deu certo, tente outra ferramenta. (Consulte "Conexão antes da correção", mais adiante neste capítulo, e certifique-se de fazer uma conexão antes de fazer uma correção.)

Você notará que o Quadro dos objetivos equivocados inclui uma coluna chamada "Como os adultos podem contribuir para o problema". Ajudar os pais a tomarem consciência de como contribuem para o mau comportamento pode ser muito delicado. Por essa razão, diremos repetidamente que não se trata de culpa ou vergonha, mas de consciência.

Identificar a crença por trás do comportamento e o objetivo equivocado nem sempre é fácil, porque as crianças podem usar os mesmos comportamentos para atingir qualquer um dos quatro objetivos equivocados. Por exemplo, as crianças podem recusar-se a fazer a lição de casa para ganhar atenção ("Olhe para mim, olhe para mim"), para mostrar poder ("Você não pode me obrigar"), para buscar vingança ("Magoa saber que minhas notas são mais importantes para você do que eu, então eu vou te magoar de volta"), ou para expressar seu sentimento de inadequação ("Eu realmente não consigo"). Os pais têm sentimentos diferentes em cada caso. A intervenção e o encorajamento eficazes serão diferentes para cada objetivo, por isso é importante que você use o seu sentimento de reação como uma pista para compreender o objetivo do seu filho.

Observe que falamos sobre "encorajamento". Não importa se as crenças da criança se baseiam em fatos ou na sua percepção da situação. O comportamento é baseado no que as crianças *acreditam* ser verdade, não no que é verdade. O comportamento muda quando os pais entendem a crença e usam o encorajamento (ferramentas de Disciplina Positiva) para ajudar os filhos a encontrarem maneiras construtivas de buscar pertencimento e importância.

História de sucesso da Coreia

Tenho uma menina de 7 anos e um menino de 11. Minha filha sempre quer ficar comigo. Sempre que eu ajudava meu filho com o dever de casa, ela ficava na frente da porta e me pedia para sair e ajudá-la. Como já passo bastante tempo com ela, não conseguia entender por que e costumava repreendê-la por ela exigir tanta atenção.

Eu estava me sentindo irritado e preocupado com suas choradeiras constantes.

Eu disse a ela: "Preciso ajudar seu irmão a resolver problemas difíceis, então não fique na frente da porta. Vá para o seu quarto e brinque com seus brinquedos". Ela ia para o quarto por um tempo, mas depois voltava ao mesmo comportamento, me chamando novamente por vários motivos: "Leia um livro para mim", "Jogue comigo", "Fique comigo até eu dormir".

Quando estudei o Quadro dos objetivos equivocados, pude ver que seu objetivo equivocado era atenção indevida. Sua crença era: "Sinto-me importante apenas quando sou notada ou recebo um serviço especial". Sua mensagem codificada era "Perceba-me. Envolva-me de maneira útil".

Decidi redirecionar minha filha quando ela tentasse chamar minha atenção. Na vez seguinte que ela me chamou enquanto eu estava estudando com meu filho, eu disse com gentileza e firmeza: "Eu te amo e passarei um tempo com você mais tarde".

Ela pareceu satisfeita e ficou em seu quarto desenhando. Mais tarde, eu perguntei o que ela queria fazer comigo. Ela queria tocar piano, então tocamos juntos. Depois disso, o número de vezes que ela me chamava enquanto eu trabalhava com seu irmão diminuiu.

— Seonghwan Kim, Educador Parental Certificado em Disciplina Positiva

História de sucesso de Prince George, British Columbia, Canadá

Meu filho ficava tirando os ingredientes do balcão enquanto eu preparava o jantar. Eu tinha acabado de aprender sobre o Quadro dos objetivos equivocados. Fiquei irritada e percebi que seu objetivo equivocado era atenção indevida.

Antes de saber dos objetivos equivocados, eu ficava lembrando meu filho que o jantar logo estaria pronto e que ele deveria esperar para comer. Ele parecia achar engraçado e tirava ainda mais comida do balcão quando eu lhe dizia para esperar.

Parecia verdade que sua crença poderia ser "só pertenço quando você presta atenção em mim" e que seu comportamento irritante tinha a intenção de chamar minha atenção.

Decidi tentar algo relacionado à mensagem codificada "Perceba-me. Envolva-me de maneira útil". Abri um espaço no balcão, preparei uma tigela com algumas cenouras e perguntei se ele gostaria de sentar comigo enquanto eu preparava o jantar. Ele comeu algumas cenouras, conversou comigo e depois foi brincar.

Que diferença para nós dois quando aprendi a fornecer estratégias para que ele pudesse experimentar a atenção de maneira útil!

— Sarah Munt, Educadora Parental Certificada em Disciplina Positiva

DICAS DA FERRAMENTA

1. Faça uma cópia do Quadro dos objetivos equivocados e várias cópias do Formulário de dicas para ser um detetive dos objetivos equivocados.
2. Pratique usar o Formulário de dicas para ser um detetive dos objetivos equivocados até você estar pronto para tornar-se um competente detetive de comportamento.
3. Quando você "se comportar mal", use o Formulário de dicas para ser um detetive dos objetivos equivocados para ver se você consegue descobrir a crença por trás do seu comportamento — e como encorajar a si mesmo.
4. Ensine os objetivos equivocados aos seus filhos para ajudá-los a se conhecerem melhor, e use reuniões de família com regularidade para praticar o encorajamento e a resolução de problemas.

O básico

RESERVE TEMPO PARA PRATICAR

Uma mãe que constantemente lembra e faz coisas desnecessárias para um filho não só tira a responsabilidade do filho como se torna dependente dele para o seu sentimento de importância como mãe.

— Rudolf Dreikurs

Praticar é uma parte importante do ensino de habilidades de vida para as crianças. Não espere que elas saibam o que fazer sem um treinamento passo a passo.

Por exemplo, os padrões de limpeza deles diferem muito dos seus, então você não pode simplesmente dizer ao seu filho para limpar o quarto e esperar que ele o limpe de maneira satisfatória.

1. Explique a tarefa de maneira gentil enquanto você a executa e seu filho observa.
2. Façam a tarefa juntos.
3. Peça ao seu filho para fazer a tarefa sozinho, enquanto você supervisiona.
4. Quando ele se sentir pronto, deixe-o realizar a tarefa sozinho.

Jane

Muitas vezes, os pais não dedicam tempo à prática porque a vida é agitada ou porque não compreendem completamente como é importante que os filhos contribuam e como é essencial que aprendam as competências que lhes permitirão contribuir. Muitos pais acham que as crianças deveriam apenas ser crianças e que podem aprender habilidades mais tarde. Eles não percebem que as crianças desenvolvem crenças sobre as suas capacidades durante a primeira infância.

A seguinte pergunta de Tamee em uma rede social da Disciplina Positiva (usada com permissão) oferece uma excelente oportunidade para explicar como dedicar tempo à prática.

Esta manhã, minha filha de 5 anos colocou um monte de louça suja da pia na máquina de lavar louça. Fiquei feliz em vê-la fazendo isso. Depois eu disse a ela que isso foi muito útil.

Então ela disse: "Já que fiz isso por você, você poderia trazer todas as minhas coisas do café da manhã para a mesa?".

Eu realmente não achei que fosse uma boa ideia, já que faria com que lavar a louça parecesse algo a ser feito para receber algo em troca. Eu disse: "Estou disposta a trazer o galão de leite e despejá-lo. Você pode fazer o resto".

Ela começou a chorar, dizendo que não era justo eu não fazer metade das coisas do café da manhã dela. Ela teve um ataque e disse: "Tudo bem! Eu farei tudo sozinha!", o que a levou a sentir pena de si mesma, tendo que derramar o galão grande e pesado sozinha e me culpando por isso. Ajudem-me!".

Perguntei a Tamee se sua filha estava acostumada a receber recompensas de outras pessoas. Tamee compartilhou que seu ex-marido e ex-sogra usavam recompensas o tempo todo. Não foi difícil adivinhar, pois o comportamento de sua filha era típico dos resultados de longo prazo das recompensas.

Minha sugestão para Tamee foi deixar sua filha vivenciar seus sentimentos naturalmente, sem tentar intervir ou convencê-la a se sentir de outra maneira. Em seguida, minha recomendação foi que dedicassem um tempo para pensar juntas e criar uma lista de coisas que pudessem fazer pelos outros, sem esperar nada em troca. Esse é um bom exemplo de como ver desafios como oportunidades para ensinar habilidades.

Você pode tornar esse tempo mais divertido transformando-o em um jogo. "Vamos encontrar pelo menos uma coisa para fazer um pelo outro todos os dias de surpresa e ver quanto tempo leva para a outra pessoa descobrir o que foi." Isso pode ser expandido nas conversas na hora do jantar, compartilhando: "O que você fez por outra pessoa hoje sem esperar nada em troca?".

Precisamos reservar tempo para esse tipo de treinamento em muitas áreas, como boas maneiras e solução de problemas, em vez de esperar que as crianças aprendam com nossos sermões. Os filhos podem resistir ao treinamento que você oferece em sua casa (é parte de seu processo de desenvolvimento individual – sempre testando como usar seu poder em um lugar seguro), mas seus amigos e vizinhos notarão e dirão quão ótimo é seu filho. Superado o choque, continue investindo tempo em prática, mesmo quando parecer que não está funcionando.

Muitos pais têm dificuldade em desistir das recompensas. Como um pai escreveu:

Estou totalmente de acordo com a ideia de encorajamento e evitar punição, mas estou com dificuldade para encontrar maneiras eficazes de encorajar meus filhos de 6 e 9 anos a cuidar de suas contribuições e responsabilidades familiares sem lembretes frequentes. No ano passado, tínhamos um programa de recompensas, que permitia que eles ganhassem "pontos" suficientes em uma semana para receber uma pequena recompensa do recipiente de prêmios. Funcionou muito bem, mas também era fácil tirar pontos, o que agora vejo como uma forma de punição. Ao frequentar uma aula de Disciplina Positiva e ler o livro, aprendi que o problema com os programas de recompensas é que eles não ajudam as crianças a aprender a ser responsáveis, porque o responsável pelo monitoramento do comportamento é o pai/a mãe, e as crianças não aprendem a usar seu próprio bom senso. Infelizmente, sem incentivo, parece haver uma falta de motivação para fazer qualquer coisa que eles não queiram fazer. (E quem quer fazer tarefas?) Acredito que suas responsabilidades e contribuições são apropriadas para a idade; elas incluem coisas como: limpar seu lugar à mesa, esvaziar a lava-louça, ajudar a preparar a mesa para o jantar, recolher os brinquedos e assim por diante. As coisas realmente parecem ter regredido. Por exemplo, anteriormente, o filho de 9 anos costumava limpar bem seu lugar na mesa, mas agora frequentemente não o faz. Com um sistema de recompensas a situação estava melhorando, mas sem esse sistema é necessário lembrar as crianças de suas tarefas quase sempre.

Tivemos várias reuniões de família e discutimos o problema, mas a maioria das ideias realmente envolve apenas maneiras diferentes de lembrar os filhos (o que ainda resulta no adulto sendo o responsável, em vez da criança). Estou seriamente considerando voltar a um programa de recompensas. Um amigo mencionou não tirar pontos, para deixar de fora os aspectos punitivos. Mas não tenho certeza de que isso esteja ensinando as crianças a usar seu próprio bom senso.

Eu disse a esse pai que ele havia descrito um desafio que ocorre em quase todas as famílias, estejam elas implementando a Disciplina Positiva ou não, e levantei os seguintes pontos:

1. Se as crianças fossem responsáveis, elas não precisariam de pais nos primeiros dezoito anos necessários para aprenderem. Responsabilidade não é aprendida com um único sermão ou com o uso de ferramentas da Disciplina Positiva uma ou duas vezes. Isso requer anos de repetição.
2. Recompensas funcionam se você deseja os efeitos de longo prazo de criar filhos que farão coisas por recompensas externas, em vez de sentir internamente a capacidade e a contribuição.
3. As crianças são muito responsáveis por fazer coisas que consideram importantes na sua lista de prioridades. Tarefas domésticas geralmente não estão nessa lista de prioridades – até que tenham seus próprios filhos para cuidar.
4. Embora as tarefas domésticas não estejam na lista de prioridades dos filhos, eles ainda precisam fazê-las. Descobrir como conseguir isso usando métodos de Disciplina Positiva oferece muitas oportunidades para ensinar habilidades e atitudes a eles que serão úteis para o resto de suas vidas.
5. E se relembrar fosse apenas uma parte do seu trabalho como pai ou mãe? Se você aceitasse isso como seu trabalho, poderia incorporar outras habilidades que aumentariam a responsabilidade e a capacidade em longo prazo. O primeiro passo é mudar sua atitude e aceitar esse desafio como uma oportunidade para ensinar seus filhos.
6. Pense nos seus filhos como pratos. Pratos nunca permanecem limpos – você tem que lavá-los repetidamente. Como pai ou mãe, você se encontrará tendo que "reeducar" a si mesmo e aos seus filhos usando essas ferramentas.
7. Continue envolvendo-os na criação de acordos. O processo de criar acordos é uma habilidade importante que requer prática constante. Com a sua nova atitude, uma maneira de lembrar é perguntar, de maneira gentil e firme: "Qual foi o nosso acordo?".
8. Continue realizando reuniões de família. Uma mulher comentou que a solução encontrada por seus filhos durou apenas uma semana. Quando perguntada se havia encontrado algo que funcionasse por uma semana inteira, ela admitiu que não, então sugeri que continuasse com as reuniões.

Levou cerca de dois anos até meus próprios filhos chegarem a um plano que funcionou por seis meses.

9. Crie uma rotina em que todos realizem tarefas domésticas ao mesmo tempo, seguidas por algo divertido que possam fazer juntos.
10. Utilize as diversas outras ferramentas da Disciplina Positiva para ensinar seus filhos a se sentirem responsáveis e capazes.

Brad

Na era da internet de hoje, como pai, acho que treinar as crianças ficou muito mais fácil. Meus filhos sabem muito mais do que eu porque cresceram com o Google. Eu me vejo perguntando a eles como fazer coisas porque eles sabem como utilizar a internet como recurso.

Precisamos lembrar que habilidades importantes na nossa época de crianças podem não ser necessárias para nossos filhos. Muitas coisas foram automatizadas e podem ser feitas de forma diferente agora. Claro, a tecnologia também pode complicar as coisas para os pais, pois os filhos acham que sempre existe uma solução fácil, o que nem sempre é verdade. Por isso, treinar seu filho em habilidades sociais, emocionais e de resolução de problemas é mais importante do que nunca. Da próxima vez que quiser treinar seus filhos para fazer algo, pergunte se eles têm ideias sobre como fazer melhor. Você pode se surpreender com o que eles sabem.

Mary

Dedicar tempo para treinar pode ser uma das ferramentas mais importantes, mas muitas vezes esqueço que meus filhos precisam ser treinados repetidamente.

Meu marido nunca gostava quando eu lembrava que precisávamos dedicar tempo para o treinamento. Ele respondia: "Querida, eles não são cachorros". Então, precisei mudar minha linguagem, lembrando a mim mesma e ao meu marido que, para quase todas as tarefas, deveres, trabalhos, maneiras ou comportamentos que queremos que nossos filhos aprendam, precisamos mostrar, ensinar, demonstrar, modelar e educar. Eles não aprendem da noite para o dia, algo que eu mesma preciso lembrar.

Treinar meus meninos para limpar seus quartos é um bom exemplo. Não consigo contar quantas vezes ameacei, subornei, transformei em jogo, implorei, insisti e, geralmente, acabei limpando eu mesma enquanto me ressentia deles e de cada brinquedo que já lhes demos. Sempre desejei que eles pudessem simplesmente apreciar um quarto limpo da maneira que eu faço.

Na última vez que dediquei um tempo para treinar meus filhos sobre como limpar seus quartos, percebi que estava usando várias ferramentas da Disciplina Positiva, como perguntar em vez de ordenar, encorajar em vez de apenas elogiar, validar seus sentimentos, e dizer "Eu te amo e é hora de limpar o quarto", além de usar um pouco de humor. Essa foi a melhor experiência que tivemos na limpeza dos quartos. Ao final, perguntei a eles como se sentiam com o quarto limpo e agradeci pela ajuda, demonstrando confiança de que poderiam fazer isso sozinhos da próxima vez.

Depois, tive que treinar meus filhos para não me interromperem quando estou ao telefone. Esse é um dos momentos mais frustrantes para mim como mãe. Infelizmente, acho que acabei "treinando" meus filhos a não terem modos, consideração ou respeito quando estou ao telefone, pois durante muitos anos evitei falar ao telefone quando eles estavam acordados ou por perto. Claro que chegou um momento em que precisei falar com alguém ao telefone e eles estavam na sala. Percebi que meus filhos estavam sendo barulhentos e irritantes quando a pessoa do outro lado da linha perguntou: "Você prefere me ligar de volta em um momento melhor?". Tive que sair da sala para terminar nossa conversa.

Percebi imediatamente que a culpa era apenas minha. Em vez de ficar chateada com eles, senti que era minha oportunidade de treiná-los novamente, desta vez sobre como se comportar quando estou ao telefone. Concordei em ser respeitosa, mantendo minhas conversas curtas, e eles concordaram em retribuir o respeito ficando em silêncio. Fizemos uma simulação. As próximas conversas foram curtas, e as crianças ficaram quietas.

Assim como as crianças precisam de treinamento contínuo na escola (ler, escrever, calcular, e assim por diante), estou certa de que o treinamento delas em limpeza e boas maneiras também será um processo contínuo.

História de sucesso de Pasadena, Califórnia

Minha filha, Claire, e eu amamos cozinhar. É a nossa maneira favorita de passar o tempo juntas e um dos melhores exemplos de dedicação ao treinamento.

Desde os 18 meses, Claire vem aprimorando suas habilidades na cozinha com muita prática, realizando o máximo de tarefas que pode de forma independente. Antes dos 2 anos, ela já conseguia realizar passos simples, como colocar farinha ou derramar leite. À medida que ela cresceu, mostrei como amassar uma bola de massa e depois a deixei fazer isso sozinha. Lógico que, às vezes, ela fazia a maior bagunça, e eu frequentemente encontrava comida nos lugares mais inusitados (por exemplo, entre os dedos dos pés dela). Mas valia a pena vê-la se tornar uma jovem *chef* confiante e independente.

Com o tempo, Claire praticou tarefas mais complexas e entendeu melhor como funcionam as receitas. Certa noite, quando ela tinha quase 5 anos, decidimos criar uma receita rápida e fácil – Bolinhos de milho e salsichas – que são minibolinhos de milho com salsichas pequenas assadas dentro. Eu sabia que haveria muitas maneiras de Claire participar de forma independente, como medir ingredientes secos, cortar as salsichas ao meio (com uma faca segura) e misturar os ingredientes em uma tigela.

Depois que os bolinhos foram ao forno, eu comecei a falar com Claire sobre limpar tudo porque era noite de semana e tínhamos tarefas, banho e toda rotina da hora de dormir. Mas Claire tinha seus próprios planos. Ela tinha uma ideia genial para uma receita que queria criar completamente sozinha – algo que ela nunca tinha feito antes. Ela notou que havia sobrado várias salsichas cortadas, e decidiu cozinhá-las. Lutando contra a voz na minha cabeça que listava tudo da lista de afazeres da noite que tínhamos pela frente, eu perguntei: "O que você quer fazer?". Ela disse que queria fazer um molho e cozinhar as salsichas no fogão. Vendo sua determinação, eu ri e me sentei para fazer companhia a ela. Ela estava pronta para testar seu treinamento!

Claire misturou as salsichas com sal, pimenta, água e flocos de algas marinhas secas. Sim, algas! (Eu estava feliz porque ela incluiu um vegetal.) Depois, aquecemos a mistura no forno.

Era uma mistura gordurosa e viscosa, e Claire estava simplesmente encantada! Ela devorou as salsichas com algas, exclamando: "Isso está divino!". A expressão em seu rosto na foto que tirei diz tudo. Ela fez toda a sua refeição do zero, sozinha, e estava radiante de orgulho.

Olhando em retrospectiva para o pedido de Claire de cozinhar as salsichas, eu poderia facilmente tê-la desencorajado, diante de todas as coisas que tínhamos que fazer naquela noite. Sou grata por ter enxergado uma oportunidade ali em vez disso.

Aquelas salsichas com algas foram um divisor de águas para Claire. Sua criação envolveu planejamento, organização e acompanhamento. Ela me mostrou que estava pronta para levar seu treinamento ao próximo nível. Ela estava aprimorando suas habilidades, tanto na cozinha *como* na vida. Eu a estava treinando para cozinhar, mas de repente percebi que ela também estava me treinando. Como adultos, frequentemente esquecemos o quanto pode ser divertido tentar algo novo, sem nos importarmos com o resultado. Ao longo dos anos, Claire me ensinou que um dos ingredientes mais importantes na vida é uma mente aberta!

— Amy Knobler, Educadora Parental Certificada em Disciplina Positiva

MINIBOLINHOS DE MILHO COM SALSICHA
rendimento: cerca de 24 bolinhos

1 pacote de mistura pronta para bolinho de milho*
1 pacote de minissalsichas
Uma ou duas fôrmas de bolinhos, untadas
Condimentos para servir

* Leia as instruções no pacote de mistura para bolinho de milho para ver se você precisa de leite, ovos ou outros ingredientes ao preparar a massa. Certifique-se de ter esses ingredientes à mão. Como alternativa, sinta-se à vontade para usar sua própria receita favorita de bolinho de milho, se preferir fazer a receita do zero.

1. Preaqueça o forno e prepare a massa do bolinho de acordo com as instruções do pacote. Convide seu filho a ajudar na leitura das instruções, despejar os ingredientes líquidos e misturar a massa.
2. Corte cada minissalsicha ao meio. Mesmo crianças pequenas podem ajudar nesta etapa, usando uma faca segura para crianças, com supervisão de um adulto.
3. Peça ao seu filho que coloque um pedaço de salsicha em cada forminha. Use uma colher pequena para despejar a massa do bolinho sobre cada salsicha, enchendo cada forma quase até o topo. As crianças também podem ajudar com isso.

4. Asse os bolinhos de acordo com as instruções do pacote. Deixe esfriar um pouco. Sirva os bolinhos com condimentos como mostarda, *ketchup* ou molho *barbecue*.

DICAS DA FERRAMENTA

1. As crianças precisam de habilidades, e habilidades precisam ser ensinadas.
2. Coloque seu chapéu de detetive. Observe os padrões de desafio de comportamento.
3. Quando identificar um padrão, descubra as habilidades necessárias para lidar com o desafio — tanto para você quanto para seu filho.
4. Encontre um momento calmo para ensinar a habilidade ao seu filho. Inclua a simulação para praticar.
5. Não espere perfeição. A prática leva à melhoria.
6. Evite recompensas. As recompensas mascaram o bom sentimento interno de realização que ajuda as crianças a desenvolverem um forte senso de capacidade.

GENTIL E FIRME

Firmeza refere-se ao seu comportamento em uma situação de conflito: dominação significa impor sua decisão à criança.

— Rudolf Dreikurs

Firmeza e gentileza devem sempre andar de mãos dadas para evitar extremos de ambas. Comece validando os sentimentos e/ou demonstrando compreensão. Ofereça uma escolha quando possível. Aqui estão alguns exemplos:

1. Eu sei que você não quer escovar os dentes, e podemos fazer isso juntos.
2. Você quer continuar brincando, e está na hora de dormir. Você quer uma história ou duas?
3. Eu te amo, *e* a resposta é não.

Jane

Alguns pais são gentis, mas não são firmes. Outros são firmes, mas não são gentis. Muitos pais oscilam entre os dois, sendo muito gentis até que não suportam mais seus filhos e sua atitude de exigentes, e depois sendo muito firmes até que não suportam mais a si mesmos e seu próprio comportamento tirânico.

Todas as ferramentas da Disciplina Positiva enfatizam a importância da gentileza e da firmeza ao mesmo tempo.

Os opostos se atraem: quando um pai/mãe é gentil e o(a) outro(a) é firme

Você já percebeu com que frequência duas pessoas com filosofias opostas sobre gentileza e firmeza se casam? Uma tem a tendência de ser muito indulgente. A outra tem a tendência de ser muito rígida. Então, a pessoa indulgente pensa que precisa ser ainda mais indulgente para compensar a pessoa mais rígida e "malvada". A pessoa rígida pensa que precisa ser mais rígida ainda para compensar a pessoa mais indulgente e "indecisa". Assim, elas se afastam cada vez mais e discutem sobre quem está certo e quem está errado. Na verdade, ambas são ineficientes. O truque é ser gentil e firme ao mesmo tempo. Elas devem trabalhar juntas como uma equipe e aprender uma com a outra.

Rudolf Dreikurs ensinou que a gentileza demonstra respeito pela criança. A firmeza demonstra respeito por nós mesmos e pelas necessidades da situação. Métodos autoritários geralmente carecem de gentileza. Métodos permissivos carecem de firmeza. Métodos autoritativos são gentis e firmes. Os pesquisadores Sigrud Adalbjarnardottir e Leifur Hafsteinsson relataram que adolescentes que caracterizaram seus pais como autoritativos estavam mais protegidos contra o abuso de substâncias.[15] A pesquisa também mostra que adolescentes cujas mães eram consideradas autoritativas relataram níveis mais baixos de depressão.[16] E uma equipe de pesquisadores descobriu que a parentalidade autoritativa estava relacionada a uma maior autoestima e satisfação com a vida.[11] Historicamente, no século XX houve uma grande mudança da parentalidade autocrática (ou autoritária), que se caracteriza por um alto nível de controle adulto. A parentalidade autoritária coloca pouca ou nenhuma ênfase no ensino de habilidades importantes para a vida, como colaboração, resolução de problemas e comunicação eficaz.

A grande mudança do domínio autocrático em direção a uma abordagem mais democrática ou autoritativa tem sido documentada em pesquisas em muitas culturas.[12] Por exemplo, na China, os pais são consistentemente identificados como mais autoritativos. Na verdade, na China, a parentalidade autocrática tem sido associada negativamente ao alto desempenho acadêmico. No entanto, em outro estudo chinês que examinou crianças em idade pré-escolar e seus pais, constatou-se que a parentalidade autoritativa (caracterizada pela liderança democrática) tem uma influência positiva no desenvolvimento de habilidades socioemocionais e na competência social em crianças pequenas.[13]

Para entender melhor essa mudança nos estilos de liderança familiar, precisamos examinar a história da parentalidade permissiva também. Já na década de 1950 e continuando nas décadas de 1960 e 1970, houve uma grande mudança em muitas culturas dos pais como "ditadores". No entanto, o pêndulo oscilou muito na direção oposta, e um padrão permissivo emergiu.[14] Esse estilo de parentalidade permissiva era excessivamente amável, carecendo de qualquer firmeza. Com a permissividade, há uma tendência aumentada para superproteger e mimar as crianças, o que tem um efeito prejudicial em longo prazo.

Para resumir, os efeitos negativos tanto da parentalidade autocrática como da parentalidade permissiva têm sido documentados repetidamente na literatura profissional, enquanto os pesquisadores consistentemente identificam resultados mais positivos quando é adotada uma abordagem equilibrada, que é gentil *e* firme.

Muitos pais lutam com esse conceito. Eles podem não se sentir dispostos a serem gentis quando uma criança os provocou, então vão ao extremo de usar apenas a firmeza. Outros querem evitar a aspereza de manter a firmeza e vão ao extremo da permissividade. É necessário consciência e habilidades para ser gentil e firme ao mesmo tempo. Um dos meus exemplos favoritos de ser gentil e firme ao mesmo tempo é dizer: "Eu te amo, e a resposta é não". Observe a importância do "e"! A seguir estão mais exemplos:

Validar sentimentos. Eu sei que você não quer parar de brincar, e está na hora do jantar.

Mostrar compreensão. Eu sei que você preferiria ver TV a fazer lição de casa, e a lição de casa precisa ser feita primeiro.

Redirecionar. Você não quer escovar os dentes, e eu não quero pagar contas de dentista. Vou te desafiar para ver quem chega ao banheiro primeiro.

Cumprir um acordo anterior. Eu sei que você não quer esvaziar a lava-louça agora, e qual foi o nosso acordo? (Aguarde gentil e silenciosamente pela resposta.)

Oferecer uma escolha. Você não quer ir para a cama, e é hora de dormir. É a sua vez de escolher um livro ou a minha?

Validar sentimentos, oferecer uma escolha e, em seguida, cumprir decidindo o que você fará. Eu sei que você quer continuar jogando *videogame*, e seu tempo acabou. Você pode desligar agora, ou eu vou fazer isso.

Às vezes, a energia da firmeza precisa ser um pouco mais forte, mas ainda assim respeitosa. Observe que não há por que acrescentar sermões de culpa e vergonha nas frases anteriores.

Ser gentil nem sempre é agradável

Alguns pais acham que essas frases firmes não são agradáveis ou gentis. Um dos maiores erros que alguns pais cometem quando decidem usar a Disciplina Positiva é se tornarem muito permissivos porque não querem ser punitivos.

Eles erroneamente acreditam que estão sendo gentis quando agradam seus filhos, ou quando os resgatam e protegem de toda decepção.

Ser gentil significa se respeitar e respeitar seu filho. Não é respeitoso mimar as crianças. Você essencialmente está prejudicando o crescimento emocional delas ao impedi-las de desenvolver seus "músculos da decepção".

Nem a punição nem a permissividade têm efeitos positivos em longo prazo. Podemos olhar para a natureza como um bom exemplo. A mãe pássaro sabe instintivamente quando é hora de empurrar seu filhote do ninho para que ele aprenda a voar. Se não compreendêssemos melhor esse conceito, poderíamos pensar que isso não é muito gentil da parte da mãe pássaro. Se o filhote pudesse falar, ele poderia dizer: "Não. Eu não quero sair do ninho. Não seja tão cruel. Isso não é justo". No entanto, sabemos que o filhote de pássaro não aprenderia a voar se a mãe pássaro não desse esse empurrão importante. O que parece gentil no momento pode ser cruel em longo prazo. Seria cruel a mãe pássaro permitir que seu filhote ficasse incapacitado para a vida toda por mimá-lo.

Muitos erros são cometidos em nome da gentileza, como:

Agradar
Resgatar
Superproteger
Mimar (dar tudo o que a criança quer)
Microgerenciar
Dar muitas escolhas
Garantir que as crianças nunca sofram

Você se surpreenderia ao ver que "garantir que as crianças nunca sofram" é um erro que os pais cometem em nome da gentileza. É importante que os pais não "façam" as crianças sofrerem, mas às vezes é mais útil "permitir" que elas sofram com apoio. Por exemplo, suponha que uma criança sofra porque não pode ter o brinquedo que deseja. Permitir que ela passe por essa experiência (depois de validar seus sentimentos) pode ajudá-la a desenvolver a resiliência. Ela aprende que pode sobreviver aos altos e baixos da vida, o que leva a um senso de capacidade e competência.

Muitos pais não suportam ver seus filhos sofrerem. Eles dizem: "Eu só quero que meu filho seja feliz". Garantir que seu filho esteja sempre feliz agora é uma boa maneira de assegurar o sofrimento no futuro dele. Ele ficará com raiva ou deprimido quando as pessoas em sua vida não estiverem interessadas em garantir que ele esteja sempre feliz, especialmente à custa delas.

Acredite que seus filhos podem aprender e crescer com o sofrimento, especialmente em um ambiente de apoio. Compreenda que ser gentil nem sempre significa ser agradável em curto prazo. A verdadeira gentileza e firmeza juntas criam um ambiente no qual as crianças podem desenvolver as asas de que precisam para voar pela vida.

Mary

Quando Reid tinha 2 anos, ele descobriu o chiclete por meio de seu irmão mais velho. Naturalmente, Reid queria o que seu irmão tinha e insistia em mascar chiclete antes do café da manhã.

Eu expliquei que crianças de 2 anos não podem mascar chiclete. Finalmente, ensinei a ele como apenas lamber o chiclete, e isso o manteve entretido por cerca de trinta minutos. Mal sabia eu que essa experiência provocaria futuras disputas por poder sobre ganhar mais chiclete.

Cerca de uma semana depois, antes mesmo de eu terminar de fazer o café, Reid disse: "Eu quero chiclete".

Eu disse a ele que chiclete não era permitido.

Ele retrucou: "Eu só vou lamber".

Eu disse: "Não, você não pode ganhar chiclete".

Ele disse: "Eu só vou lamber".

Depois de vacilar por vários minutos, eu me lembrei de ser gentil e firme. Eu me ajoelhei ao nível dele, olhos nos olhos, e disse: "Reid, eu te amo, *e* a resposta é não".

Reid disse: "Está bom, mamãe, vou comer cereal".

Funcionou! Essas poucas e simples palavras podem ser muito poderosas e eficazes.

Brad

Pessoalmente, eu ainda não dominei por completo ser gentil e firme ao mesmo tempo. No entanto, finalmente percebi que, quanto menos palavras eu uso, mais fácil é ser gentil e firme. É como aquele velho ditado: "Se você não tem nada de bom para dizer, não diga nada". Então, em vez de um sermão, eu posso simplesmente dizer não.

"Não" pode ser tanto gentil quanto firme, dependendo de como você diz e desde que você não adicione palavras extras de raiva. "Sim" também pode ser gentil e firme, como em "Sim, eu vou te levar para a casa do seu amigo assim que seu quarto estiver limpo".

História de sucesso de San Diego, Califórnia

Quando nossos filhos eram mais jovens, meu marido e eu participamos de uma palestra baseada na Disciplina Positiva, onde discutiram a importância de ser firme e gentil, e de cumprir o que foi acordado. Essas informações tiveram um impacto em nós, e tentamos sempre ser firmes e gentis durante as muitas reuniões de família que tivemos.

Quando as meninas pediam sorvete em uma segunda-feira, mesmo que em nossa reunião tivéssemos decidido que sobremesa só seria permitida nos fins de semana, nós simplesmente perguntávamos: "O que vocês acham?".

Frequentemente lidávamos com emoções intensas, especialmente com minha filha mais velha, que costumava implorar: "Por favor, diga sim, mãe".

Com gentileza e firmeza, minha resposta era sempre a mesma: "Lembrem-se do que decidimos durante nossa reunião de família".

Em meu aniversário, alguns anos atrás, recebi um cartão da minha filha que dizia: "Você é a melhor mãe e obrigada por me criar da maneira que criou. Eu sempre soube que você cumpriria sua palavra e me apoiaria, não importa o que acontecesse".

Fiquei tocada e feliz por receber um cartão tão carinhoso. Mais tarde, ela ligou e disse: "Mãe, obrigada por me ensinar a lavar minha roupa, preencher meus formulários e cozinhar. Eu costumava pensar que você era bastante rigorosa, mas agora me sinto muito capaz na faculdade".

— Yogi Patel, Educadora Parental Certificada em Disciplina Positiva

DICAS DA FERRAMENTA

1. Considere os efeitos em longo prazo dos métodos de disciplina.
2. Controle seu próprio comportamento antes de esperar que seus filhos controlem o deles.
3. Esteja ciente de que todas as ferramentas da Disciplina Positiva são baseadas na gentileza e na firmeza.
4. Aprenda e pratique o máximo de ferramentas da Disciplina Positiva que puder. É impossível abandonar velhos hábitos até que você tenha novas ferramentas.

CONEXÃO ANTES DA CORREÇÃO

O amor não é uma emoção. É um relacionamento.

— Rudolf Dreikurs

Crie proximidade e confiança em vez de distância e hostilidade ao comunicar uma mensagem de amor.

1. "Eu te amo, e a resposta é não."
2. "Você é mais importante para mim do que suas notas. O que suas notas significam para você?"
3. "Eu te amo e acredito que podemos encontrar uma solução respeitosa."

Jane

A única ferramenta da Disciplina Positiva que eu gostaria de ter usado de forma mais consistente é a conexão antes da correção. Muitas vezes eu pensava que focar a correção era a melhor maneira de ser uma boa mãe, sem saber que minha correção não poderia ser eficaz se eu não estabelecesse primeiro uma conexão. Pesquisas extensas mostraram que não podemos influenciar as crianças de forma positiva até criarmos uma conexão com elas. Alfred Adler sabia disso quando enfatizou a importância de usar o encorajamento para atender à necessidade básica de pertencimento.

Punição não cria conexão, assim como sermões, críticas, reclamações, culpa ou vergonha. Então, que tipo de encorajamento cria conexão?

Passar tempo especial com seus filhos. O que poderia criar mais conexão com seu filho do que ele saber que você gosta de passar tempo com ele?

Validar os sentimentos do seu filho. Não nos sentimos todos conectados quando nos sentimos compreendidos?

Focar em encontrar soluções com seus filhos. Você ouvirá a palavra "com" muitas vezes – porque é uma ponte de ouro para a conexão.

Abraços. Há momentos em que tudo o que precisamos é de um abraço.

Uma vez estabelecida a conexão, as crianças estão então abertas à correção respeitosa. No entanto, é importante compreender que a forma de correção da Disciplina Positiva é muito diferente da correção convencional. A maior diferença é que a correção convencional geralmente envolve punição. Colocar de castigo, o confinamento e a retirada de privilégios são as punições mais comuns. **Em outras palavras, a correção convencional consiste em adultos fazerem algo *para* as crianças. A correção da Disciplina Positiva envolve respeitosamente as crianças, sempre que possível, encontrando soluções *com* elas.**

Às vezes temos que parar de lidar com o mau comportamento e primeiro curar o relacionamento por meio de uma abundância de conexão. Uma maneira de começar é parar o que você está fazendo e dizer: "Você sabe que eu realmente te amo?". O pai de um adolescente ficou chocado quando os olhos de seu filho se encheram de lágrimas e ele respondeu: "Como eu poderia saber?".

Quando as crianças sentem uma conexão, elas sentem pertencimento e importância. Muitas vezes isso é suficiente para que a correção ocorra e o mau comportamento pare. Conforme você aprende sobre as muitas ferramentas da Disciplina Positiva, observe que todas são projetadas para criar uma conexão antes da correção.

Mary

De todas as ferramentas da Disciplina Positiva, a conexão antes da correção é a minha favorita! Parece ser a ferramenta que eu mais uso. Na verdade, eu a usei tantas vezes que também é a favorita dos meus filhos. Se eu esqueço, muitas vezes eles são os primeiros a lembrar da importância da conexão e vêm até mim de braços abertos para um grande abraço.

Eles até aprenderam a me lembrar de fazer algumas respirações profundas quando estou chateada. Fiquei perplexa quando meu filho mais velho, que tinha três anos na época, disse: "Mamãe, se acalme e faça algumas respirações profundas".

Ele estava absolutamente certo. Fiquei envergonhada e grata ao mesmo tempo – envergonhada porque meu filho de 3 anos percebeu meu comportamento inadequado antes de mim e grata porque ele realmente aprendeu o que eu havia ensinado.

Brad

Desde que meu filho se tornou adolescente, ele se tornou mais desafiador, o que tenho certeza de que é um problema comum que muitos pais têm com seus adolescentes. Parece que ele tenta me contradizer em todos os momentos e até tenta sabotar meus esforços para criar um ambiente familiar mais harmonioso. Isso também se reflete em seu relacionamento com a irmã. Há muita rivalidade entre irmãos, e parece que ele desconta muito de sua raiva nela.

Minha reação muitas vezes foi reagir a ele com raiva, o que cria mais distância e o faz ficar ainda mais desafiador. Antes que eu percebesse, estávamos em uma disputa por poder total.

Falamos que uma criança malcomportada é uma criança desencorajada. O motivo pelo qual as crianças se sentem desencorajadas é que elas não acham que pertencem/são aceitas. Quer isso seja verdade ou não, é nisso que elas acreditam. Uma possível solução é passar um tempo especial juntos, o que é tão simples e, ao mesmo tempo, tão poderoso para ajudar as crianças a sentirem pertencimento, importância e conexão. A armadilha é que uma criança malcomportada também é uma criança irritante, e a última coisa que você quer fazer é passar mais tempo com a criança que está te irritando.

Mas eu decidi confiar no processo. Então, durante nossa próxima reunião de família, agendei um tempo para Gibson e eu irmos jogar golfe. Naquela semana, conseguimos passar algumas horas no campo de golfe juntos.

Após aquele tempo especial juntos, houve uma mudança imediata de atitude. Meu filho começou a ser muito mais cooperativo. No dia seguinte, ele fez suas tarefas sem ser lembrado e sem reclamar. Até mesmo seu relacionamento com a irmã mais nova melhorou. Ele ainda é um irmão mais velho, então não pode deixar de provocar sua irmã totalmente, mas as provocações parecem mais por brincadeira do que por raiva.

Criar conexão com nossos filhos é uma ferramenta muito poderosa. Uma vez que restabelecemos a conexão, tudo parece se encaixar.

História de sucesso de Montana

Imagine este momento desafiador: estou indo para o carro com um bebê de 1 ano às 17h. Levanto-o em direção à cadeira de bebê e recebo um grito ensurdecedor no meu ouvido, um quadril jogado para a frente e pernas chutando. Uma de suas pernas me chuta no lado do meu estômago. Estou irritada!

Estou cansada depois de um longo dia e só quero chegar em casa para jantar e desfrutar da ajuda do meu marido. Tudo em mim quer repreender meu filho e dizer a ele que seu comportamento é inaceitável. Quero dizer: "Você vai sentar na cadeira de bebê porque não há outra opção".

Em vez disso, eu faço uma pausa para me conectar antes de corrigir. Eu o afasto da cadeira de bebê e o coloco de volta no meu colo para que eu possa colocar uma mão em suas costas. Eu digo algo como: "Calma, calma, calma. Espera um pouco. Estou percebendo que você não quer ir para casa. Você estava se divertindo muito na nossa aula de música, não estava? Foi um momento tão divertido! É difícil sair de lugares tão divertidos, não é?". Com cada palavra e afago em suas costas, sinto seu corpo relaxar aos poucos, apreciando a validação.

Em seguida, continuo com a correção. "Mas espere. Vamos olhar. Olhe para as outras crianças entrando em seus carros. A aula acabou. Ninguém vai ficar aqui. Todos nós estamos indo para casa a fim de ver nossas mamães e papais e jantar. E podemos voltar na próxima semana para mais aulas de música. Vamos para casa e ver o papai!" Ele concorda com a cabeça, e eu o levanto em direção à cadeira de bebê sem nenhuma resistência. Colocamos o cinto e seguimos nosso caminho. Na verdade, apenas dois minutos foram perdidos no tempo que levou para me conectar antes de corrigir seu comportamento. E valeu muito a pena.

— Flora McCormick, Educadora Parental Certificada em Disciplina Positiva

DICAS DA FERRAMENTA

1. Lembre-se de que as crianças se *comportam* melhor quando se sentem melhor — e você também.
2. Lembre-se de que você é o adulto e que ser um modelo é o melhor professor.
3. Lembre-se de se acalmar, tocar seu coração (para se conectar consigo mesmo) e depois se conectar com seu filho.
4. Lembre-se de que a conexão muitas vezes é suficiente para corrigir o problema. Nada mais precisa ser dito ou feito.
5. Quando esquecer de tudo que foi citado anteriormente e cometer um erro, peça desculpas. Pedir desculpas é uma ótima maneira de se conectar, porque desperta o instinto da criança para perdoar.

ENCORAJAMENTO

Uma criança precisa de encorajamento tanto quanto uma planta precisa de água.

— Rudolf Dreikurs

Uma criança que se comporta mal é uma criança desencorajada. Quando as crianças se sentem encorajadas, o mau comportamento desaparece.

1. Encoraje criando uma conexão antes da correção.
2. Cada sugestão neste livro de ferramentas da Disciplina Positiva é projetada para ajudar as crianças a se sentirem encorajadas e a desenvolverem habilidades sociais e de vida valiosas que as ajudarão a se sentirem capazes.

Jane

Rudolf Dreikurs ensinou que uma criança precisa de encorajamento da mesma forma que uma planta precisa de água. Em outras palavras, o encorajamento é essencial. As crianças podem não morrer por falta de encorajamento, mas certamente murcharão. Como o encorajamento é tão crucial, é importante que os pais saibam exatamente o que o encorajamento significa e como fazê-lo.

Vamos começar com o que não é encorajamento. Encorajamento não é aclamar, bater palmas e comentar tudo o que seu filho faz. Os pais falam demais. Às vezes é uma tentativa de encorajar, e às vezes falar demais é apenas um velho hábito de dar sermões. Os pais parecem pensar que precisam fazer um comentário sobre tudo o que a criança faz, especialmente nos dias de hoje.

Imagine que você é uma criança de 2 anos e acabou de despejar o próprio leite de uma pequena jarra em um copo pequeno sem derramar nada. O que você está sentindo? Quando me coloco nesse papel, sinto orgulho de mim mesma – e muito capaz.

Mantenha-se nesse papel e imagine que sua mãe começa a aplaudir e aclamar você. O comentário típico é: "Você conseguiu!". Você ainda se sentirá orgulhoso, mas a crença subjacente de que é ainda mais importante agradar sua mãe está começando a se enraizar. Em vez desse senso interno de orgulho, você está aprendendo a depender mais do que os outros pensam.

Aplaudir e aclamar é uma forma de elogio (ver "Encorajamento *versus* elogio" no Capítulo 6), e o perigo é que as crianças gostam disso. Elas não entendem os sutis começos da necessidade de agradar e do medo de que talvez não consigam. Outras crianças podem se revoltar porque sentem que essa é a única maneira de manter seu senso de identidade. Todos esses sentimentos e decisões ocorrem em um nível subconsciente.

Aclamar, bater palmas e comentar tudo o que uma criança faz são maneiras sutis de tornar as realizações de seu filho mais sobre você do que sobre ele. Isso realmente rouba a capacidade de seu filho de manter seu senso de satisfação pessoal e os sentimentos de capacidade.

O encorajamento ajuda seus filhos a desenvolverem coragem – coragem para crescer e se desenvolver como pessoas que desejam ser, para se sentirem capazes, resilientes, aproveitarem a vida e serem membros felizes e contribuintes da sociedade. E, como Dreikurs disse, as crianças precisam ter coragem para serem imperfeitas, ou seja, elas precisam se sentir livres para cometer erros e aprender com eles.

Em um *workshop* recente, uma mãe queria ajuda em relação à sua filha de 5 anos, que tem ataques de raiva quando não consegue imediatamente o que deseja. Eu a fiz sentar em uma cadeira ao meu lado e disse para ela fazer o papel de sua filha tendo um ataque de raiva enquanto eu fazia o papel da mãe enviando apoio energético. Tudo o que fiz foi sentar lá e observá-la com um olhar compassivo no rosto. Foi divertido processar com ela depois como ela estava ciente do que eu estava fazendo, mesmo estando no meio de seu ataque de raiva. Ela compartilhou que se sentiu amada e apoiada, mesmo que estivesse um pouco frustrada porque seu ataque de raiva não funcionou no sentido de conseguir o que queria imediatamente.

Expliquei que, quando as crianças se sentem confusas porque seu comportamento não está funcionando, elas estão prontas para procurar um novo comportamento. Portanto, mesmo que uma ferramenta de Disciplina Positiva não pareça estar encorajando a mudança de comportamento imediatamente, pode ser eficaz em longo prazo, uma vez que a criança decide procurar outro comportamento.

Pense nos adultos que o encorajaram quando você era criança. O que eles fizeram ou disseram? Isso lhe dará as melhores pistas sobre como encorajar seus filhos. Você encontrará vários exemplos de encorajamento nas histórias a seguir.

Brad

Lembro-me de uma época em que eu tinha cerca de 7 ou 8 anos e queria construir uma casinha para o meu cachorro, mas não tinha absolutamente ideia de por onde começar. Então meu pai passou um sábado inteiro trabalhando comigo no projeto. Ele não fez por mim, mas estava ao meu lado a cada passo do processo. Foi a primeira vez que eu martelei um prego em uma peça de madeira, então tenho certeza de que exigiu muita paciência do meu pai. Mas ele me deixou entortar muitos pregos antes de eu finalmente pegar o jeito. Quando terminei, estava tão orgulhoso da minha realização que passei a noite com meu cachorro naquela nova casinha.

Não é sempre fácil encorajar nossos filhos. Acho que é por isso que é mais significativo do que o elogio. "Bom menino" e "Você é tão incrível" não vão construir uma casinha para cachorro. "Continue tentando, não é fácil martelar um prego reto" vai fazer o trabalho e instilar um sentimento de capacidade na criança.

Mary

Quando meu filho Greyson começou a frequentar a Educação Infantil, fiquei muito desanimada com o sistema de punição de cartões coloridos usado pela escola. No primeiro dia de orientação, eles recomendaram que, se nosso filho não recebesse um cartão verde, que significava bom comportamento durante todo o dia, deveríamos "puni-lo com uma consequência em casa".

Revirei os olhos e pensei: "Não na nossa casa". Não acreditamos em punição, e definitivamente não acreditamos em fazer as crianças pagarem por seus erros ou por agir como crianças de 5 anos. Eu também acreditava que, se eu trouxesse tanto para a professora quanto para a diretora um exemplar do livro da minha mãe, *Disciplina Positiva em sala de aula*, elas poderiam mudar o sistema que estavam usando havia mais de trinta anos. Opa! – lá estava eu de novo com meu pensamento mágico.

Tudo mudou quando Greyson recebeu seu primeiro cartão vermelho (o pior cartão que você pode receber). Honestamente, nem consigo lembrar pelo que ele recebeu esse cartão, mas lembro como me senti quando a professora me chamou de lado na hora da saída para explicar a situação. Eu me senti como se tivesse acabado de receber um cartão vermelho como mãe.

Bobagem, eu sei. E, se você me dissesse naquele primeiro dia de aula que eu levaria esse sistema para o lado pessoal, eu teria dito: "Eu não. Eu estudei o assunto". Mas quando eu estava ouvindo a professora com o sentimento de que minha reputação estava em jogo, "com o rabo entre as pernas", não pude deixar de sentir que o comportamento do meu filho era um reflexo da criação que eu estava fazendo. Quando contei isso para minha mãe mais tarde, ela me alertou: "Se você vai mandar o Greyson para uma escola com esse sistema, então não pode se deixar levar por ele". E ela me lembrou que não é o que fazem na escola, mas como lidamos com isso em casa, que conta, e que deveríamos focar as soluções com ele.

Greyson me proporcionou várias oportunidades para praticar. No início, conversei muito (na verdade, falei) com Greyson sobre como ele deveria se comportar. Fui voluntária na sala dele duas vezes por mês, de modo a poder ver exatamente o que era necessário para uma criança receber um cartão amarelo ou vermelho (como conversar com um colega na hora errada). Várias vezes vi outros alunos receberem um cartão e nem mesmo ter certeza do que tinham feito.

Tenho vergonha de dizer que não segui o plano original de não me deixar influenciar por esse sistema. Comecei a punir em casa – tirando privilégios, não permitindo que ele fosse ao Legoland (mais doloroso para mim do que para ele), dando sermões e fazendo ameaças. Recentemente, depois de me sentir desanimada por completo com meu filho e comigo mesma, comecei a fazer perguntas curiosas para ele. Por exemplo, "Como você acha que sua professora se sente quando está tentando ensinar e você continua interrompendo?" ou "Agora que você sabe que não é permitido brincar de ninja no tapete da escola, onde é que você pode brincar?"

Depois de três longas semanas de férias da escola, eu achava que certamente seria uma semana desafiadora. Fiquei agradavelmente surpresa quando ele veio correndo me dar um abraço na saída e ficou animado para dizer: "Consegui um cartão verde". Ele estava tão feliz e orgulhoso! Ele confirmou isso quando o coloquei na cama naquela noite e ele compartilhou que a parte mais feliz do dia dele foi receber o cartão verde. Eu fiquei feliz porque ele estava feliz, mas ao mesmo tempo senti que meu filho já estava sendo sugado pelo sistema de pensar que ele é "bom" quando recebe um cartão verde e que ele é "ruim" quando recebe qualquer outra cor.

Foi apenas três dias depois que tudo começou a dar errado. Ele recebeu um cartão amarelo, mas a professora me disse que queria dar a ele um cartão vermelho... caramba! Ela explicou que ele estava especialmente agitado durante a roda de conversa e que precisou ser lembrado várias vezes para prestar atenção. Perguntei a ele na frente da professora: "O que ajudaria você a prestar atenção na professora?". E então sugeri: "E se você inventasse sua própria palavra-código e um sinal silencioso que seria apenas entre você e a professora?". Eles gostaram dessa ideia!

Esperei até aquela noite, quando o estava colocando na cama, e fiz a mesma pergunta novamente. Greyson inventou a palavra-código "zip" e depois me mostrou o sinal silencioso de fechar os lábios. Ele adorou essa ideia e me disse que estava animado para contar para sua professora na manhã seguinte.

No dia seguinte, quando fui buscá-lo, estava com os dedos cruzados. E funcionou! Sua professora me disse que a palavra-código e o sinal deram certo o dia todo. Fiquei feliz em compartilhar com ela que, quando a criança cria a solução, ela geralmente a segue. Acredito que Greyson se sentiu encorajado a cumprir o acordo deles.

Definitivamente, foi melhor encorajar meu filho e focar em encontrar soluções e resolver problemas. Foi totalmente desencorajador cair na armadilha da punição e das consequências. Fiquei contente por lembrar de usar o encorajamento para ajudar meu filho a formar uma crença diferente que levasse a um comportamento distinto. Espero poder me lembrar de evitar a armadilha do desencorajamento.

História de sucesso de Chicago, Illinois

Gostaria de compartilhar um momento encorajador e recente da minha vida. Nossa semana começou com um episódio particularmente perturbador para minha filha de 3 anos e meio. Ela estava na escola e aparentemente foi contaminada por rotavírus, que estava se espalhando pela escola como um incêndio. Ela teve um acidente que exigiu uma troca de roupas e lençol... você entendeu a situação. Então, recebi a ligação ao meio-dia para buscá-la. Ela estava chateada, mas se recuperou.

Dois dias depois, era hora de ela ir para a escola novamente. A primeira coisa que ela me disse naquela manhã às sete horas foi: "Ainda estou doente. Não posso ir para a escola".

Eu a ouvi e fiz algumas perguntas, mas continuei com a rotina da manhã, mesmo quando ela continuou insistindo que não queria ir para a escola. A reclamação aumentou. Comecei a ficar tensa, pensando: "Não temos tempo para isso. Ela é muito nova para dizer que não gosta da escola. Por que não podemos ter *uma* manhã tranquila?".

E então (e acho que isso só aconteceu porque eu mesma estava doente na cama no dia anterior, corrigindo os trabalhos de pós-graduação dos meus alunos sobre a psicologia adleriana e Disciplina Positiva) eu parei e disse a mim mesma: "Aposto que posso descobrir o que está acontecendo aqui".

Então, fiz uma suposição. Eu disse a ela: "Eu sei que o que aconteceu na segunda-feira foi muito perturbador e você ficou muito surpresa com isso. Aposto que foi um pouco assustador".

Ela começou a chorar imediatamente (lágrimas reais, não do tipo crocodilo) e assentiu, dizendo: "Sim, e tenho muito medo que isso aconteça de novo".

Ela imediatamente me deixou abraçá-la e segurá-la, e eu lhe assegurei que seu corpo estava completamente melhor agora e que isso não aconteceria de novo. O resto da manhã correu bem, entramos no carro e chegamos à escola a tempo. Sem mais lágrimas.

Naquela tarde, eu lhe disse que ela devia estar se sentindo muito orgulhosa por ser tão corajosa, mas na verdade eu estava pensando: "Viva para mim! Eu adivinhei certo! Eu desacelerei o suficiente para ouvi-la. Não fiquei brava! Validei seus sentimentos. Não permiti que a tensão das manhãs apressadas atrapalhassem a escuta do medo muito real e válido que ela sentia". Ela deve ter se sentido encorajada, porque mudou seu comportamento.

Após essa experiência, lembrei-me de um tópico discutido recentemente em uma aula sobre criação de filhos. Um pai expressou uma dúvida respeitosa acerca de podermos "adivinhar" as crenças e os medos por trás de um comportamento. Meu exemplo anterior não é necessariamente um objetivo equivocado, e sei que nem sempre é apropriado ou possível fazer uma descoberta do objetivo equivocado com nossos próprios filhos. No entanto, orientar-me para a origem do seu comportamento (que na época era muito irritante) e combinar isso com um pouco de curiosidade e tempo para me acalmar provou ser altamente eficaz.

— Monica Holiday, Trainer Certificada em Disciplina Positiva

História de sucesso do Peru

Uma tarde, meu filho, Ignacio, apareceu com um sorriso no rosto, mas parecia preocupado. Quando perguntei se estava tudo bem, ele disse que sim. No entanto, ele não foi convincente o suficiente. Eu sabia que algo estava errado.

Algumas horas depois, descobri acidentalmente que ele havia tirado uma nota baixa em uma prova. Imediatamente percebi que essa era a causa de seu desconforto. Em outra época, eu teria gritado com ele e o punido.

Desta vez, no entanto, me contive e decidi tentar uma ferramenta de Disciplina Positiva. Primeiro, fiz uma pausa positiva para mim mesma e respirei fundo. Depois de me acalmar, sentei-me com ele e fiz algumas perguntas curiosas, ouvindo sem interromper. Foi quando percebi que a razão de seu comportamento era o medo de contar a verdade. Fiquei muito triste por descobrir que meu filho não podia confiar em mim.

Decidi trabalhar em sua confiança. Comecei dizendo a ele que havia encontrado a prova por acaso e perguntei se havia algo que ele queria compartilhar comigo, porque eu queria ajudá-lo a resolver esse problema. Garanti a ele que podia confiar em mim e que eu poderia ajudá-lo a encontrar uma solução.

Segurei sua mão e tentei encorajá-lo, dizendo que acreditava nele e que tinha certeza de que ele poderia se sair melhor em provas no futuro. Também o encorajei a pensar em algumas soluções e disse a ele que era meu trabalho apoiar suas decisões. Foi muito bom quando ele me abraçou. Eu sabia que meu encorajamento havia chegado até ele.

— Susana O'Connor, participante da aula de Disciplina Positiva
de Gina Graham e Mariella Vega

História de sucesso de Xiamen, China

Às vezes esqueço o quanto usei o encorajamento com Niuniu, porque é um hábito meu encorajar. Quando ele era muito pequeno, costumava me perguntar antes de cada apresentação: "Mamãe, o que faço quando errar?".

Eu calmamente respondia: "Cometer erros é normal. Você é um ser humano, não uma máquina. Apenas as máquinas têm pouca chance de cometer erros. Eu sei que você quer transmitir para a plateia seus pensamentos internos sobre música. Você sabe o que fazer".

Ele concordava comigo. Após algumas apresentações, ele disse que gostava especialmente de se comunicar com a plateia enquanto estava no palco.

Depois que viemos para os Estados Unidos, o pai de Niuniu era quem o levava e buscava na escola. Eu também tinha habilitação, mas não dirigia muito. Uma manhã, o pai de Niuniu ficou doente e me disse que não poderia levá-lo à escola. O pai de Niuniu é uma pessoa muito forte e confiável e nunca diria que não dirigiria se pudesse, mas estava chovendo muito. O que eu poderia fazer?

Niuniu com certeza chegaria atrasado à escola se fosse a pé. Ele também estava se sentindo sobrecarregado. Ele olhou para mim e disse: "O que posso fazer, mamãe? Tenho prova de matemática logo cedo hoje".

Pensei por um momento e disse: "Eu posso te levar de carro. Mas você tem coragem de ir comigo no meu carro?".

Ele não sabia o quanto eu estava preocupada, então ele exclamou: "Claro, sem problemas. Vamos lá!". Então nós fomos, com eu dirigindo. Eu nem sabia como usar os limpadores de para-brisa, mas Niuniu disse: "Tudo bem, vá com calma, vou te ajudar!".

Chegamos à escola em segurança, dez minutos antes de a aula começar. Eu disse a ele: "Pegue seu guarda-chuva e vá para a sua sala de aula".

Depois disso, fui embora e dirigi bem devagar de volta para casa. Ao meio-dia, retornei à escola e o busquei. Havia uma ladeira muito íngreme perto da porta da escola deles. Niuniu continuava me encorajando, dizendo: "Olhe como você dirige ladeira abaixo! Você dirige muito bem!".

Percebi que ele estava me encorajando da mesma maneira que eu costumava encorajá-lo. Ele sabia que era difícil para mim dirigir pela primeira vez. Fiquei muito feliz quando ele mostrou seu encorajamento!

Depois de dirigir com ele várias vezes, ele começou a me encorajar a melhorar minhas habilidades. "Mamãe", ele me dizia, "se você não conseguir fazer a baliza, vá até a garagem". Ou "Não dirija muito rápido quando chegar a uma curva acentuada, porque o carro vai derrapar um pouco". Com o encorajamento do meu filho, me senti confiante dirigindo.

— Zhili Shi, Educadora Parental Certificada em Disciplina Positiva,
coautora com Jane Nelsen do livro
Positive Discipline for Piano Moms Workbook

DICAS DA FERRAMENTA

1. Pense nos resultados em longo prazo da sua abordagem. Ela encoraja a motivação interna ou externa? A motivação interna é importante em longo prazo.
2. Você está promovendo a autoavaliação ou a dependência da avaliação dos outros?
3. Você está convidando seu filho a pensar ou dizendo a ele o que pensar?
4. Você está permitindo que seu filho descubra as coisas por si mesmo e envolvendo-o na resolução de problemas, ou está resgatando-o e resolvendo as coisas por ele?
5. Você está considerando o que seu filho pode estar pensando, sentindo e decidindo em resposta ao que você faz ou diz, ou evita entrar no mundo do seu filho?
6. Você está ajudando seu filho a se sentir capaz ou dependente?

CONQUISTAR A COOPERAÇÃO

A competição não é "natural" nem obrigatória. Ela torna a realização da igualdade impossível. Quanto menos competitiva uma pessoa é, melhor ela pode lidar com a competição. A pessoa competitiva só consegue lidar com a competição se vencer.

— Rudolf Dreikurs

As crianças se sentem encorajadas quando você compreende e respeita o ponto de vista delas.

1. Demonstre compreensão pelos pensamentos e sentimentos da criança.
2. Mostre empatia sem aprovar comportamentos desafiadores.
3. Compartilhe um momento em que você tenha se sentido ou se comportado de forma semelhante.
4. Compartilhe seus pensamentos e sentimentos. As crianças ouvem você depois de se sentirem ouvidas.
5. Concentre-se em encontrar soluções juntos.

Jane

Rudolf Dreikurs ensinou a importância de "conquistar as crianças" em vez de "vencer as crianças". Vencer as crianças convida a rebeldia ou a desistência. Conquistar as crianças convida a cooperação.

Tentar vencer as crianças é difícil. Requer esforço constante. Você deve estar muito atento para controlar as ações de suas crianças, para que possa implementar suas táticas de controle – geralmente punições e recompensas. Você deve pegar as crianças fazendo coisas "boas" para poder recompensá-las e pegá-las fazendo coisas "ruins" para poder aplicar punições. Isso nunca termina – e o que acontece quando você não está por perto? Se você é muito bom em controlar suas crianças, o que elas aprenderam? Elas aprenderam autodisciplina, respeito por si mesmas e pelos outros, responsabilidade, habilidades de resolução de problemas, cooperação?

Tentar ter controle sobre as crianças é desrespeitoso e diminui muito suas chances de conquistar cooperação. Métodos de controle convidam a distância, hostilidade, rebeldia, vingança, dissimulação para evitar ser pego ou, pior de tudo, a crença que uma criança pode desenvolver de que "Eu sou uma pessoa má". Por outro lado, métodos respeitosos convidam a proximidade, confiança e cooperação.

Pode ser muito difícil para os pais pensar que não estão fazendo seu trabalho se não derem um sermão ou aplicarem algum tipo de consequência (geralmente uma punição mal disfarçada). Isso o levará de volta à resistência ou à rebeldia que você experimenta ao tentar ter controle sobre as crianças em vez de conquistá-las. Conquistar seus filhos não significa dar a eles o que eles querem para que gostem de você e estejam mais propensos a fazer o que você quer que eles façam. Conquistar seu filho significa que você criou o desejo de cooperação com base em um sentimento de respeito mútuo.

Uma das melhores maneiras de conquistar as crianças é fazer coisas *com* elas em vez de *para* ou *por* elas. Fazer coisas com elas significa envolvê-las respeitosamente na busca por soluções que funcionem para todos. No processo, seus filhos aprenderão habilidades de raciocínio, de resolução de problemas, autorrespeito e respeito pelos outros, autodisciplina, responsabilidade, habilidades de escuta e motivação para seguir adiante com a solução que ajudaram a criar. A lista poderia continuar indefinidamente. Que melhor maneira de criar uma conexão? Uma vez que tenha alcançado essa conexão, você criou um ambiente onde podem se concentrar para encontrar uma solução juntos. Você conquistou a cooperação.

Brad

Meu filho sempre foi um ótimo aluno. A escola sempre foi fácil para ele, e ele acabou se formando como o melhor aluno de sua turma do ensino médio e ganhando uma bolsa acadêmica para a faculdade. Minha filha, por outro lado, realmente tem que se esforçar para obter boas notas. Ultimamente, ela tem tido dificuldades em sua aula de matemática. Eu notei algumas notas F aparecendo em suas tarefas, então tivemos que encontrar uma solução.

A primeira coisa que fiz para conquistar a cooperação dela foi expressar minha compreensão sobre como a matemática pode ser difícil. Em seguida, compartilhei minha experiência com cálculo na faculdade. No primeiro dia da minha aula de cálculo, o professor virou as costas para a classe e começou a escrever no quadro-negro. O giz voava enquanto ele demonstrava rapidamente funções, derivadas e equações complexas. Eu me inclinei para a pessoa ao meu lado e perguntei: "Este é o primeiro dia de aula? Eu perdi alguma coisa?".

Após a aula, abordei o professor e fiz as mesmas perguntas. Ele respondeu: "Esta é uma aula de cálculo da faculdade. Espera-se que você tenha lido e estudado os dois primeiros capítulos". Isso foi novidade para mim, e percebi que nunca passaria nessa matéria sem alguma ajuda. Imediatamente fui para o laboratório de matemática e fiz minha lição de casa com a ajuda dos auxiliares do professor. Passei todos os dias daquele semestre no laboratório de matemática, tentando entender os conceitos de cálculo, e, com a ajuda desses maravilhosos tutores, consegui obter um A em cálculo.

Emma adorou essa história. Perguntei a Emma se poderia ajudar fazer a lição de casa no laboratório de matemática da escola. Ela concordou em tentar e começou a ir para a escola mais cedo ou ficar até mais tarde para fazer sua lição de casa. Aos poucos, ela conseguiu se recuperar e entregar suas tarefas atrasadas – assim como seu pai.

Mary

Antes de eu me casar com meu marido, Mark, nós elaboramos uma regra com 3 C para um casamento bem-sucedido: comunicação, compromisso e compaixão. Depois que nos tornamos pais, concordamos que estava faltando uma C: cooperação. Acreditamos que, sempre que algo está dando errado em nosso relacionamento ou com um de nossos filhos, é porque um dos 4 C está faltando.

A ferramenta de conquistar cooperação ensina que os filhos se sentem encorajados quando nós, pais, entendemos e respeitamos o ponto de vista deles. Por exemplo, meus meninos adoram jogar beisebol e querem jogar todos os dias. No entanto, estou constantemente sobrecarregada com a roupa suja, a louça e a arrumação da casa. Em vez de me sentir ressentida, o que geralmente se transforma em raiva, eu esperei pela minha oportunidade de ouro, sabendo que eles eventualmente pediriam para jogar beisebol. Quando eles perguntaram, eu disse que adoraria assim que terminasse minhas tarefas domésticas. Eu já tinha formulado um plano para dizer: "Por que vocês não me ajudam e depois podemos jogar?". Mas, antes que eu pudesse dizer isso, meu filho mais velho, Greyson, que tinha 6 anos na época, disse: "Podemos ajudar você a esvaziar a lava-louça e vamos guardar nossa roupa". Aquelas poucas frases me fizeram sentir que tínhamos acabado de cumprir todos os quatro C, e estávamos todos felizes.

Antes de pensar em uma maneira de conquistar a cooperação deles, eu costumava lhes dar um sermão, seguido por uma armadilha de culpa. Mesmo assim, eles me convenceriam a jogar beisebol com eles, e eu me sentiria exausta e ressentida. Mas agora eu era capaz de observar e agradecer por serem prestativos, compassivos e pacientes solucionadores de problemas. Era muito mais divertido tê-los ajudando com as tarefas domésticas e mais gratificante para todos nós jogarmos beisebol depois.

Outro exemplo sobre conquistar cooperação: meus meninos estavam com raiva porque não podiam tomar refrigerante. Eu mesma não bebo refrigerante porque sei o quanto faz mal. Eu gostaria que não fizesse, porque eu amo! Greyson começou a dizer: "Não é justo que você não nos deixe tomar refrigerante. Meu amigo sempre toma refrigerante. Por que não podemos tomar?".

Em vez de dar um sermão e ficar irritada por ele estar perguntando novamente, eu expressei compreensão e mostrei empatia, compartilhando que eu nunca tomava refrigerante quando era criança e que eu também sempre queria. Então, transformamos isso em um jogo divertido, revezando-nos e dizendo todas as coisas que desejávamos que fossem boas para nós, mas não eram.

Ele disse: "Eu gostaria de poder comer doces de jantar".

Eu apoiei dizendo: "Eu gostaria de poder tomar sorvete de jantar".

Ele disse: "Eu gostaria que açúcar fosse bom para você".

Eu segui dizendo: "Eu gostaria que chiclete e balas duras fossem boas para os meus dentes".

Foi muito mais divertido para nós dois fazer piada, rir e transformar isso em um jogo, em vez de um sermão, armadilha de culpa e irritação. Ganhar cooperação é uma situação em que todos ganham.

História de sucesso de Deer Park, Nova York

Um dia, fiquei irritado e elevei a voz para o meu filho de 2 anos. Como qualquer outro pai, me senti terrível por ter feito isso. Percebi que estava ganhando à custa do meu filho. Imediatamente, lembrei-me dos Três "R" da reparação dos erros, que o conquistariam.

Enquanto seguia os Três "R", me senti empoderado e competente, em vez de frustrado e impotente. "Sinto muito por ter gritado com você", eu disse. "Foi errado da minha parte. Foi desrespeitoso, e sinto muito se magoei seus sentimentos. O que podemos fazer da próxima vez que eu disser para você parar?"

Dei ao meu filho algumas opções de coisas que ele poderia fazer e que eu também poderia fazer da próxima vez que tivéssemos um desafio semelhante. Depois disso, o abracei bem forte e transformei em cócegas. Disse a ele para me dizer quando quisesse que eu parasse, tendo cuidado para não machucá-lo. Em seguida, foi a vez dele me fazer cócegas.

Lembrei-me de que as crianças ouvem você quando se sentem ouvidas. Isso funcionou muito bem!

— Dimitrios Giouzepis, Educador Parental Certificado em Disciplina Positiva

DICAS DA FERRAMENTA

1. É essencial desistir da necessidade de vencer seu filho para poder conquistá-lo.
2. Conquistar a cooperação pode envolver uma combinação de ferramentas da Disciplina Positiva.
3. Estabeleça uma conexão (crie proximidade e confiança) antes da correção por meio da conquista da cooperação.

2
ORIENTAÇÃO PARENTAL

REUNIÕES DE FAMÍLIA

A comunicação na família norte-americana contemporânea não foi interrompida; existe, mas nem sempre para fins benéficos.

— Rudolf Dreikurs

As crianças aprendem habilidades sociais e de vida durante reuniões de família semanais. O formato da reunião de família é o seguinte:

1. Elogios e reconhecimentos.
2. Avaliação de soluções anteriores.
3. Itens da pauta a serem resolvidos.
4. Calendário (eventos, planejamento de refeições).
5. Atividade divertida e sobremesa.

Jane

Se eu tivesse que escolher minha ferramenta favorita de Disciplina Positiva, seriam as reuniões de família, porque as crianças aprendem e praticam muitas habilidades sociais e de vida valiosas: resiliência, interesse social (contribuição), respeito mútuo, como aprender com seus erros, habilidades de escuta, habilidades de *brainstorming*, habilidades de resolução de problemas, o valor de se acalmar antes de resolver um problema, preocupação com os outros, cooperação, responsabilidade e como se divertirem juntos como uma família. Onde mais você pode conseguir tanto com um investimento tão pequeno de tempo?

A citação de Dreikurs no início desta seção indica a necessidade de melhorar a comunicação nas famílias com o propósito benéfico de encorajamento. As reuniões de família não serão eficazes se os pais tentarem usá-las como mais um espaço para sermões e controle. Sim, sabemos o quanto isso é difícil. De alguma forma, nós, pais, pensamos que não estamos fazendo nosso trabalho a menos que falemos, falemos, falemos. Os pais precisam falar menos e ouvir mais. Eles precisam ter certeza de envolver seus filhos no *brainstorming* de soluções e na escolha daquelas que acham que funcionarão melhor. Quanto mais seus filhos se sentirem envolvidos no processo, maior será a probabilidade de colocarem em prática as decisões que ajudaram a tomar.

É mais eficaz realizar reuniões de família uma vez por semana e limitar-se a um máximo de vinte a trinta minutos, mesmo que nem tudo na pauta tenha sido abordado. Os itens que você não conseguir podem ser "apresentados" até a próxima reunião. Isso dá a todos tempo para absorver o que foi discutido durante a reunião, para tentar a solução acordada e para praticar resolver as coisas por si próprios entre as reuniões.

Meus filhos adoravam reuniões de família quando tinham entre 4 e 12 anos. Então eles começaram a reclamar, como fazem os adolescentes típicos, de "reuniões de família estúpidas". Pedi que cooperassem e disse a eles que poderíamos reduzir o tempo de trinta para quinze minutos. Certo dia, Mary, uma das reclamantes, passou a noite na casa de uma amiga. No dia seguinte, ela anunciou: "Aquela família está tão ferrada! Eles deveriam estar tendo reuniões de família".

Quando Mary foi para a faculdade, iniciou "reuniões de família" regulares com suas colegas de quarto e disse que elas não teriam sobrevivido sem essas reuniões. Mantenha um álbum de reuniões de família, que pode ser tão divertido quanto um álbum de fotos. Você e sua família vão rir ao relembrar os desafios anteriores que resolveram juntos. Você pode encontrar um exemplo de álbum de reunião de família em www.positivediscipline.com.

10 passos para reuniões de família eficazes

1. **Introdução.** "Leremos esses passos até que todos os conheçamos. Quem gostaria de começar com o número dois?" (Se as crianças tiverem idade suficiente, elas podem se revezar na leitura dos passos.)
2. **Elogios ou reconhecimentos.** "Cada um de nós compartilhará algo que apreciamos em cada membro da família. Vou começar. Eu gostaria de elogiar _____ por _____." Faça um elogio a cada membro da família e peça a todos que façam o mesmo.
3. **Pauta da reunião de família.** "A pauta ficará presa na porta da geladeira para que todos possam anotar os problemas da semana. Você notará que deixar a louça na pia está na pauta para praticarmos a resolução de problemas."
4. **Bastão da fala.** "Este item será passado para ajudar todos a lembrarem que apenas uma pessoa pode falar por vez e que todos têm essa oportunidade."
5. *Brainstorming.* "*Brainstorming* significa pensar em tantas soluções quanto pudermos. Durante o *brainstorming*, todas as ideias são aceitáveis (mesmo as ideias estranhas) sem discussão."
6. **Concentre-se em soluções.** "Vamos praticar com o problema na pauta. Quem gostaria de ser nosso escrevente e anotar todas as sugestões?" (Se seus filhos não tiverem idade suficiente, você pode assumir essa tarefa.)
7. **Encoraje as crianças a falarem primeiro.** "Quem gostaria de começar com algumas ideias malucas?" (Se ninguém se manifestar, talvez seja necessário iniciá-los com algumas ideias malucas e algumas práticas, dizendo: "Que tal jogar a louça suja no lixo? E se cada um de nós tirar um dia de folga na semana?" Mas primeiro permita o silêncio.) Se alguém se opuser a uma ideia, diga: "Por enquanto estamos apenas fazendo um *brainstorming* para encontrar soluções. Todas as ideias serão anotadas".
8. **Use os Três "R" e um "U" para avaliar as soluções propostas.** As soluções encorajadoras devem ser (1) relacionadas, (2) razoáveis, (3) respeitosas e (4) úteis. "Quem pode verificar as soluções que precisamos eliminar porque não são relacionadas, razoáveis, respeitosas ou úteis? Nosso escrevente pode riscá-las depois de discutirmos o porquê."
9. **Escolhendo a solução.** "Queremos restringir as ideias a uma solução ou tentar mais de uma? Podemos avaliar como a solução ou soluções funcionaram durante nossa próxima reunião, em uma semana."

10. **Atividade divertida.** "Vamos nos revezar na escolha de uma atividade para o final de cada reunião de família. Para esta noite escolhi charadas. Quem vai se voluntariar para decidir a atividade divertida da próxima semana?"

Lembre-se de que aprender habilidades como a cooperação leva tempo. Evite pular reuniões de família semanais e seja consistente.

Brad

Sempre realizamos reuniões de família com bastante regularidade, mas a estrutura era um pouco desorganizada. Nós apenas olhávamos o calendário da próxima semana e então planejávamos nossas refeições. Decidi baixar um álbum de reunião de família em www.positivediscipline.com para começar do zero e, quando o fiz, percebi que estávamos perdendo alguns passos valiosos.

Seguindo as regras, iniciamos nossa reunião de família com elogios. Elogiei as duas crianças e perguntei se mais alguém tinha algum elogio a fazer. Minha filha disse que sim, e foi mais ou menos assim:

EMMA: Gostaria de elogiar Gibson por não me xingar esta semana.
GIBSON: Do que você está falando, Emma? Acabei de te xingar há dez minutos.
EMMA: Eu quis dizer antes disso.
GIBSON: Tanto faz, Emma.

Não tenho certeza se essa troca conta como um elogio, mas talvez seja o mais próximo que se pode chegar no mundo adolescente.

Resolvi também deixar uma pauta de reuniões de família visível para que pudéssemos acrescentar itens durante a semana. Certa manhã, as crianças estavam discutindo sobre o uso do iPod Touch. Pedi a Gibson que incluísse isso na pauta da reunião de família. Ele não ficou muito entusiasmado com a ideia, mas fez isso mesmo assim. As coisas definitivamente ficaram um pouco mais pacíficas em casa depois que ele fez isso – às vezes o simples ato de colocar um item na pauta é suficiente para amenizar o problema.

Aqui estão os itens da pauta da reunião de família daquela semana:

1. iPod Touch (as crianças estavam discutindo sobre compartilhar e sobre o fato de que ele está sempre sujo e descarregado).
2. Garrafas de água (papai ficava frustrado porque as crianças tomavam um gole de uma garrafa de água e a deixavam na bancada; estávamos desperdiçando muita água).
3. Xingamentos (Emma estava preocupada com todos os xingamentos entre ela e Gibson).

Emma atuou como escrevente e estava anotando todas as atas da reunião.

Após os elogios passamos a focar as soluções para os desafios da pauta. Primeiro, pensamos em soluções para o iPod Touch. Aqui estão as ideias que tivemos:

1. Emma deveria lavar as mãos antes de usá-lo.
2. Gibson deixaria Emma ter sua vez com tempo suficiente.
3. Quem usa limpa.
4. Todo mundo carrega a bateria depois de usá-lo.
5. Gibson tem que entender que Emma *não* cutuca o nariz.
6. Emma deve vender seu iPod Nano e comprar seu próprio iPod Touch.
7. Livrar-se do iPod Touch.
8. Ter um limite de uso por até duas horas.

As soluções que as crianças escolheram foram as de números 3 e 4. Decidimos que, se alguém não seguisse as regras, perderia o privilégio de usar o iPod Touch pelo resto da semana. E adivinha? Não houve uma única discussão sobre o iPod Touch naquela semana. Emma era muito cuidadosa ao limpar e conectar o iPod Touch, e Gibson nunca reclamava.

O último item da lista de desafios foram os xingamentos. Chegamos às seguintes soluções:

1. Gibson pararia de tentar irritar Emma.
2. Quando quiser xingar alguém, diga "eu te amo".
3. Emma tentaria ser paciente.
4. Emma usaria sua bola antiestresse quando se sentisse irritada.

A solução que Emma escolheu foi usar sua bola antiestresse. E Gibson decidiu que diria "eu te amo" quando tivesse vontade de xingar Emma.

Você pode estar pensando: "Fala sério! Não há como um adolescente concordar em dizer 'eu te amo'". Mas, alguns dias depois, ouvi Gibson dizer "eu te amo" para Emma quando ele estava irritado. E então, no final da semana, Emma veio até mim e disse: "Ei, pai, adivinhe quantos dias se passaram desde que eu e Gibson brigamos? Cinco dias!".

Admito que tinha dúvidas sobre como resolver nossos problemas com uma reunião de família, mas agora me converti.

Mary

Há cinco anos, tivemos nossa primeira reunião de família com Greyson, que tinha então 4 anos; Reid, que tinha 2; meu marido, Mark; e eu. Todos nós demos e recebemos elogios ou agradecimentos. Reid não tinha idade suficiente para fazer elogios, mas sorria cada vez que recebia um.

Mark lutava com a ideia de elogios e disse: "Isso é tão *Brady Bunch*!".* Ele ponderou: "Por que temos que elogiar? Não podemos simplesmente ir para o item da pauta?".

Eu olhei feio pra ele e murmurei: "Apenas confie em mim". De má vontade ele o fez. Mais tarde, ele compreendeu que dar e receber elogios ajuda a preparar o terreno para o encorajamento e a cooperação.

O item na pauta era que nosso filho, Greyson, queria usar calças de beisebol todos os dias. Greyson adora beisebol. Naquela época, ele queria ser um San Diego Padre** quando crescesse, então queria parecer um jogador de beisebol todos os dias. Infelizmente, suas calças eram brancas e ele era um menino de 4 anos; então mantê-las limpas era impossível. Pensei em comprar cinco calças, mas decidi ver se conseguiríamos encontrar outra solução durante uma reunião de família.

---

*   N. T.: *The Brady Bunch* (A Família Sol-Lá-Si-Dó) foi uma *sitcom* norte-americana exibida originalmente entre setembro de 1969 e março de 1974 pela ABC. A história girava em torno de uma família com seis filhos e seus esforços para estabelecer uma convivência saudável e sem conflitos.
**   N. T.: Os San Diego Padres são uma equipe da *Major League Baseball* sediada em San Diego, Califórnia, EUA. Eles estão na *National League*.

Começamos informando a Greyson que admirávamos sua paixão por atuar e se vestir como jogador de beisebol, mas que mamãe estava lutando para manter suas calças de beisebol limpas. Perguntamos a ele se poderíamos nos concentrar em soluções e apresentar algumas ideias diferentes sobre como ele poderia usar calças de beisebol.

Ele havia acabado de criar seu quadro de rotinas recentemente e sugeriu fazer um quadro para isso também. O quadro dizia o seguinte: "Segunda — calça de beisebol, Terça — jeans, Quarta — calça de beisebol, Quinta — jeans, Sexta — calça de beisebol, Sábado — calça de beisebol, Domingo — calça de beisebol".

Tive que admirar seu pensamento criativo e concordei que era uma solução que poderia funcionar. Então concordamos em seguir com seu plano. No dia seguinte ele perguntou: "Mãe, que dia é hoje?". Quando eu disse que era terça-feira, Greyson respondeu: "Ah, isso significa que tenho que usar jeans". Ele ficou desapontado, mas seguiu em frente com sua solução e relutantemente subiu para vestir a calça jeans.

Meu marido ficou chocado com a atitude e a disposição de nosso filho em cumprir seu acordo e me disse: "Mal posso esperar para ter nossa próxima reunião de família".

História de sucesso de Upper Saddle River, New Jersey

A Disciplina Positiva mudou minha vida de muitas maneiras e me equipou com ferramentas poderosas para me conectar melhor com meu filho de 6 anos, marido, amigos e outras pessoas. Uma ferramenta que considero especialmente poderosa são as reuniões de família.

Eu estava cheia de apreensões sobre a introdução de reuniões de família em minha família. Antes de nossa primeira reunião, era difícil para mim imaginar como minha família de três pessoas poderia sentar-se para discutir quaisquer assuntos familiares ou mesmo para elogiar-se conscientemente. No entanto, nossa primeira reunião de família acabou sendo uma grande revelação para meu marido e eu.

A ideia de participar de uma reunião com a mamãe e o papai foi muito fortalecedora e encorajadora para meu filho – tanto que ele se sentiu muito confortável em se abrir e compartilhar seus sentimentos conosco durante a reunião. Ele nos contou que se sentia pressionado e frustrado porque estávamos constantemente lhe ensinando o que fazer e como fazer, e não permitindo que ele tomasse suas próprias decisões.

Eu não conseguia acreditar no que aprendi com meu próprio filho durante nossa primeira reunião de família. O encontro deixou nós três em lágrimas ao sentirmos uma conexão diferente, que era nova para nós.

— Nisha Maggon, Educadora Parental Certificada em Disciplina Positiva

História de sucesso de Lima, Peru

Depois de me familiarizar com as diversas ferramentas da Disciplina Positiva, decidi usá-las e ver como funcionavam. Uma das ferramentas que senti que precisava experimentar com mais urgência eram as reuniões de família.

Sou mãe de dois meninos: o mais velho tem 6 anos, e o mais novo tem 4. Este ano letivo precisamos alterar a nossa rotina já que os nossos dois meninos tinham que chegar mais cedo à escola. Portanto, tínhamos um grande desafio pela frente: como poderíamos facilitar as coisas para os nossos filhos, a fim de que se preparassem a tempo e também tivessem um início de dia tranquilo? Antes de a Disciplina Positiva chegar à minha vida, isso teria parecido *Missão Impossível*. Agora acredito que a magia é possível, graças à Disciplina Positiva.

Meu marido, meus filhos e eu concordamos em fazer uma reunião de família. Para mim, a primeira grande mudança ocorreu na forma como apresentamos o problema familiar que precisávamos resolver. Para os nossos filhos, o fato de "todos nós termos um problema" – que era como poderíamos fazer as coisas de manhã para que eles chegassem à escola a tempo – foi uma experiência nova. Estávamos muito acostumados a colocar a responsabilidade inteiramente sobre nossos filhos. Nós até os culpávamos pelas coisas que faziam de errado. Então, essa forma de iniciar o encontro foi uma experiência transformadora para todos nós.

A parte de que mais gostaram foi o *brainstorming*. Em particular, o nosso filho mais velho ficou surpreendido ao ser questionado sobre formas de resolver o problema e sentiu-se muito entusiasmado em dar as suas opiniões.

Foi fácil para nós quatro chegarmos a um acordo, e todos gostamos da ideia de que nós, como família, somos uma equipe que precisa trabalhar em conjunto para cumprir os nossos compromissos e sermos responsáveis por eles. Para nós, essa experiência de reunião de família foi poderosa e, daquele dia em diante, nossas manhãs têm sido geralmente agradáveis, tranquilas e felizes, e nossos dois filhos chegam na escola na hora certa.

Definitivamente, recomendo a Disciplina Positiva tanto como filosofia das relações humanas e da educação dos filhos quanto como um conjunto de ferramentas úteis para pais e famílias.

— Joan Hartley, participante do curso de Disciplina Positiva de Gina Graham e Mariella Vega

DICAS DA FERRAMENTA

1. Lembre-se do propósito de longo prazo das reuniões de família: ensinar habilidades de vida valiosas.
2. Faça com que todos os membros da família se sentem à volta de uma mesa (não durante as refeições) ou em outro espaço confortável onde todos possam ter contato visual.
3. Deixe a pauta em local visível previamente para que os membros da família possam escrever as suas preocupações ou problemas nela.
4. Comece com elogios para definir o tom.
5. Concentre-se nas soluções, não na culpa.

VALIDAR OS SENTIMENTOS

Quando uma criança comete um erro ou não consegue atingir determinado objetivo, devemos evitar qualquer palavra ou ação que indique que a consideramos um fracasso.

— Rudolf Dreikurs

1. Permita que as crianças expressem seus sentimentos para que aprendam que são capazes de lidar com eles.
2. Não conserte, resgate ou tente dissuadir as crianças de seus sentimentos.
3. Valide os sentimentos deles: "Vejo que você está muito zangado [ou chateado, ou triste]".
4. Então mantenha a boca fechada e acredite que seus filhos conseguirão superar isso.

Jane

Billy está triste porque seu amigo não quer brincar com ele. A mãe de Billy tenta confortá-lo dizendo: "Não fique triste, Billy. Você tem outros amigos e eu te amo".

Susan está com raiva porque não quer recolher seus brinquedos. O pai tenta reprimir a raiva de Susan ficando com raiva dela: "Não aja como uma criança mimada. Você espera que eu faça tudo? Você não pode ser mais responsável?".

Tammie odeia seu irmão mais novo e quer bater nele. A mãe tenta negar os sentimentos de Tammie: "Não, você não odeia seu irmão mais novo. Você o ama".

Não admira que muitos adultos tenham dificuldade em expressar os seus sentimentos. Quando crianças, não lhes era permitido sentir o que sentiam. Da próxima vez que você sentir vontade de consertar, reprimir ou negar os sentimentos de seu filho, tente apenas validá-los por meio de uma pergunta ou afirmação, por exemplo: "Como você se sente em relação a isso?" ou "Vejo que isso te deixa muito brava" ou "Irmãos mais novos podem ser bem chatos". Isso permite que as crianças descubram que podem trabalhar seus sentimentos e aprender com eles.

Evite supervalidar. Já vi alguns pais validarem, validarem e validarem. Eles acham que muita validação resolverá o problema e ajudará seus filhos a se sentirem melhor. Uma das coisas mais difíceis que um pai pode fazer é ver seus filhos sofrerem, mas é importante permitir que seus filhos sintam o que sentem para que possam aprender o quanto são capazes.

Ensine às crianças a diferença entre o que sentem e o que fazem

Os sentimentos nos fornecem informações valiosas sobre quem somos e o que é importante para nós. As crianças precisam aprender que não há problema em sentir tudo o que sentem. Podemos então ensinar-lhes que o que elas *fazem* é uma questão diferente. Sentir raiva não significa que não há problema em evitar tarefas ou bater em alguém. Sentir-se triste não é uma condição permanente, mas uma importante experiência de vida. Como as crianças podem compreender a diferença entre sentimentos e ações quando desconsideramos os seus sentimentos?

Validar os sentimentos de uma criança é uma das melhores maneiras de criar uma conexão. Depois que as crianças têm os seus sentimentos validados e têm a oportunidade de se acalmar, elas geralmente ficam abertas a considerar uma nova crença e um novo comportamento. Como apontaremos com frequência, as crianças se saem melhor quando se sentem melhor.

A mãe de Billy poderia dizer: "Eu sei o quanto isso dói. Eu me sentia da mesma maneira quando meus amigos não queriam brincar comigo".

O pai de Susan poderia dizer: "Às vezes é assim que me sinto quando tenho que ir trabalhar. Os brinquedos ainda precisam ser recolhidos. Aposto que você pode ter algumas boas ideias sobre como fazer isso rapidamente".

A mãe de Tammie poderia dizer: "Vejo que você está muito chateada com seu irmão mais novo agora. Não posso deixar você bater nele, mas você pode fazer um desenho sobre como se sente".

Ajudamos as crianças a compreender a diferença entre sentimentos e ações quando começamos desde cedo a ensinar às crianças que está tudo bem ter sentimentos. Quando seu filho disser: "Estou com fome", não diga: "Não, não está. Você acabou de comer há vinte minutos". Em vez disso, diga: "Lamento que você esteja com fome. Acabei de limpar a cozinha do almoço e não estou disposta a preparar mais comida agora. Você pode esperar até o jantar ou escolher algo da prateleira de lanches saudáveis". Isso respeita os sentimentos e necessidades da criança e as suas.

Brad

Como pai solteiro, preciso desse lembrete porque sentimentos não são meu forte. Muitas vezes é a mãe quem fornece apoio emocional. Os pais geralmente intervêm com algo profundo, como "Esfregue um pouco de terra nele".

Sei que muitas vezes eu disse aos meus filhos para pararem de ter sentimentos: "Pare de ser tão dramático". "Isso não é motivo para ficar chateado". "Pare com isso agora mesmo! Não há razão para ficar com raiva!"

Mas, se validarmos sinceramente os sentimentos dos nossos filhos, penso que eles se sentirão fortalecidos. Eles podem nem saber por que estão com raiva, chateados ou tristes. Eu sei que tive dias assim. Às vezes é assim que você se sente.

Toda semana, à medida que apresentávamos uma nova ferramenta de Disciplina Positiva, eu colava uma descrição da ferramenta na geladeira. Um dia, meu filho estava tendo uma crise por causa de alguma coisa e eu estava agindo da minha maneira habitual de tentar dissuadi-lo de seus sentimentos. Então minha filha se aproximou e me deu um tapinha no ombro. Sem dizer uma palavra, ela apontou para o lembrete "Validar sentimentos" que eu havia colocado na geladeira. Esse foi exatamente o empurrão de que eu precisava. Parei de tentar dissuadir Gibson de seus sentimentos, e isso pareceu acalmar a situação. Então Emma perguntou a Gibson se ele gostaria de um abraço.

Às vezes é necessária a sabedoria de uma criança para nos dar uma perspectiva. É por isso que estou tão feliz por ter envolvido meus filhos no processo. Podemos aprender e crescer juntos.

Mary

A ferramenta de validação de sentimentos oferece oportunidades diárias, se não de hora em hora, para eu praticar essa habilidade com meus dois filhos. Recentemente, fiz um esforço extra para encontrar novas maneiras de validar os sentimentos deles em nossas conversas, muitas vezes dizendo: "Você está muito bravo", "Você não gostou disso" ou "Estou vendo que isso realmente fere seus sentimentos" e, finalmente, "Estou vendo que você está realmente chateado. Avise-me quando estiver pronto para um abraço ou para tentar novamente".

Também posso validar os sentimentos do meu filho contando uma história sobre como posso me relacionar com eles. Meu filho mais velho, Greyson, adora quando lhe conto histórias de quando eu era criança.

Quando valido os sentimentos dos meus filhos, isso me impede de pensar que preciso resolver o problema. Sei que me sinto validada quando meus amigos ou marido dizem: "Posso me identificar com o que você está dizendo e entender perfeitamente como você se sente". Mesmo que isso não resolva o problema, me ajuda a me sentir melhor.

Minha mãe me ensinou uma lição valiosa quando meu filho mais velho tinha 18 meses e estava começando a ficar na creche. Foi tão difícil e doloroso para mim deixar meu filho chorando e implorando para que eu ficasse ou implorando para que eu o levasse comigo – absolutamente doloroso! Liguei para minha mãe do estacionamento, chorando e me sentindo a pior mãe de todas.

Minha mãe me garantiu que todas as emoções e sentimentos que Greyson estava tendo eram normais e apropriados para o desenvolvimento. Ela me lembrou que tomamos muito cuidado para encontrar um bom centro de desenvolvimento infantil na San Diego State University e que Greyson passava tempo suficiente comigo para desenvolver o apego seguro. Fortalecer seus "músculos da decepção" era uma parte muito importante do seu desenvolvimento.

Eu imediatamente me senti melhor. Como mãe, tudo o que quero para os meus filhos é que sejam felizes e saudáveis, mas foi só quando falei com minha mãe que também percebi como era importante que Greyson desenvolvesse os seus "músculos da decepção" – mesmo que isso significasse que ele ficaria temporariamente infeliz. Devo dizer que meus dois filhos desenvolveram mais autoconfiança e capacidade por causa do tempo que passaram longe de mim, três dias por semana, do que poderiam ter sem essa experiência.

História de sucesso de Bozeman, Montana

Não sei sobre o seu filho, mas o meu chora frequentemente por coisas muito pequenas. Se ele pudesse falar, provavelmente estaria dizendo coisas como: "Não quero ficar sentado aí", "Odeio vestir meu casaco", "Não quero entrar no carro" ou "Eu não vou sentar nesta cadeira alta!".

Como não consegue falar, ele grita ou chora. Hoje ele estava chorando e se jogando no chão enquanto eu tentava calçar seus sapatos. Parei e pensei no choro dele como uma forma de comunicar seus sentimentos e fui capaz de validá-lo, embora suas frustrações parecessem pequenas para mim.

Eu disse: "Ah, cara. Você está frustrado porque estamos calçando os sapatos agora. Você não gosta de calçar sapatos. Não há problema em ficar frustrado. Reserve um minuto para ficar frustrado com isso. Estou aqui. vou te dar um abraço. Eu também não gosto de fazer as coisas às vezes".

Pausei o processo de calçar os sapatos apenas para me conectar com um abraço (outra ótima ferramenta da Disciplina Positiva). Minha calma e validação suavizaram sua frustração até que finalmente ele ficou mais disposto a aceitar minha ajuda. Em um momento de gritos, dois minutos podem parecer uma eternidade, mas não é assim tão longo quando pensamos no benefício que estamos proporcionando ao nosso filho ao longo da vida, ajudando-o a compreender e a gerir as suas emoções.

— Flora McCormick, Educadora Parental Certificada em Disciplina Positiva

História de sucesso de Monroe, Washington

Meu filho tem 9 anos e está cheio de grandes emoções. Decepção, raiva, frustração e constrangimento – podem levá-lo ao poço do desespero, e ele é conhecido por arrastar qualquer um que esteja ao seu redor para o poço.

O que aparece para ele é um colapso físico, literalmente. Ele olha para o céu com o rosto cheio de angústia, e então seu corpo parece derreter na terra. Isso geralmente vem acompanhado de lamentação enquanto ele expressa sua consternação com a situação atual. É muito fácil ser arrastado por suas emoções quando ele desmorona. Isso desencadeia uma reação física em mim: aperto no peito e na barriga, rigidez na mandíbula. Não é aqui que encontro minhas habilidades parentais mais eficazes.

A noite passada foi um grande exemplo. Estávamos procurando algo para assistir em família. Ao percorrer as opções do Netflix, mencionei: "Não quero assistir a nenhum filme com macacos de *snowboard* ou onde um animal seja o personagem principal". Eu estava tentando ser engraçada, ao mesmo tempo que estabelecia um limite sobre o que poderíamos escolher. Bem, meu filho não achou graça – ele surtou, muito mais do que a situação exigia.

Eu podia sentir a tensão crescendo em meu corpo e sabia que precisaria prestar atenção à minha respiração e ficar relaxada para poder me conectar com ele.

"Uau, você está realmente se sentindo nervoso", eu disse.

"Eu estou!", ele lamentou do chão.

"Eu estava tentando ser engraçada com o comentário sobre o macaco", eu disse.

"Não foi engraçado", ele me disse, ainda no chão.

"Tudo bem, parece que você está entrando no trem da emoção", eu disse.

Isto é algo sobre o qual falamos muito – o trem de carga emocional em que podemos nos encontrar, juntamente com a escolha sempre disponível de sair do trem.

Foi nesse ponto que percebi que ele deixou de estar preso na emoção e passou a estar aberto para seguir em frente. É assim com meu menino. A validação cria uma ligação que lhe permite fazer uma escolha, com base na formação anterior, sair da emoção da experiência e ressurgir, capaz de pensar de forma clara e lógica sobre a resolução de problemas e soluções. Usei uma combinação de validação de sentimentos, conexão antes da correção e tempo para praticar.

Conectar-se antes de corrigir é essencial para meu relacionamento com meu filho. Isso mantém nosso relacionamento forte, ajuda-o a se sentir visto e lhe dá espaço para seguir em frente.

— Casey O'Roarty, Trainer Certificada em Disciplina Positiva

DICAS DA FERRAMENTA

1. Reconheça seus próprios sentimentos e que é doloroso ver seus filhos sofrerem.
2. Pense em longo prazo. Quão melhor é para seus filhos aprenderem que podem lidar com suas próprias emoções?
3. Permitir que as crianças "sofram" não significa que você as está abandonando. Reconhecer seus sentimentos proporciona um ambiente seguro para aprenderem com os altos e baixos da vida.

DECIDA O QUE VOCÊ VAI FAZER

O maior estímulo para o desenvolvimento da criança é expô-la a experiências que parecem estar fora do seu alcance, mas não estão.

— Rudolf Dreikurs

Decida o que você fará, em vez de se envolver em disputas por poder.

1. Planeje o que você fará e avise com antecedência:
   - "Quando a mesa estiver posta servirei o jantar."
   - "Vou ajudar com o dever de casa na terça-feira e na quinta-feira, mas não de última hora."
   - "Quando as tarefas terminarem, vou levá-lo até a casa do seu amigo."
2. Siga seu plano com gentileza e firmeza.

Jane

Até agora, temos certeza, você já descobriu quantas ferramentas funcionam bem juntas ou funcionam melhor depois de outra ferramenta ter sido usada. Tivemos dificuldade em decidir qual ferramenta deveria vir primeiro, e é quase impossível decidir qual delas é mais importante. As ferramentas em sua totalidade são como um quebra-cabeça intrincado, e a imagem não fica completa sem todas as peças. Para alguns é mais fácil encontrar primeiro as peças do contorno, mas outros gostam de trabalhar em peças que tenham a mesma cor ou padrão. As ferramentas da Disciplina Positiva não possuem contornos ou padrões, mas você precisará agrupar algumas delas para obter maior eficácia. Você notará que, às vezes, mesmo quando nos concentramos em uma ferramenta, nos referimos a outra. Algumas ferramentas poderiam ser chamadas de fundamentais ou representativas de princípios básicos porque são necessárias como parte de todas as outras ferramentas.

Focar soluções é uma ferramenta fundamental da Disciplina Positiva, sendo outra ferramenta fundamental envolver as crianças no processo de resolução de problemas sempre que possível. Contudo, há momentos em que é apropriado tomar decisões sem o envolvimento das crianças, como ilustrado na história a seguir das famílias Jones e Smith.

A família Jones está muito animada. Eles acabaram de planejar um dia na praia. Jason, de sete anos, e Jenny, de 5, prometeram que não brigariam. O Sr. Jones advertiu: "Se vocês fizerem isso, daremos meia-volta e voltaremos para casa".

"Não vamos, não vamos", prometem Jason e Jenny novamente.

A família Jones ainda não havia percorrido três quilômetros quando um grito alto foi ouvido no banco de trás: "Jason me bateu".

A Sra. Jones diz: "O que dissemos a vocês, crianças, sobre brigas?"

Jason diz, se defendendo: "Bem, ela me tocou".

O Sr. Jones ameaça: "É melhor vocês dois pararem com isso ou iremos para casa".

As crianças gritam em uníssono: "Nããããoo! Ficaremos bem".

E eles ficaram bem – por cerca de dez minutos. Em seguida, ouve-se outro lamento: "Ele pegou meu giz de cera vermelho".

Jason responde: "Bem, ela estava monopolizando. É a minha vez".

O Sr. Jones diz: "Vocês querem que eu dê meia-volta e vá para casa?". "Nãooooo. Ficaremos bem."

E assim continua a história. Ao longo do dia, Jason e Jenny brigam, e o Sr. e a Sra. Jones fazem ameaças. No final do dia, o Sr. e a Sra. Jones ficam furiosos e ameaçam nunca mais levar as crianças a lugar nenhum. Jason e Jenny se sentem mal por terem deixado seus pais tão infelizes. Eles estão começando a acreditar que são realmente crianças más – e continuam fazendo jus à sua reputação.

Agora vamos visitar a família Smith. Eles acabaram de planejar sua ida ao zoológico durante a reunião de família semanal. Parte do planejamento incluiu uma discussão sobre limites e soluções. O Sr. e a Sra. Smith disseram a Susan e Sam como eles se sentem infelizes quando seus filhos brigam. As crianças prometem que não brigarão. O Sr. Smith disse: "Agradeço isso e acho que deveríamos elaborar um plano para o caso de vocês se esquecerem". As crianças continuam insistindo que não vão brigar. O Sr. e a Sra. Smith sabem que seus filhos têm boas intenções e também estão muito familiarizados com o padrão de boas intenções que dão errado. Então eles decidiram o que vão fazer e vão seguir seu plano.

A Sra. Smith diz: "Bem, então, está tudo bem para vocês se pararmos o carro se vocês esquecerem? Não achamos que seja seguro dirigir quando vocês estão brigando, então vamos parar no acostamento e esperar vocês pararem. Vocês podem nos avisar quando estiverem prontos para dirigirmos novamente. Como vocês se sentem em relação a essa solução?". Ambas as crianças concordam com um inocente entusiasmo.

Como de costume, não demoram muito para esquecer sua promessa, e uma briga começa. A Sra. Smith estaciona rápida e silenciosamente no acostamento da estrada. Ela e o Sr. Smith pegam revistas e começam a ler. Cada criança começa a culpar a outra enquanto defende sua própria inocência. O Sr. e a Sra. Smith os ignoram e simplesmente continuam lendo. Não demora muito para Susan perceber que mamãe e papai devem estar falando sério. Susan diz: "Tudo bem, estamos prontos para continuar a viagem".

O Sr. Smith diz: "Vamos esperar até ouvirmos isso de vocês dois".

Sam diz: "Mas ela me bateu!".

Mamãe e papai continuam lendo. Susan bate em Sam ao dizer: "Diga a eles que você está pronto".

Sam chora: "Ela me bateu de novo".

Mamãe e papai continuam lendo.

Susan percebe que bater em Sam não vai ajudar, então ela tenta argumentar com ele. "Teremos que ficar sentados aqui para sempre se você não disser que está pronto." Susan segue o exemplo dos pais e começa a colorir.

Sam espera por mais três minutos antes de dizer: "Estou pronto para vocês começarem a dirigir".

Mamãe diz: "Muito obrigada. Eu aprecio a sua cooperação". Cerca de trinta minutos depois começa outra briga. Mamãe começa a encostar no acostamento. Ambas as crianças gritam em uníssono: "Vamos parar. Estamos prontos para continuar a viagem".

Não há mais brigas pelo resto do dia, e os Smiths aproveitam um dia maravilhoso no zoológico.

Qual é a diferença entre a família Jones e a família Smith? Jason e Jenny são crianças realmente "más"? Não. A diferença é que a família Smith está ajudando seus filhos a aprenderem habilidades de cooperação e resolução de problemas, enquanto a família Jones está ajudando seus filhos a aprenderem habilidades de manipulação. O Sr. e a Sra. Smith demonstram que falam o que querem dizer e querem dizer o que falam, usando um acompanhamento gentil e firme. O Sr. e a Sra. Jones não. Eles usam ameaças raivosas. Isso tem um efeito temporário, mas não demora muito para que as crianças comecem a brigar novamente.

O Sr. e a Sra. Smith param de usar palavras e, em vez disso, prosseguem com ações gentis e firmes. Demora um pouco mais para as crianças entenderem, mas, quando o fazem, o efeito é mais duradouro. Por serem crianças, só precisam testar seus pais mais uma vez.

Quando os pais começam a seguir o que disseram, os filhos sabem que eles estão falando sério. Eles não ficam com a sensação de que são crianças más, mas de que são inteligentes o suficiente para descobrir uma solução para o problema e que a cooperação é a alternativa mais eficaz.

Brad

Acho que a chave desta ferramenta é a parte "avisar com antecedência". As crianças prosperam em um ambiente estruturado onde sabem o que esperar. Já admiti neste livro que tendo a ser mais reacionário do que proativo. Mas tento remediar essa situação todos os dias usando essas ferramentas da Disciplina Positiva.

Costumo usar essa ferramenta em relação à escola. Já disse aos meus filhos com antecedência que a escola é responsabilidade deles. Já passei dezoito anos frequentando a escola e não pretendo passar por isso novamente. Assim, meus filhos aprenderam que precisam ter um plano para fazer a lição de casa e tirar boas notas.

Meu filho era tão bom em se inscrever nas aulas certas e em aproveitar os créditos universitários do ensino médio que se formou no ensino médio com mais de trinta créditos universitários. Você ficará surpreso com o que seus filhos podem realizar quando você passa a responsabilidade para eles!

Mary

A parte mais importante desta ferramenta é o acompanhamento. As crianças sabem quando você está falando sério e quando não está. Afinal, não é função deles testar você e seus limites? Claro que é! É por isso que é tão importante fazer apenas promessas (não ameaças) que você esteja disposto a cumprir.

Aprendi da maneira mais difícil mais de uma vez, já que, enquanto estava em estado descontrolado, fiz algumas ameaças que nunca cumpriria quando estivesse mais calma, e meus filhos sabem disso. Minha lista de ameaças favoritas:

- Desligue a TV *agora* ou não assistirá TV durante uma semana inteira.
- É melhor você e seu irmão pararem de brigar, ou vou virar esse carro e iremos para casa.
- Se você não começar a compartilhar e não for gentil com seus amigos, então iremos embora da casa do seu amigo.
- Se você não escovar os dentes agora, pode esquecer os doces para sempre.
- Se você não mudar sua atitude, pode esquecer que não vou te levar a _____!
- Se você não puder cuidar melhor da sua bicicleta [ou luva de beisebol, ou brinquedo, ou qualquer outra coisa], eu a tirarei de você e você não poderá usá-la.
- Se você não parar de me pedir tudo na loja e começar a se comportar, então vamos embora.

É claro que meu filho mais velho me testa – e fico tão triste quanto ele quando cumpro ameaças que gostaria de não ter feito. Um dia expliquei a ele que íamos brincar na casa de um amigo. Reservei um tempo para praticar e repassei as regras: compartilhar, revezar, usar palavras bonitas, não bater e assim por diante. Em seguida, expliquei que, se não seguíssemos essas regras, precisaríamos ir embora. Era na casa de amigos queridos e, naturalmente, eu queria estar no encontro tanto quanto meu filho. Preciso dizer que eles moravam a quarenta e cinco minutos de distância.

Certamente, menos de uma hora depois de chegarmos lá, ele bateu no amigo e o xingou. Eu decidi seguir em frente. Eu não estava tentando fazê-lo pagar por seu comportamento, mas estava simplesmente cansada por ter cada encontro tomado por ameaças que eu fazia e não cumpria. No fundo eu sabia que seria uma lição dolorosa para nós dois, além de muito combustível e tempo perdidos. (Ele chorou até dormir no caminho para casa.)

Não foi um desperdício total, porque ele nunca esqueceu isso. Eu senti que ganhei sua confiança ao saber que, quando eu digo uma coisa, estou falando sério. Também aprendi a parar de fazer ameaças e a decidir antecipadamente o que fazer.

Sempre me lembrarei da minha mãe dizendo: "A língua no sapato fala mais alto que a língua na boca". Em outras palavras, se você disser, seja sincero e, se for sincero, siga em frente.

Se eu tivesse que fazer tudo de novo, avisaria com antecedência que ficaríamos sentados no carro até que ele estivesse pronto para usar mãos gentis e palavras bonitas. Isso teria alcançado os mesmos objetivos para esta ferramenta e seria mais fácil para nós dois.

História de sucesso de Reno, Nevada

Meu filho de 9 anos praticou todos os esportes da temporada, e, como mãe dele, mudei das arquibancadas do ginásio para o basquete, das arquibancadas do parque para o beisebol e das cadeiras de gramado para o futebol. Ele teve temporadas boas e decepcionantes, mas uma constante em sua vida atlética foi a roupa lavada: gerou muitas e muitas meias sujas.

Agora, se você nunca lavou a roupa de um garoto ativo, talvez nunca tenha encontrado o "monte de sujeira", mas era um elemento básico da minha vida doméstica. Philip tirava as meias do pé suado de cima para baixo, criando um monte úmido de meias com toda a sujeira e grama grudada, e jogava o monte de meias no cesto de roupa suja.

Quando ia lavar roupa todas as semanas, eu passava vários minutos desagradáveis separando as meias endurecidas e limpando a sujeira e a grama que inevitavelmente caíam no chão da lavanderia. E a cada semana eu ficava mais irritada e mal-humorada.

Como todas as mães, pensei que tinha tentado de tudo. Eu dei sermão. Eu pedi ajuda. Verifiquei para ter certeza de que Philip sabia como tirar as meias, deslizando um dedo pela parte de trás do calcanhar e puxando a meia do lado direito para fora. (Esse movimento me rendeu revirar os olhos vigorosamente.) Eu conseguia uma mudança temporária, mas mais cedo ou mais tarde os montes de meia endurecidos voltavam.

Finalmente me lembrei da ferramenta da Disciplina Positiva que exige que você decida com antecedência o que fará. Um dia eu disse a Philip, com calma e respeito, que não gostava de tirar as meias endurecidas de sujeira e que de agora em diante iria lavar, secar e colocar suas meias na gaveta, assim como ele as colocava no cesto de roupa suja. Contudo, não foi uma coisa fácil para uma mãe louca por limpeza. Mas joguei as meias endurecidas na máquina de lavar. Joguei aquela sujeirada na secadora. E joguei as meias endurecidas e sujas na gaveta de meias do meu filho sem dizer uma palavra a ele. Ele nunca mencionou a mudança nas meias, mas uma manhã passei pelo seu quarto enquanto ele estava sentado na cama calçando os sapatos. Ele estava desenrolando as meias "limpas" e endurecidas e murmurando baixinho. E depois disso, acredite ou não, o problema das meias sujas e endurecidas foi resolvido. Ocasionalmente, porém, uma delas escapava e eu a lavava sem resolver o problema para ele.

Decidir o que eu faria e seguir em frente sem sermões acabou com a epidemia de meias endurecidas de sujeira de uma vez por todas e me lembrou que a única pessoa que realmente posso controlar sou eu mesma.

— Cheryl Erwin, coautora de vários livros sobre Disciplina Positiva

DICAS DA FERRAMENTA

1. Existem várias outras ferramentas parentais que são essenciais para que esta seja eficaz: demonstrar confiança no seu filho (Capítulo 4), desapegar (a última seção deste capítulo), ver os erros como oportunidades de aprendizagem (Capítulo 3), ser gentil e firme (Capítulo 1), consequências naturais (Capítulo 9), controlar seu próprio comportamento (Capítulo 10), fazer o acompanhamento eficaz (a próxima seção deste capítulo) e agir sem palavras (Capítulo 8).

2. Uma chave importante é ser gentil e firme, informar antecipadamente aos seus filhos o que você fará e depois manter a boca fechada.

3. Na maioria dos casos, envolver as crianças nas soluções é o melhor motivador, mas por vezes é apropriado permitir que os seus filhos decidam o que precisam fazer em resposta ao que você decidiu que faria.

FAÇA O ACOMPANHAMENTO EFICAZ

O homem não é mais um servo; ele é o mestre de si mesmo.

— Alfred Adler

Se você disser, faça de coração (seja sincero), e, se for sincero, cumpra o combinado.

1. As crianças sabem quando você está falando sério e quando não está.
2. Se você disser "Vou ler uma história às oito horas, depois de vestir o pijama e escovar os dentes" e seus filhos não estiverem prontos às oito horas, indique gentilmente o horário e coloque-os na cama sem ler.
3. Seja encorajador dizendo: "Você pode tentar novamente amanhã".

Jane

Julie reclamou que seu filho de 4 anos, Chad, é muito receptivo e cooperativo com o pai na hora de ir para a cama, mas, quando ela o coloca na cama e tenta ir embora, Chad grita para ela voltar e quer que ela se deite com ele. Cada vez que ela tenta ir embora, ele chora para ela voltar. Julie se sente exausta e ressentida por não poder passar a noite sozinha ou aproveitar o tempo com o marido. Ela se pergunta por que não consegue obter de Chad a mesma cooperação que o papai.

Por que os filhos se comportam de uma maneira com um dos pais e de maneira diferente com o outro? Porque aprendem qual dos pais podem manipular e qual não podem. As crianças sabem quando você está falando sério e cumprirá o que diz, e quando não. É realmente simples assim. Se você disser, faça de coração (seja sincero); e, se for sincero, cumpra o combinado. A maneira como você segue (ou deixa de seguir) é uma indicação de seu estilo parental. Uma breve recapitulação:

Os pais **permissivos** não cumprem o que dizem porque temem que seus filhos sofram traumas pelo resto da vida se todos os desejos não forem satisfeitos. Esse estilo parental enfatiza a liberdade sem ordem. Esses pais não compreendem o impacto futuro das crenças que seus filhos estão formando. As crianças sofrerão muito mais ao longo da vida se desenvolverem a crença de que o amor significa que os outros devem cuidar delas e dar a elas tudo o que quiserem. Elas sofrerão quando não aprenderem que podem sobreviver às decepções da vida – e descobrirem quão capazes são no processo.

Os pais **rigorosos** querem garantir que seus filhos não se tornem adultos mimados e convencidos. Mas os pais que se concentram na ordem sem liberdade também não compreendem os resultados em longo prazo das crenças que os seus filhos estão formando. Seus filhos muitas vezes vão a um extremo ou outro, revoltando-se ("Não farei o que você quer, mesmo que seja bom para mim. Recuso-me a ser mandado") ou tornando-se viciados em aprovação ("Farei o que for necessário para obter sua aprovação, mesmo que isso signifique desistir do meu senso de identidade").

Pais **autoritativos*** equilibram liberdade com ordem. Esse é o caminho da Disciplina Positiva. Esses pais compreendem as consequências em longo prazo das crenças que os seus filhos estão formando e querem proporcionar experiências nas quais seus filhos possam aprender responsabilidade e capacidade (juntamente com o resto das características e competências para a vida mencionadas no Capítulo 1) por meio da resolução de problemas. Isso é o que Adler quis dizer com a citação no início deste capítulo. Um objetivo importante da Disciplina Positiva é ajudar as crianças a serem "donas de si mesmas". A investigação demonstrou que os adolescentes que consideram seus pais autoritativos apresentam níveis mais elevados de desenvoltura do que os adolescentes que consideram os seus pais mais autoritários.[17] Estudos também mostram que a parentalidade autoritativa está consistente e significativamente relacionada com um elevado desempenho acadêmico.

Sabemos que a maioria dos pais escolhe seu estilo parental com base no que acredita ser melhor para seus filhos. Contudo, muitas vezes a sua escolha baseia-se na falta de conhecimento sobre os resultados em longo prazo das suas

---

*   N. T.: [neologismo] Que tem autoridade ou estabelece uma relação de subordinação com outra coisa ou pessoa. Que expressa essa autoridade de maneira participativa, não repressiva, admitindo o diálogo: pais autoritativos conversam com seus filhos.

ações. Neste livro falamos muito sobre as habilidades que as crianças precisam aprender, mas cabe aos pais ensiná-las com sucesso. É uma via de mão dupla.

Mary

O momento mais difícil para praticar esta ferramenta foi quando meus filhos tinham cerca de 2 anos e parecia que era trabalho deles me testar diariamente. Eu sabia que era importante não fazer ameaças que não pudesse cumprir e – mais importante – cumprir tudo o que eu disse que faria. Eu me referi a esse estágio como meu "estágio de mãe má". Minha mãe simplesmente me lembrou que era meu "estágio de mãe firme".

Embora eu saiba que as ferramentas da Disciplina Positiva são gentis e firmes, sou a primeira a admitir que costumo ser gentil demais até ficar completamente farta. Então eu me torno uma mãe muito *firme* e esqueço a parte *gentil*.

A melhor parte desse "estágio de mãe firme" foi que meus filhos não demoraram muito para saber que a mamãe estava falando sério. E 99% das vezes eu cumpri o que disse que faria. Assim como o castigo, a firmeza sem gentileza pode funcionar, mas nenhum de nós fica com bons sentimentos e não nos sentimos capazes. Sinto-me mais capaz quando sou gentil e firme, e meus filhos também.

Ainda estou trabalhando para manter minha palavra com gentileza e firmeza. Certa noite, meu filho mais velho teve um descontrole emocional na hora de dormir. A culpa foi minha porque o deixei ficar acordado até mais tarde (sem soneca) para assistir a um filme que ele havia gravado na noite anterior. Quando o filme finalmente acabou, ele ficou louco na hora de escovar os dentes e vestir o pijama.

Quanto mais fora de controle ele ficava, mais fora de controle eu me sentia. Eu *disse* a ele, o que foi meu primeiro erro: "Se você não conseguir se acalmar e controlar seu corpo, vou deletar seu filme e você não assistirá mais TV pela manhã".

Certamente, ele agiu de forma mais histérica e, em meu estado totalmente descontrolada, desci as escadas e apaguei o filme dele. Naturalmente, isso só piorou a situação, mas eu estava tão preocupada em cumprir minha ameaça que não me concentrei em de fato ajudá-lo a se acalmar, estabelecendo uma conexão antes da minha correção.

Depois que me afastei, fiz uma pausa positiva e me acalmei, conseguimos nos reconectar, pedir desculpas por nosso comportamento e, finalmente, ir para a cama.

Na manhã seguinte, ele desceu, me deu outro grande abraço e disse que sentia muito pela noite anterior. Eu também pedi desculpas e expliquei que estava igualmente cansada e tinha me descontrolado. Infelizmente, seu filme já havia sido apagado. Embora não tenha me arrependido de apagar o filme, me arrependi de como e quando fiz isso – sem gentileza.

No entanto, fiz questão de mantê-lo sem TV pela manhã e lembrei-lhe por que de uma forma gentil. Ele não ficou feliz com essa decisão, mas conseguimos reverter a situação com a manhã divertida e ativa que tivemos juntos.

Há uma moral nessa história: controle seu próprio comportamento antes de esperar que seus filhos controlem o deles. Ajuda lembrar da ferramenta básica de conexão antes da correção. Ao usar essas duas ferramentas, gentileza e firmeza ao mesmo tempo são um resultado natural, e você será capaz de cumprir o que diz sem se sentir culpado.

Brad

Fazer acordos com crianças é fácil. Cumprir esses acordos é difícil. Minha mãe explica que os filhos não compartilham as mesmas prioridades dos pais. Como pai, minha prioridade é administrar a casa. Isso inclui coisas como lavar roupa, lavar louça, retirar o lixo, reciclar, aspirar, fazer compras e preparar refeições. Não é de admirar que as crianças não tenham as mesmas prioridades que os adultos. Nem eu quero que essas coisas sejam minhas prioridades! Mas o fato é que a vida envolve gerir as prioridades da família.

Durante as reuniões de família eu faço acordos com meus filhos sobre as tarefas. Mas meus filhos geralmente não cumprem os acordos. Portanto, o acompanhamento se torna outra das *minhas* prioridades. O problema é que acompanhar as crianças é mais difícil do que simplesmente fazer tudo sozinho.

Por exemplo, se estou lá em cima preparando o jantar e a lata de lixo está transbordando porque meu filho se esqueceu de esvaziá-la, posso passar trinta segundos esvaziando a lata de lixo sozinho ou dez minutos rastreando meu filho e fazendo com que ele cumpra o nosso acordo. Tenho certeza de que a maioria dos pais se identifica com esse dilema.

Então, isso significa que devemos desistir e parar de seguir o que foi combinado com nossos filhos? Absolutamente não. Mas quando poderemos colher os benefícios de nossos esforços por cumprir o combinado e fazer esse acompanhamento? Com base na minha experiência e observação, os benefícios de acompanhar nossos filhos geralmente surtem efeito quando eles saem de casa. Isso não é muito reconfortante neste momento, mas a Disciplina Positiva é baseada em resultados de longo prazo.

Ocasionalmente, teremos um vislumbre de sucesso quando nossos filhos nos surpreenderem ao cumprir o combinado sem nenhum lembrete. Isso acontece em minha casa cerca de uma vez por semana, e esses pequenos sucessos fazem tudo valer a pena e me lembram que algum dia meus filhos poderão sobreviver sozinhos neste mundo.

História de sucesso de Oklahoma

Não faz muito tempo, minha filha descobriu que não conseguiria enganar seu pai. Quando estava com ele, ela ia dormir como uma santa. No entanto, quando se tratava de mim, ela sabia que poderia me levar até os confins do mundo e conseguir o que quisesse, mesmo que toda a experiência fosse negativa. Passamos horas à noite com ela fazendo pedidos como: "Esfregue minhas costas", "Passe creme na minha perna", "Arrume meus cobertores" – tudo apenas parte de uma disputa por poder na qual ela estava me levando. Eu me sentia culpada e continuei a longa e prolongada rotina da hora de dormir que me deixava exausta e incapaz de terminar minhas tarefas noturnas.

Desde que li os livros de Disciplina Positiva, aprendi que muito do seu valor próprio advém de fazer coisas por si mesma e de se sentir realizada. Isso abriu meus olhos. Eliminei todos os tratamentos especiais, sabendo que ela podia fazer as coisas sozinha e que é meu trabalho encorajá-la a fazê-lo com gentileza e firmeza ao mesmo tempo.

Seguimos a mesma rotina de hora de dormir todas as noites. Eu leio um livro para ela e então a lembro que ela é uma menina crescida e pode dormir sozinha. Se ela sai da cama, sem dizer uma palavra eu a levo de volta. Se isso acontecer mais de uma vez, lembro a ela que não vou mais colocar os cobertores de volta, nem vou reabastecer a água. Ela sabe que estou falando sério. Depois de duas noites fazendo isso, a hora de dormir mudou completamente. Sou muito grata pelo que aprendi na Disciplina Positiva. O que antes era um momento temido agora é um momento agradável e tranquilo para encerrar o dia.

— Christine

História de sucesso de Carlsbad, Califórnia

Tínhamos feito um acordo em nossa reunião de família para não haver aparelhos eletrônicos nos quartos. Um dia, entrei no quarto da nossa filha de 13 anos para falar com ela. Ela rapidamente fechou a porta do armário, mas não antes de eu ter um vislumbre do que parecia ser uma luz azul. Pedi a ela para abrir a porta e lá estava o iPad dela. Perguntei o que ela estava fazendo e ela disse que estava mandando uma mensagem para uma amiga. Perguntei a ela qual era o nosso acordo sobre eletrônicos e ela respondeu: "Não nos quartos".

Nossa filha não é perfeita e, como qualquer criança, ela se comportou mal no passado. Desta vez foi diferente. Eu nunca tinha experimentado a reação de ficar com raiva e ofendida por ela não apenas ter descumprido o acordo, mas também por estar sendo sorrateira. Pedi o iPad e disse a ela que meu marido e eu decidiríamos como responder a essa situação.

Decidimos que havia duas questões: responsabilidade sobre os acordos e ser respeitosa conosco e consigo mesma por tentar encobrir seu erro. Era sexta-feira e dissemos que ela perderia o privilégio de usar o iPad pelos próximos três dias, o que significava que ela não o teria no fim de semana, período em que normalmente ela está em maior contato com os amigos. Dissemos que ela ainda poderia usar o computador para fazer o dever de casa.

A resposta dela foi uma que eu não esperava. Ela disse: "Isso é justo", e meus olhos se encheram de lágrimas. Ela raramente nos desafiou sendo sorrateira (a menos que ela fosse tão boa nisso que nunca descobrimos), então não estávamos acostumados a ter que assumir uma posição tão firme. As poucas vezes em que precisamos ser firmes após um mau comportamento foram suficientes para ela aprender que agiremos com firmeza quando necessário.

Agradeci a ela pela compreensão. Fiquei grata por ela ter entendido e aceitado nossa decisão. Por causa dos relacionamentos que criamos em nossa família usando as ferramentas da Disciplina Positiva, foi mais fácil para mim ser firme, e para ela compreender e aceitar.

Essa experiência ajudou-me a perceber por que às vezes é difícil para os pais utilizarem as ferramentas da Disciplina Positiva, porque as nossas próprias crenças podem interferir. De qualquer forma, ela esteve tão envolvida em outras atividades durante aqueles três dias sem o iPad que acho que nem sentiu falta dele!

— Lois Ingber, Trainer Certificada em Disciplina Positiva

DICAS DA FERRAMENTA

1. Lembre-se de seus objetivos de longo prazo como pai/mãe — ajudar seus filhos a aprender habilidades e capacidades.
2. Habilidades não são aprendidas em um dia. É por isso que seus filhos precisam de você por pelo menos dezoito anos.
3. Seja modelo das habilidades que você deseja que eles aprendam. Eles se tornarão responsáveis mais rapidamente se não tiverem que perder tempo rebelando-se contra sermões e punições ou experimentando uma sensação de baixa autoestima porque não conseguem corresponder às suas expectativas.

DESAPEGAR

Saber o que não fazer é de grande ajuda para determinar o que deve ser feito.

– Rudolf Dreikurs

Desapegar não significa abandonar seu filho. Significa permitir que seu filho aprenda a ter responsabilidade e se sinta capaz.

1. Dê pequenos passos para desapegar.
2. Reserve um tempo para praticar e depois dê um passo atrás.
3. Acredite que seu filho pode aprender com os erros dele.
4. Viva a sua vida para que sua identidade não dependa do gerenciamento da vida de seu filho.

Jane

"Jimmy, hora de levantar!... Vamos, Jimmy, levante-se agora! ... Esta é a última vez que vou te chamar!"

Soa familiar? As manhãs na casa de Jimmy são muito parecidas com as manhãs em outras casas ao redor do mundo: agitadas, argumentativas e cheias de aborrecimentos. Jimmy não aprendeu a ser responsável porque mamãe está muito ocupada sendo responsável por ele. Fica pior à medida que a manhã continua.

"Como posso saber onde estão seus livros? Onde você os deixou? Quantas vezes eu já disse para você colocá-los onde eles pertencem? ... Se você não se apressar para comer, terá que ir para a escola com fome... Você ainda não está vestido, e o ônibus chegará em cinco minutos! Não vou levar você para a escola se você não estiver pronto – e estou falando sério!" E então, no caminho para a escola: "Jimmy, quando você vai aprender? Esta é absolutamente a última vez que vou levá-lo à escola quando perder o ônibus. Você precisa aprender a ser mais responsável!".

O que você acha? Será esta a última vez que a mãe de Jimmy o levará de carro à escola quando ele perder o ônibus? Não. Jimmy é muito inteligente. Ele sabe que as ameaças de sua mãe não têm sentido. Ele já as ouviu muitas vezes e sabe que sua mãe o levará de carro à escola quando ele se atrasar. A mãe de Jimmy está certa sobre uma coisa: Jimmy deveria aprender a ser mais responsável. Mas, por meio de cenas matinais como essas, ela o ensina a ser menos responsável. Ela é a parte responsável quando fica lembrando-o de tudo o que ele precisa fazer.

É possível desfrutar de manhãs tranquilas enquanto ensinamos às crianças autodisciplina, responsabilidade, cooperação e habilidades de resolução de problemas. A chave é desapegar. Muitos pais temem que desapegar signifique abandonar os filhos ou ceder à permissividade. Em termos de Disciplina Positiva, desapegar significa permitir que as crianças desenvolvam o seu senso de cooperação e capacidade. Muitas das dicas a seguir são abordadas em capítulos diferentes, mas é importante compreender as muitas variações de todas elas e como elas geralmente se encaixam.

Sete dicas para desapegar, evitar problemas de manhã e ensinar responsabilidade

1. **Envolva as crianças/os filhos no processo de resolução de problemas.** Quando as crianças/os filhos estão envolvidas/os em soluções, elas/eles têm propriedade e motivação para seguir os planos que ajudaram a criar.
2. **Envolva as crianças/os filhos na criação de um quadro de rotina.** Parte da rotina de Jimmy na hora de dormir poderia ser: escolher suas roupas, colocar a mochila na porta e colocar o almoço na geladeira na noite anterior.
3. **Desapegue ao permitir que as crianças/os filhos vivenciem consequências naturais ou lógicas.** Jimmy aprenderá a ser responsável quando sua mãe ficar fora do caminho e permitir que ele experimente as consequências do atraso.
4. **Decida o que você fará.** Deixe seus filhos saberem com antecedência o que você planeja fazer. Se você está falando sério, diga. E cumpra o que prometeu.
5. **Ignore a tentação de se envolver em uma disputa por poder ou em um ciclo de vingança.** As crianças muitas vezes mostram a sua necessidade de independência, resistindo quando você não desapega.

6. **As coisas podem piorar antes de melhorar.** As crianças/os filhos podem tentar mantê-lo responsável, mesmo que se ressintam da sua autoridade.
7. **Acredite em seus filhos.** As crianças/os filhos aprendem a ser pessoas capazes quando você ensina habilidades, confia e desapega.

Se você quiser transformar os aborrecimentos matinais em felicidade matinal e evitar muitas outras disputas por poder (hora de dormir, tarefas domésticas, lição de casa, pegar brinquedos, ouvir, férias etc.), pratique os passos para desapegar já descritos. Com a prática, você e seus filhos se sentirão mais capazes e desfrutarão dos benefícios da responsabilidade, da cooperação e da autodisciplina.

Brad

Preciso prestar atenção especial à primeira frase desta seção: "Desapegar não significa abandonar seu filho". Nunca tive problemas em desapegar. Como pai solteiro e ocupado, fico mais do que feliz em desapegar e permitir que meus filhos assumam mais responsabilidades. Mas em algumas ocasiões (quando meus filhos estão sendo particularmente irritantes) meu desapego parece mais um abandono.

Aqui temos um exemplo perfeito. Fomos convidados para patinar no gelo e jantar com amigos. Minha filha e eu ficamos entusiasmados com o convite. Infelizmente, meu filho adolescente não estava nada animado. Ele estava resmungando e reclamando: "Por que temos que ir? Ficaremos fora por muito tempo? Eu realmente não quero ir!".

Estávamos no carro saindo da garagem e meu filho ainda estava reclamando, jogando a mochila no chão, sendo totalmente agressivo e tentando garantir que todos se sentissem tão infelizes quanto ele. Ainda nem tínhamos saído da nossa rua e eu dei meia-volta com o carro, voltei para nossa casa e disse ao meu filho para sair e ter um bom dia. Eu desapeguei (abandonei) dele durante a tarde para que minha filha e eu pudéssemos nos divertir. E assim nós fizemos!

Não creio que seja esse o espírito desta ferramenta. Tem mais a ver com deixar que nossos filhos tenham mais responsabilidades para que possam se tornar membros capazes e contribuintes da sociedade. Teria sido muito mais eficaz se eu tivesse explorado com o meu filho as razões pelas quais ele não queria ir e depois lhe tivesse permitido a dignidade de evitar essa atividade sem ficar zangado.

Minha filha conseguiu colocar as coisas em perspectiva enquanto nos afastávamos. Ela disse: "Pai, os adolescentes são assim. Minha professora disse que a filha dela era desrespeitosa e mal-humorada até completar 18 anos e agora é uma alegria tê-la por perto. Portanto, não leve para o lado pessoal se eu agir da mesma maneira quando for adolescente. Posso dizer que odeio você, mas não vou querer dizer isso de verdade. Isso é exatamente o que os adolescentes fazem".

Mary

Uma grande parte do desapego não é apenas permitir que meus filhos assumam mais responsabilidades, mas também desapegar do meu ego e não me importar com o que os outros possam pensar ou dizer. A Disciplina Positiva me ensinou que desistir da necessidade de que os outros pensem bem sobre a educação que dou para meus filhos significa me preocupar mais com meus filhos ganharem um senso de autoconfiança e capacidade.

Cada um dos meus meninos provou que era capaz de se vestir sozinho por volta dos 2 anos. Desapegar significava deixá-los escolher o que queriam vestir, mesmo que isso significasse usar pijama, a capa de super-herói do ano passado, roupas do avesso e, claro, nada que combinasse. Tirei várias fotos ao longo dos anos, capturando seus rostos confiantes depois de escovarem os cabelos ou se vestirem.

Quando eu era jovem, minha mãe muitas vezes aplaudia silenciosamente minhas roupas estranhas e criativas. Agora vejo fotos daqueles dias e fico mortificada. Ela me provoca e me lembra não apenas do meu senso de moda quando adulta, mas também, e mais importante, da minha confiança.

Quero permitir que meus filhos aprendam a se sentir capazes ao me desapegar. Um dia, meu filho de 2 anos estava lutando para vestir uma camiseta sozinho. Fiquei muito tentada a correr e facilitar as coisas para ele. Em vez disso, observei-o pacientemente lutar com a camiseta, tentando descobrir para onde iam a cabeça e os braços. Que tragédia teria sido se eu tivesse ajudado em vez de esperar pelo seu sorriso de satisfação e senso de capacidade quando ele terminou de vestir a camiseta e proclamou que tinha feito "tudo sozinho". O que interpretei como uma luta (já que parecia demorar tanto) foi simplesmente ele aproveitando o processo do desafio.

História de sucesso de Nashville, Tennessee

História da mãe

Nosso filho mais velho tem 12 anos e está no ensino fundamental. Ele frequenta uma escola conteudista e tem lição de casa diariamente e grandes projetos frequentes. Lutamos muito com ele no quinto ano para acompanhar seu trabalho, e, agora no sexto ano, *já* começamos com as disputas por poder. Às vezes temos discussões diárias sobre lição de casa.

Meu marido decidiu que era hora de cortarmos completamente o cordão nessa área pouco antes do Natal. Eles redigiram um combinado especificando que nosso filho viria até nós se precisasse de nossa ajuda e que iríamos até ele se soubéssemos que suas notas haviam caído para C. Todos lemos e assinamos o combinado.

Houve algumas ocasiões em que comecei a me incomodar novamente com a lição de casa e meu marido me lembrava dos termos combinados. O primeiro boletim com nossa nova abordagem chegou e ele tirou nota máxima (A). No segundo, ele tirou quase tudo A e um B. Certa manhã, no café, estávamos reconhecendo seu trabalho árduo, e naquele momento me ocorreu que ele havia obtido essas notas sozinho. Percebi que o fato de "dirigirmos o barco", por assim dizer, também minimizava seus sucessos.

No sétimo ano, as notas e as médias garantem uma vaga no ensino médio. Durante o mesmo café da manhã ele disse: "Espere até o próximo ano. Vou arrasar, porque não vou deixar que um 84 me mantenha fora da Hume Fogg."* Foi ótimo ver sua mudança de atitude. Há alguns meses, ele não queria ir para aquela escola – provavelmente por causa da nossa insistência nisso.

História do pai

Durante a conversa mencionada antes por Lisa, eu disse ao nosso filho que não gostava da maneira como eu o tratava quando discutíamos sobre lição de casa e que queria que estivéssemos em sintonia. Também fui específico sobre minhas áreas de preocupação: agendar tempo para realizar seus projetos escolares em

---

* N. T.: Refere-se à média 84. Hume Fogg é uma escola pública de prestígio em Nashville, Tennessee.

vez de esperar até o último minuto, ele se lembrar de fazer sua lição de casa diária, ele se esquecer de entregar trabalhos importantes e qual era meu papel quando recebíamos o boletim. Então simplesmente perguntei a ele em que ele precisava de nossa ajuda nessas áreas.

Aqui está o que ele disse com uma pequena discussão:

1. Se a nota dele cair abaixo de B e formos notificados, nós o lembramos que recebemos uma notificação e ele acessará o site da escola e descobrirá qual é o problema e cuidará dele dentro de uma semana. Se o problema não for resolvido dentro de uma semana, temos sua permissão para conversar com ele sobre o assunto e ajudá-lo a pensar em uma lista de soluções para o problema.

2. Às terças-feiras assinamos sua agenda semanal. Se houver tarefas faltantes, ele tem uma semana para resolver; e então seguimos o passo 1 acima.

3. Concordamos que ele faltará a um treino esportivo se não resolver algum problema dentro de uma semana e usará esse tempo para se recuperar.

4. Nos projetos, orientaremos e agendaremos um horário em que estaremos disponíveis para ajudar, nas terças-feiras durante a revisão da agenda semanal.

Combinado assinado pelas três partes e datado de 26 de dezembro de 2012. Desde então, não houve mais disputas por poder.

— Senhor e Senhora Quinn

DICAS DA FERRAMENTA

1. É difícil ver seu filho sofrer, mesmo quando você sabe que as lições aprendidas lhe darão força em longo prazo. Muitas vezes é mais difícil para você do que para seu filho. Mantenha-se firme.

2. Pense em como é melhor para seu filho cometer erros quando você está por perto para apoiá-lo, em vez de quando ele estiver sozinho.

3. Desapegar permite que seu filho ganhe força, construindo seus "músculos da decepção" e habilidades de resolução de problemas.

3
COMETENDO ERROS

COMPREENDA O CÉREBRO

O homem não vê a realidade como ela é, mas apenas como a percebe, e sua percepção pode estar equivocada ou enviesada.

— Rudolf Dreikurs

1. Não tente resolver um problema quando você ou seu filho estiverem chateados.
2. Aguarde até terem se acalmado (um intervalo que chamamos de pausa positiva), quando ambos puderem acessar seus cérebros racionais.
3. Incluir o problema na pauta da reunião de família (ou pedir ao seu filho para fazê-lo) é outra maneira de permitir esse momento para acalmar-se.

Jane

Quando você se descontrola totalmente – ou seja, quando você perde a calma –, a parte "reptiliana" do seu cérebro assume o controle e o pensamento racional desaparece. Com duas pessoas descontroladas (você e seu filho), que nível de solução de problema útil pode estar disponível? Quem está ouvindo?

Sermões são inúteis na melhor das hipóteses e prejudiciais na pior, porque os filhos, em estado de "descontrole", ignoram os sermões ou os processam por meio de seu mesencéfalo/cérebro intermediário (a amígdala, onde crenças irracionais e medos estão armazenados), e eles podem decidir se vingar, planejar evitar serem pegos no futuro ou pensar: "Eu sou uma pessoa má".

Quando você compreende o funcionamento do cérebro, percebe que as crianças não podem aprender nada de positivo quando se sentem ameaçadas. Elas são capazes apenas de lutar, fugir ou congelar, o que pode se traduzir em rebeldia ou retração emocional.

Aprenda a autorregulação (pausa positiva, na próxima seção) e então ensine isso aos seus filhos. Isso não significa que você nunca mais perderá o controle, mas pelo menos você saberá que não pode ensinar nada produtivo nesse estado. Você perceberá mais cedo e poderá se reconectar com um pedido de desculpas verdadeiro e, depois de se acalmar, poderá se concentrar em soluções.

Brad

Vocês devem ter percebido até agora que muitas vezes eu sou o exemplo de como *não* implementar essas ferramentas de Disciplina Positiva. Lembram-se de como dizemos que não existem pais perfeitos? Se não servirem para nada, pelo menos, após lerem minhas histórias, muitos de vocês se sentirão mais perfeitos.

Vamos lá, levante a mão quem leu o item anterior sobre não resolver um problema quando você ou seu filho está chateado e pensou: "Ah, tá bom!". A maioria de nós tenta resolver 90% dos nossos problemas com nossos filhos quando está chateada. Ou talvez eu não devesse dizer "resolver" nossos problemas, mas fazemos uma tentativa quando estamos chateados – e provavelmente causamos mais mal do que bem. A história a seguir é um exemplo perfeito de como eu tentei resolver um problema enquanto estava descontrolado.

Cheguei em casa depois de fazer compras e comecei a guardar as coisas. Ao fundo, pude ouvir a seguinte discussão entre Gibson e Emma.

GIBSON: Emma, por que você mexeu na minha Nerf*?

EMMA: Eu não mexi!

GIBSON: Sim, você mexeu. Ela não estava onde eu a deixei!

EMMA: Eu não mexi na sua Nerf!

GIBSON: Já que você mexeu na minha Nerf, eu posso atirar em você!

Eu tinha acabado de começar a me aproximar para acalmar a situação quando Gibson puxou o gatilho e atingiu Emma em cheio no rosto.

Eu peguei a Nerf, furioso. Gritei com Gibson e disse a ele que, se ele atirasse em Emma novamente, eu quebraria aquela Nerf em cem pedaços! (Eu estava completamente fora de controle.)

Então, desci para ver um jogo de basquete. Pela hora seguinte eu não disse uma palavra a Gibson, que estava deitado lá em cima no sofá. Então, como por um milagre, Gibson foi convidado para dormir na casa de um amigo. Enquanto o levava para a casa do amigo, Gibson decidiu que seria o momento perfeito para nos reaproximarmos.

Agora?", pensei. "Quando estou furioso e frustrado e mal posso esperar para me livrar dele, ele quer se reaproximar?"

Ele começou a me perguntar por que eu não tinha subido. Eu disse a ele que estava muito bravo por ele ter atirado no rosto de sua irmã.

Ele disse: "Sem essa, pai, a Emma me perdoou. Por que você não pode?". Emma tinha ido até lá antes e dado um abraço em Gibson.

Eu disse a ele que ser mau com a irmã não era uma boa maneira de ganhar pontos comigo. Nessa altura, já estávamos na porta da casa do amigo dele. Acho que ele sentiu que eu estava tentando me livrar dele, então ele ficou lá e continuou conversando comigo. Finalmente, depois de alguns minutos, ele disse: "Vamos lá, pai, que tal um abraço?". Então eu cedi, dei-lhe um abraço e ele saiu do carro.

No dia seguinte, quando meu filho voltou do pernoite na casa do amigo, estávamos ambos nos sentindo melhor. Conseguimos discutir calmamente os eventos do dia anterior, falar sobre nossos erros e prometer fazer melhor na próxima vez.

---

* N. T.: Pistola de brinquedo que pode lançar água, espuma ou dardos.

Mary

Eu sei que o verão chegou quando tenho que me controlar para não explodir todos os dias, já que meus filhos estão de férias escolares. Por um lado, sou verdadeiramente grata por ter uma carreira que me permite passar todos os dias com meus meninos, mas, por outro lado, fico contando os dias até o início das aulas novamente.

Eu tinha fantasias de um verão cheio de diversão, com natação, oportunidades para brincar com amigos, piqueniques no parque, muito beisebol, passeios em nosso bairro e assim por diante. No entanto, entre todas essas atividades divertidas, há idas ao supermercado, trabalho doméstico diário e alguns outros afazeres chatos. No final do dia, estou exausta, e é muito mais fácil para mim perder a paciência.

Mas nem tudo está perdido. Existem muitas ferramentas da Disciplina Positiva que podem me ajudar e ajudar meus filhos a voltar ao pensamento racional: conexão antes da correção, pausa positiva, abraços e esta: compreender o cérebro.

Eu assisti a um vídeo do neurobiólogo interpessoal Dr. Daniel J. Siegel, mostrando como usar a palma da mão para explicar o funcionamento do cérebro e o que acontece quando ficamos chateados, e ensinei isso ao meu filho, Greyson, usando as seguintes instruções:

1. Apresente o cérebro na palma da sua mão pedindo a todos que levantem a mão em posição aberta. Peça para eles imitarem o que você faz.
2. Aponte para a área da sua palma até o pulso e explique que essa área representa o t ronco cerebral, que é responsável pela resposta de luta, fuga ou congelamento.
3. Dobre o polegar sobre a palma da mão. O polegar representa o mesencéfalo/meio do cérebro (amígdala), onde estão armazenadas as primeiras memórias que criaram medo e insignificância. Ela trabalha em conjunto com o tronco cerebral.
4. Em seguida, dobre os dedos sobre o polegar (seu punho está fechado agora). Isso representa o córtex. O córtex pré-frontal (aponte para a parte frontal do seu punho, onde as pontas dos dedos tocam a palma da mão) é onde ocorre o pensamento racional e o controle emocional.
5. O que acontece quando nossos botões são pressionados e perdemos o

controle? Nós perdemos a cabeça (abra sua mão – dedos para cima –, expondo seu polegar – representando a exposição do seu mesencéfalo).

6. Agora o nosso córtex pré-frontal não está funcionando. Nesse estado, não podemos pensar ou agir racionalmente.

Greyson agora adora me lembrar quando perco a cabeça, exibindo sua mão aberta com o polegar bem no centro.

Muitas vezes, preciso me lembrar de que não posso esperar controlar o comportamento dos meus filhos quando não controlo o meu próprio. A boa notícia é que os erros são oportunidades maravilhosas para aprender. Graças a Deus, meus filhos estão bem dispostos a me perdoar e depois trabalhar nas soluções.

História de sucesso de Oceanside, Califórnia

Tínhamos planejado uma ida especial a um restaurante *fast-food* durante toda a semana – uma saída que raramente acontece. Quando avisei ao meu filho de 11 anos que estávamos prontos para ir, ele me disse abruptamente que não iria e que eu deveria trazer a comida dele para casa.

Ofereci-me com alegria para trazer a comida para casa e sugeri que ele cortasse algumas maçãs para comer até nós voltarmos (pensando que isso respeitaria sua oscilação de humor e necessidade de acalmar-se). Ele me respondeu com agressividade que não faria isso e que essa minha ideia era idiota. Eu estava calmamente explicando o que estava disposta a fazer quando ele se levantou, entrou furiosamente no quarto, bateu a porta e gritou uma palavra não muito agradável. Para mim!

Respirei fundo e pensei no que aprendi sobre o cérebro. Agora estava claro que ele tinha perdido a cabeça, embora eu não tivesse percebido antes e não soubesse por quê.

Minha filha olhou para mim e sabiamente disse: "Eu vou embora".

Segui o *insight* dela e fomos ao restaurante. Quando voltei para casa, esperava um pedido de desculpas, mas notei que ele ainda me culpava e não era hora. Ele me evitou durante toda a noite. Eu queria conversar com ele sobre isso, mas lembrei-me de que leva tempo para se acalmar e que ele estava em seu próprio ritmo.

Na manhã seguinte, ele saiu direto do quarto e me fez o pedido de desculpas mais sincero que já ouvi. Concordamos que, se nosso relacionamento fosse tão forte quanto pensávamos, ele não teria me chamado daquele jeito. Juntos, decidimos que era melhor eliminar todas as distrações que interferissem na construção do nosso relacionamento, incluindo a televisão e o *videogame*. Decidimos que brincaríamos só nós dois por alguns dias e depois ele sinalizaria quando quisesse ver televisão ou jogar *videogame* novamente.

Foi uma surpresa quando duas semanas se passaram e ele veio até mim e disse que gostaria de ver TV novamente! Não foi fácil evitar dizer: "Nunca mais fale assim comigo", imediatamente depois que aconteceu, mas consegui.

— Christine Salo-Sokolowski, Educadora Parental Certificada em Disciplina Positiva

DICAS DA FERRAMENTA

1. Ensine seus filhos sobre o cérebro e a "perda do controle".
2. Quando estiver em um estado racional, faça planos para se acalmar (fazendo uma pausa positiva, por exemplo) assim que perceber que precisa disso. Ensine seus filhos a fazerem o mesmo.
3. Em seguida, faça as pazes, se necessário, e/ou encontre soluções para o desafio que o fez perder a cabeça, se necessário.

PAUSA POSITIVA

A maneira adequada de educar crianças é idêntica à maneira adequada de tratar os seus semelhantes.

— Rudolf Dreikurs

As pessoas agem melhor quando se sentem melhor. A pausa positiva nos ajuda a acalmar e a nos sentirmos melhor.

1. Crie um espaço para a pausa positiva com seus filhos. Deixe que eles decidam como ele deve ser e o que deve conter.
2. Deixe que eles deem um nome especial a esse espaço.
3. Quando seu filho estiver chateado, pergunte: "Te ajudaria ir para o seu espaço da calma _____?".
4. Demonstre o uso dessa pausa positiva indo para o seu próprio lugar especial quando estiver chateado.

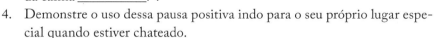

Jane

A maioria dos pais tem boas intenções ao recorrer ao castigo ou "tempo para pensar". Eles realmente acreditam que a punição e a humilhação são a melhor maneira de motivar as crianças a se comportarem melhor, ou simplesmente não sabem o que mais fazer. Para eles, não fazer nada parece permissividade.

De onde tiramos essa ideia absurda de que precisamos fazer as crianças se sentirem mal antes que tenham ou demonstrem um comportamento adequado? Essa ideia absurda é a base de todas as punições, incluindo o "tempo para pensar" (pausa punitiva). Isso não funciona para as crianças, assim como não funcionaria para os adultos.

Se você é casado, imagine seu cônjuge vir até você e dizer: "Não gosto do seu comportamento. Vá para o seu quarto até que possa se comportar melhor".

Nesse cenário, o que você estaria pensando, sentindo e decidindo? Você diria: "Ah, muito obrigado. Isso é tão útil. Estou me sentindo encorajado e empoderado e mal posso esperar para me comportar melhor"? Duvido. Você provavelmente pediria o divórcio ou se vingaria de alguma outra maneira.

Quando as crianças são colocadas em uma "cadeira do castigo ou do pensamento", algumas planejam como se vingar ou como evitar serem pegas da próxima vez. Pior ainda, algumas desenvolvem um senso de dúvida e vergonha sobre si mesmas. Surpreendentemente, os adultos cederiam muito mais rápido se fossem submetidos a tanta culpa e vergonha. As crianças são muito resilientes e lutam para manter seu senso de identidade. Essa luta geralmente se parece com rebeldia ou conformismo. Quer dizer, até que se tornem adultos e todo o desânimo as alcance. Aí passam o resto de suas vidas deprimidas ou tentando constantemente provar seu valor.

Existem várias coisas que diferenciam um tempo de pausa positiva de um "tempo para pensar/castigo" (pausa punitiva).

1. O objetivo é ajudar as crianças a terem um lugar que as faça sentir-se melhor, não fazê-las sofrer e "pensar no que fizeram".
2. É essencial que seu filho ajude a criar um espaço que o auxilie a se sentir melhor – a se autorregular.
3. Para aumentar esse senso de pertencimento e importância, convide seu filho a dar um nome especial ao seu espaço.
4. Nos momentos em que possa ser conveniente, permita que seu filho tenha a oportunidade de "escolher" seu lugar especial em vez de enviá-lo para lá. Você pode dizer: "Seria legal para você ir para o seu lugar especial agora?".

Você pode dizer ao seu filho: "Vamos criar um lugar que seja especial para você, um lugar aonde você possa ir quando estiver com raiva ou triste, ou apenas precise de um tempo para se acalmar. Gostaria de encontrar um lugar no seu quarto ou em outro cômodo da casa?".

Depois que seu filho escolher um lugar, pergunte: "Que tipo de coisas você gostaria de ter em seu espaço que o ajudarão a se sentir melhor? Que tal um travesseiro, um bicho de pelúcia, alguns livros, música?".

Em seguida, pergunte ao seu filho como ele gostaria de chamar seu lugar especial. Muitos pais compartilharam que seus filhos criaram nomes especiais para seu espaço da calma, como Selva Amazônica, Jardim de Primavera, Casa na Árvore ou Fundo do Mar.

Depois que esse lugar especial para a pausa positiva é criado, não *envie* seu filho para o seu espaço da calma. Isso vai contra o propósito da autorregulação. Permita que seu filho escolha ir para seu lugar especial. Durante um conflito, você pode dizer: "Será que te ajudaria ir para o seu lugar da calma (use o nome que ele deu)?". Se seu filho disser que não, pergunte: "Gostaria que eu fosse com você?". Muitas vezes isso encoraja a criança e ajuda a aumentar a conexão, além de acalmá-la. Se seu filho ainda disser não ou estiver tendo um ataque de raiva tão intenso que nem mesmo pode ouvir você, diga: "Está bem, eu vou para o meu espaço da calma". Ele vai notar que você está saindo e pode até correr para acompanhá-lo.

Agora temos um livro infantil chamado *O espaço mágico que acalma*. Ler este livro pode ajudar as crianças a se sentirem animadas em criar seu próprio espaço de relaxamento para a autorregulação. Muitos pais leram esse livro para seus filhos e depois nos enviaram fotos dos espaços que seus filhos criaram.

Entretanto, a pausa positiva raramente é adequada para crianças menores de 3 anos. Se uma criança não tem idade suficiente para projetar sua própria área da pausa positiva, ela não tem idade suficiente para entender qualquer tipo de tempo de isolamento.

Às vezes, a pausa positiva já é suficiente para mudar o comportamento. Não é necessário dar sermões do tipo "Eu te disse" (ou qualquer outro tipo de sermão). No entanto, pode haver momentos em que o acompanhamento seja necessário, por meio de perguntas curiosas, para convidar à resolução de problemas. Em muitos casos, outra ferramenta de Disciplina Positiva pode ser mais apropriada, como convidar seu filho para ver se seria útil encontrar algo na Roda de escolhas* (consultar o Capítulo 5), ou colocar o problema na pauta da reunião de família para discussão quando todos estiverem mais calmos.

Mary

Por muitos anos evitei criar espaços de pausa positiva com meus meninos. Descobri que, frequentemente, era *eu* quem precisava de um tempo para me acalmar. Eu achava que bastava ser modelo do uso da pausa positiva. Eu costumava dizer: "Mamãe está realmente chateada. Vou dar um tempo para me

---

* N. T.: Já temos em português um livro infantil de Jane Nelsen que aborda o uso da Roda de escolhas: *Sofia e seu mundo de escolhas*, também publicado pela Editora Manole.

acalmar. Preciso de pelo menos cinco minutos para respirar fundo e me acalmar. Não quero dizer algo de que possa me arrepender".

Muitas vezes, um ou todos eles perguntavam: "Podemos ir com você?". Eu respondia: "Claro, se vocês quiserem respirar fundo e se acalmar também". Quase imediatamente, todos nós nos acalmávamos e queríamos nos reconciliar.

Recentemente, percebi como é importante não apenas ser um exemplo sobre como usar o tempo para se acalmar, mas também dar aos meus meninos a oportunidade de criar seus próprios espaços de pausa positiva para que possam praticar essa importante habilidade de autorregulação.

Eu estava um pouco preocupada que, depois de ler o livro *O espaço mágico que acalma*, eles quisessem criar um espaço da calma superelaborado e pintar as paredes de preto. Eu realmente não queria pintar nada de preto, e não estava certa de como lidar com nosso espaço limitado, já que eles compartilhavam o quarto. O que aconteceria se eles criassem espaços de pausas positivas em seu quarto e precisassem usá-lo ao mesmo tempo? Lembrei-me de acreditar na capacidade dos meus meninos de encontrar uma solução – e eles encontraram.

Greyson, que tinha 9 anos, disse: "Mamãe, se você ou o papai apenas me pedissem para ir ao meu quarto em vez de me mandar, eu iria".

Tudo o que pude dizer foi: "Uau!". Continuei perguntando: "O que ajudaria a te acalmar quando estiver lá?".

GREYSON: Bem, você sabe como a música sempre me deixa de bom humor – na verdade, é instantâneo.

EU: Claro. Você conseguiria colocar música para ouvir sozinho?

GREYSON: Sim.

EU: O que mais ajuda você a se acalmar?

GREYSON: Olhar os álbuns de fotos de quando eu era bebê.

EU: Isso também me ajuda a me acalmar. Se você pensar em mais alguma coisa, não deixe de colocá-la no seu espaço.

GREYSON: Está bom, mamãe. Você vai comigo lá às vezes? Porque eu sempre me acalmo quando você massageia minhas costas e me dá um abraço.

EU: Ficarei feliz em fazer isso, desde que você não se importe de esperar alguns minutos até que eu esteja calma.

No dia seguinte, Greyson ficou chateado com seu irmão Reid porque ele não estava jogando de maneira justa. Eu perguntei a ele: "Você gostaria de se acalmar no seu quarto?".

Greyson disse: "Sim. Você vem comigo?".

Eu disse a ele que precisava distrair seu irmão de 4 anos, Parker, com algo, ou então eu teria que trazê-lo também. Greyson disse que tudo bem se Parker viesse também.

Greyson ficou calmo muito rapidamente depois de um abraço meu e de Parker, e algumas respirações profundas. Então conversamos sobre o que o deixou tão bravo. Depois que se acalmou, ele pensou em uma solução lógica para o problema. Calmo e tranquilo, ele desceu e explicou para Reid como se sentia e que não haviam combinado direito as regras do jogo. Reid disse: "Tudo bem", e eles continuaram a brincar em paz.

Reid, que tinha 7 anos, decidiu criar o Forte do Bem-Estar do Reid. Havia um espaço embaixo da cama de Parker. Tinha uma porta e realmente parecia um forte perfeito.

Reid disse: "Posso colocar cobertores e um travesseiro lá. Posso deixar uma lanterna, livros e algumas das minhas caixas de Lego".

Ele perguntou se poderia usar seu *tablet*. Eu lembrei a ele que, embora os eletrônicos sejam uma ótima distração, eles não são úteis para lidar com sentimentos e solucionar problemas. As telas anestesiam nossos sentimentos e dificultam o processo de lidar com eles. Expliquei que ter um espaço da calma sem telas criaria um ótimo hábito para lidar com seus sentimentos e problemas, um hábito que será muito útil quando ele for adulto. Ele foi cooperativo e compreensivo.

Em algumas horas, Reid ficou chateado com um de seus irmãos. Antes mesmo que eu pudesse perguntar, ele disse: "Mamãe, vou para o meu forte para me acalmar". Fiquei aliviada que ele se lembrou do forte, e ainda mais aliviada que ele não me pediu para ir com ele. Ficaria bem apertado para eu passar pela portinha, embora teria sido bem divertido também.

Agora as coisas mudaram aqui em casa. Meus meninos estão demonstrando como usar a pausa positiva melhor do que eu.

História de sucesso de Pasadena, Califórnia

Alguns pais reclamam dos terríveis dois anos, mas eu achei a idade de 3 anos mais desafiadora. Minha filha, Claire, estava desenvolvendo maior independência e expressando suas opiniões com grande entusiasmo. Na maioria das vezes eu adorava seu maravilhoso senso de humor. Mas às vezes ela era teimosa e opositora. Esse período poderia facilmente ser chamado de "terríveis três anos".

Uma tarde de outono, meu marido, John, e eu tínhamos planejado levar Claire ao parque para aproveitar o clima adorável. O dia começou de forma complicada. Claire estava diferente do que de costume, cheia de energia travessa. Tínhamos responsabilidades matinais regulares para cumprir, mas Claire imaginou mil maneiras de evitar cooperar conosco. Não conseguimos vesti-la. Ela não quis tomar seu café da manhã. Ela jogou seus brinquedos pela sala... e ficava rindo o tempo todo. Nunca íamos conseguir sair de casa!

Ela estava muito teimosa e era difícil fazer com que Claire se concentrasse e nos ouvisse. Finalmente, eu a puxei para o meu colo e disse com calma: "Posso ver que você está tendo dificuldade em fazer as tarefas que precisamos fazer antes de sair. Precisamos vestir roupas e tomar o café da manhã antes de podermos brincar no parque hoje. Se você não se vestir e não comer algo, não poderemos sair".

Claire começou a chorar de forma dramática. Muito dramaticamente, ela disse: "Vou chorar na minha cama agora, mamãe". Ela caminhou devagar até seu quarto e subiu no beliche de cima.

John e eu tivemos que correr para o nosso quarto antes de explodirmos de tanto rir. Sua saída dramática foi hilária! No entanto, a tática foi muito eficaz. Ela se sentou em sua cama por alguns minutos e depois saiu como se nada tivesse acontecido. Ela usou a pausa positiva para se acalmar e se concentrar novamente.

Nós até fomos ao parque!

— Amy Knobler, Educadora Parental Certificada em Disciplina Positiva

DICAS DA FERRAMENTA

1. Aprenda a importância de tirar um tempo (fazer uma pausa) para se acalmar antes de ensinar a pausa positiva para seus filhos.
2. Lembre-se da importância de perguntar às crianças se ir para seu espaço da calma as ajudará, em vez de mandá-las para lá.
3. É útil oferecer uma escolha: "Te ajudaria ir para o seu espaço da calma ou você prefere colocar esse problema na pauta da reunião de família?".

ERROS SÃO OPORTUNIDADES MARAVILHOSAS PARA APRENDER

Não podemos proteger nossos filhos da vida. Portanto, é essencial que os preparemos para ela.

— Rudolf Dreikurs

Veja os erros como oportunidades de aprendizado.

1. Responda aos erros com compaixão e gentileza, em vez de vergonha, culpa ou sermões.
2. Quando apropriado, use perguntas curiosas para ajudar seu filho a explorar as consequências de seus erros.

3. Durante o jantar, convide todos a compartilharem um erro que cometeram durante o dia e o que aprenderam com ele.

Jane

Muitas crianças são ensinadas a se envergonhar de seus erros. Adultos que ensinam a culpa pelos erros têm boas intenções. Na verdade, eles acreditam que a vergonha vai motivar as crianças a agirem melhor. Pode ser que funcione, mas a um custo elevado para sua autoestima saudável. Se você foi criado dessa maneira, pode ser hora de "reeducar" a si mesmo, para que possa criar novas crenças sobre erros.

1. Feche os olhos e lembre-se das mensagens que recebeu de seus pais e professores sobre erros quando era criança. Recebeu a mensagem de que era estúpido, inadequado, mau, uma decepção, um desajeitado?
2. Ao ouvir essas mensagens, o que decidiu sobre si mesmo e sobre como reagir no futuro? Lembre-se, você não estava ciente de que estava tomando uma decisão na época. Mas, se examinar sua reação ao cometer um

erro nos dias de hoje, os efeitos em longo prazo dessas mensagens geralmente são evidentes.

3. Algumas pessoas decidiram que eram más ou inadequadas. Outros decidiram que não deveriam correr riscos com medo de humilhação se seus esforços não atingissem a perfeição. Muitos decidiram se tornar viciados em aprovação e tentar agradar aos adultos a um grande custo para sua autoestima. Alguns estão obcecados com a necessidade de provar seu valor. E alguns decidiram que seriam dissimulados sobre seus erros e fariam de tudo para evitar serem pegos. O que você decidiu?

4. Ao ensinar aos seus filhos que os erros são oportunidades de aprendizado, você poderá tomar algumas novas decisões para si mesmo.

Quando pais e professores transmitem mensagens negativas sobre erros às crianças, estão tentando motivá-las a fazer melhor, para o próprio bem delas. Eles não pararam para pensar nos resultados em longo prazo de seus métodos e como as decisões que as crianças tomam são cruciais para o desenvolvimento delas.

Muito da educação de filhos e métodos de ensino se baseiam no medo. Adultos temem que não estão fazendo um bom trabalho se não obrigarem as crianças a fazer melhor. Muitos estão mais preocupados com o que os vizinhos vão pensar do que com o que as crianças estão aprendendo. Outros têm medo de que as crianças nunca aprendam a agir melhor se não as fizerem sentir medo e humilhação. A maioria tem medo porque não sabe mais o que fazer – e teme que, se não infligir culpa, vergonha e dor, estará agindo de maneira permissiva.

Há outra maneira: ensinar as crianças a encarar os erros como oportunidades de aprendizado. Isso não é permissivo, e verdadeiramente motiva as crianças a agirem melhor sem pagar o preço de uma autoestima reduzida.

Pode ser útil transformar a ideia de aprender com os erros em uma tradição familiar. Pelo menos uma vez por semana, durante o jantar, peça a todos que compartilhem um erro que cometeram e o que aprenderam com ele. Seria maravilhoso ouvir um adulto dizer a uma criança: "Você cometeu um erro – isso é fantástico! O que podemos aprender com isso?". E eu digo "nós". Muitos erros são cometidos porque não investimos tempo em treinamento e encorajamento. Muitas vezes, provocamos rebeldia em vez de inspirar melhoria.

As crianças precisam de exposição diária ao valor dos erros – e precisam poder aprender com eles em um ambiente seguro. As crianças realmente podem aprender a coragem de serem imperfeitas quando podem rir e aprender com os erros.

Mary

Mais uma vez, tenho que compartilhar que fui muito sortuda por ter sido criada aprendendo que os erros são oportunidades maravilhosas de aprendizado. Ao longo da minha infância, sempre comemorávamos nossos erros. (Na época, eu pensava que todo mundo fazia isso.) Meus pais me ensinaram que a vida é sobre aprender lições, e quando cometemos erros, podemos aprender com eles ou continuar a cometer os mesmos erros até finalmente aprendermos.

Acredito que todos nós podemos nos relacionar com um erro doloroso que cometemos em nossa vida e que acabou sendo uma valiosa oportunidade de aprendizado. Só quando fui para a faculdade é que percebi que as pessoas frequentemente não gostam de admitir que estão erradas, que são imperfeitas, ou que cometeram um erro.

Como mãe de três meninos pequenos, tenho a oportunidade de cometer erros diariamente. Mesmo sendo uma mãe que pratica a Disciplina Positiva, ainda sou humana. Felizmente, tenho filhos que são essencialmente tolerantes e não têm problema em me aceitar enquanto continuo a aprender e a evoluir a cada erro.

Todas as noites, quando coloco meus meninos na cama, encerramos nosso dia com nossos momentos mais felizes e tristes do dia, e pelo menos um erro.

Depois, discutimos o que aprendemos com eles. É uma grande vantagem aprendermos uns com os outros e reforçar a mensagem contínua de amor e apoio incondicionais.

Em vez de sentir pena, resgatar, envergonhar ou esperar perfeição, pense na coragem e autoconfiança que seus filhos desenvolverão quando forem convidados a ver seus erros como oportunidades de aprendizado.

Meu filho mais velho, Greyson, cometeu recentemente um erro, embora estivesse tão envergonhado que nem queria falar sobre isso. Descobri pelo diretor da escola que ele disse algo completamente inapropriado a outro aluno no parquinho. Quando tentei abordar o assunto, ele disse: "Não quero falar sobre isso".

Tentei falar sobre isso algumas vezes naquele dia e percebi a importância do momento adequado e da conexão. Eu não conseguiria fazer isso no carro ou na mesa de jantar, então esperei até estarmos apenas nós dois sozinhos na hora de dormir. Conversamos sobre outras coisas até eu sentir que estávamos nos conectando. Então eu disse: "Greyson, você acha que a mamãe já disse coisas que não quis dizer, especialmente quando estava brava?".

Greyson respondeu: "Bem, provavelmente não tão ruins quanto o que eu disse".

"Duvido", eu disse. "Quando estou brava, posso dizer coisas que nunca pensaria, muito menos diria, se não estou brava. Tenho certeza de que, quando me sinto magoada, digo coisas para magoar de volta. E você? Que tal começar me contando o que aconteceu que o deixou magoado?"

Greyson explicou que alguns meninos no parquinho não estavam jogando bola de forma justa e estavam sendo maldosos com ele, excluindo-o e dizendo coisas más para ele. Ele ainda não queria me dizer o que tinha dito. Eu sabia que ele se sentia envergonhado.

Eu disse a ele: "Greyson, você tem 8 anos. É natural que você cometa erros todos os dias. Tenho 39 anos e ainda cometo erros quase todos os dias. Tento aprender com eles para não cometer os mesmos erros, e às vezes cometo o mesmo erro repetidamente. A razão pela qual cometo erros diariamente é porque sou humana e, como você sabe, não sou perfeita".

Greyson, que adora matemática e problemas com palavras, disse: "Mãe, isso significa que você cometeu mais de dez mil erros".

Eu disse: "Exatamente. E ainda não sou perfeita, e ainda continuo cometendo erros e aprendendo com cada um".

Depois que Greyson percebeu que não estava sozinho e que eu aceitava seus erros, ele me deu um abraço apertado e me contou o que ele tinha dito.

Continuamos a falar sobre a situação e nos concentramos em maneiras positivas e produtivas de como ele poderia lidar com uma situação semelhante da próxima vez. Fui lembrada do que aprendi repetidamente na Disciplina Positiva – que presente maravilhoso estou dando aos meus filhos ao reconhecer quão imperfeita eu sou.

Brad

Eu cometo *muitos* erros. Cometo erros como pai. Cometo erros no trabalho. Deus sabe que cometo erros com as mulheres. Se os erros são oportunidades maravilhosas para aprender, eu deveria ser a pessoa mais inteligente da cidade agora.

Meus filhos também cometem muitos erros. Às vezes, no calor do momento, é difícil "responder aos erros com compaixão e bondade em vez de vergonha, culpa ou sermões".

Quando meu filho era mais novo, fomos ao supermercado para que ele pudesse comprar alguns lanches para a escola. Tínhamos terminado de escolher nossas compras e nos aproximamos do caixa automático. Enquanto eu começava a escanear os itens, percebi que a assistente digital repreendia a cada item. "Por favor, coloque o item na área de empacotamento! Pressione pular empacotamento se você quiser evitar o empacotamento! Um atendente foi notificado para ajudá-lo!"

Eu estava lá, apertando freneticamente os botões, tentando apaziguar a assistente digital. Finalmente, um dos funcionários se aproximou e disse: "Senhor, seu filho está apoiado na balança". Olhei para Gibson e expliquei que ele não podia se apoiar na balança porque isso atrapalhava o peso das nossas compras.

Eu estava escaneando o restante dos nossos itens quando a assistente digital começou a gritar comigo novamente. Olhei para Gibson, que estava tocando levemente na balança. Eu disse: "Gibson... você *não* pode tocar na balança!". Acho que ele estava tentando ver quanto de pressão seria necessária para disparar o dispositivo, mas eu não estava com disposição para fazer experimentos com a assistente digital.

Consegui escanear mais alguns itens antes que a assistente digital começasse a me repreender novamente. Você pode imaginar minha frustração nesse ponto. Olhei para Gibson e vi que ele estava tocando a parte superior da balança. Fiquei sem palavras por um momento. Até que eu disse: "Gibson!" e olhei firmemente para a mão dele.

Ele disse: "Ah... eu não sabia que aquela parte também fazia parte da balança". Finalmente conseguimos pagar todos os itens e saímos da loja.

Como você pode perceber, eu não fiz um bom trabalho com a primeira parte desta ferramenta, então passei para a próxima sugestão: "Quando apropriado, use perguntas curiosas para ajudar seu filho a explorar as consequências de seus erros".

Perguntei a Gibson: "Você entende por que fiquei aborrecido na loja?".

"Sim", ele disse.

Então eu perguntei: "O que você acha que podemos fazer da próxima vez para evitar esse problema?".

Ele disse: "Você poderia me deixar escanear as compras".

Eu respondi: "Essa é uma ótima ideia! Vamos fazer isso da próxima vez".

Na próxima seção, discutiremos os Três "R" da reparação dos erros. Um dos passos é reconciliar pedindo desculpas. Reconheci minha parte no fiasco do caixa do supermercado e pedi desculpas a Gibson por ter ficado tão chateado. Na próxima vez que fomos fazer compras juntos, Gibson escaneou todas as compras e não fomos repreendidos pela assistente digital.

História de sucesso da Costa Rica

Uma manhã, meu filho do meio, Daniel (ele tem 8 anos), veio ao meu quarto e me disse: "Mamãe, fique na cama. Vou fazer o café da manhã para você!".

Eu fiz como ele disse, e pude ouvi-lo na cozinha sozinho. De repente, ouvi o som muito alto de algo quebrando. Eu não me levantei nem disse nada a ele.

Depois de um tempo, ele me chamou: "Mamãe, o café da manhã está pronto".

Quando cheguei à mesa, vi que ele havia colocado os pratos, garfos, guardanapos, suco, tudo. Ele havia feito ovos fritos para si mesmo, para mim e para um amigo, e ovos mexidos para o irmão dele. Foi tão fofo que ele pensou no que cada um de nós gostava e como colocar tudo na mesa.

"Daniel, obrigada por esta comida", eu disse. "Está muito boa."

Comecei a comer e, depois de um tempo, perguntei a ele: "Daniel, o que foi aquele barulho que ouvi na cozinha?".

Ele disse: "Nada".

Eu disse: "Tem certeza?".

"Bem, eu quebrei a tampa da manteigueira. Mas não se preocupe, mamãe. Eu limpei tudo."

Eu disse: "Ah. Tudo bem. Obrigada. Então, o que você aprendeu com isso?".

Ele respondeu: "Eu tenho que ser mais cuidadoso e consigo resolver os erros que cometo".

Eu disse: "Ótimo", e continuei comendo.

— Georgina Gurdian, Educadora Parental Certificada em Disciplina Positiva

História de sucesso de Vista, Califórnia

Como mãe, sinto-me grata por poder celebrar minha imperfeição e ser um exemplo para meus filhos de que está tudo bem ser quem são, com erros e tudo.

Quando meu filho mais velho estava no quarto ano, ele trouxe para casa uma prova com uma nota baixa. Isso me pegou de surpresa, pois estava completamente fora de seu comportamento habitual, e eu suspirei.

A resposta dele foi: "Qual o problema, mãe? Isso só significa que tenho mais coisas para aprender".

Fiquei muito grata por tê-lo criado com a Disciplina Positiva e por ele realmente compreender que os erros são oportunidades maravilhosas para aprender. Imediatamente, nos sentamos à mesa e começamos a revisar cada erro.

— Joy Sacco, Professora e Trainer Certificada em Disciplina Positiva

DICAS DA FERRAMENTA

1. Dê o exemplo demonstrando entusiasmo pelos seus próprios erros, compartilhando-os sem culpa ou vergonha.
2. Apresente a ideia de aprender com os erros como uma tradição familiar. Pelo menos uma vez por semana, durante o jantar, peça a todos que compartilhem um erro que cometeram e o que aprenderam com ele.
3. Utilize os Três "R" da reparação dos erros (na próxima seção) e ensine-os aos seus filhos.

TRÊS "R" DA REPARAÇÃO DOS ERROS

A perfeição nunca existe na realidade, ela existe apenas em nossos sonhos.

– Rudolf Dreikurs

Cometer erros não é tão importante quanto o que fazemos em relação a eles. Use estes passos depois de ter tido a chance de se acalmar.

1. Reconheça seu erro com um sentimento de responsabilidade em vez de culpa.
2. Reconcilie-se pedindo desculpas.
3. Resolva o problema trabalhando juntos em uma solução respeitosa.

Jane

Ver os erros como oportunidades de aprendizado – isso é mais fácil falar do que fazer. Será que é instintivo sentir que não somos bons o suficiente quando cometemos um erro, ou será que é algo que aprendemos? Em qualquer caso, os Três "R" da reparação dos erros podem ajudar, pois eles fornecem habilidades para fazer as pazes que você pode aprender e ensinar aos seus filhos.

Ser um exemplo não é uma das etapas, mas as crianças aprendem melhor observando seu comportamento. Flagre-se cometendo erros. Pratique dizendo: "Opa, cometi um erro! O que será que vou aprender com este erro?". Em seguida, siga os passos.

Como você é um ser humano, posso quase garantir que você nem sempre se pegará a tempo de evitar todos os erros. Às vezes você dirá e fará coisas das quais se arrependerá, especialmente em relação aos seus filhos. Mesmo que você os ame, pode deixar escapar que está chateado e decepcionado com algo que eles fizeram.

A boa notícia é que nunca é tarde demais para seguir os Três "R" da reparação dos erros. Depois de se acalmar, reconheça o erro que cometeu, primeiro para si mesmo. Em seguida, vá até seu filho, assuma a responsabilidade pelo seu erro e peça desculpas. É quando você aprende sobre a verdadeira natureza das crianças. Elas perdoam imediatamente: "Está tudo bem, mamãe".

Quando outras pessoas estiverem envolvidas no seu erro, talvez você precise ir além de um pedido de desculpas. Você precisará descobrir como resolver o problema. Pode exigir a busca de soluções por meio de uma tempestade de ideias (*brainstorming*, ver o Capítulo 5) ou colocar o problema na pauta da reunião de família para que todos possam participar da busca por soluções.

Ensinar às crianças que é normal cometer erros e ensinar a elas as habilidades necessárias para se recuperar desses erros pode poupá-las dos desafios do perfeccionismo.

Mary

Felizmente, nunca tive problemas para admitir quando estou errada, reconhecer meus erros e pedir desculpas.

Recentemente, um pai me perguntou: "Existe uma maneira de não reagir quando você se sente desafiado?".

Eu respondi: "Eu gostaria que houvesse! Se eu soubesse a resposta, poderia ter economizado muita dor no coração e culpa". Como sou filha da Jane Nelsen, educadora de pais em Disciplina Positiva, e terapeuta de casamento e família, muitas vezes coloco muita pressão em mim mesma para aplicar as técnicas da Disciplina Positiva perfeitamente.

Minha mãe continua me lembrando que é muito encorajador para os pais com quem trabalho saber que eu falo a sério quando digo: "Não existe essa coisa de pai ou mãe perfeitos. Felizmente, os Três "R" da reparação dos erros nos fornecem uma ferramenta para fazer as pazes. Também podemos ensinar essa habilidade aos nossos filhos para que eles possam aprender habilidades e técnicas de reparação quando cometerem erros".

O que mais me incomoda é quando meus filhos brigam. Eu consigo ficar fora das brigas e praticar o que ensino metade do tempo. Quando consigo, sinto-me bem por acreditar que eles conseguem resolver sozinhos. Mas, quando acabo me envolvendo, tenho a oportunidade de praticar os Três "R" da reparação dos erros.

Primeiro, eu assumo (reconheço): eu identifico meu comportamento e digo que mamãe perdeu o controle novamente. Eu levantei a voz ou ameacei tirar algo que, é claro, não tinha nada a ver com o que eles estavam brigando.

Então eu peço desculpas (hora da reconciliação): "Eu me senti desafiada novamente, e, em vez de contar até dez ou sair, deixei minhas emoções tomarem conta e reagi em vez de agir com respeito. Peço desculpas".

Eu sou muito boa em pedir desculpas, e meus meninos são muito bons em perdoar, como a maioria das crianças. Minha desculpa sempre vai além de dizer "desculpe" ou "sinto muito". Eu sou específica ao dizer pelo que estou pedindo desculpas. Em seguida, nos concentramos em soluções (resolver). Quando nos reconectamos e acalmamos, nos concentramos no que eu e/ou eles faremos de forma diferente da próxima vez que brigarem. Alguns dos nossos exemplos mais recentes incluem:

1. Usar uma palavra-código, por exemplo: duende ou qualquer outra palavra que combinarem.
2. Um sinal silencioso (quatro dedos erguidos, que é o sinal para "perder a cabeça").
3. Colocar o problema na pauta da reunião de família.
4. Senso de humor (fazer cócegas ou fazer algo maluco que os distraia completamente).
5. Parar o carro e ler meu livro até que eles me digam que estão prontos para parar de brigar.
6. Colocar música e começar a dançar (é difícil ficar com raiva quando sua música favorita está tocando ou quando sua mãe maluca começa a dançar).
7. Sair do quarto e deixá-los resolver o problema (desde que não haja perigo de violência física).

Caso eles tentem envolvê-lo(a) na briga, não caia na armadilha. Deixe-os saber que você acredita na capacidade deles de resolverem as coisas ou que ficará feliz em se envolver mais tarde, se eles quiserem colocar o problema na pauta da reunião de família – para discussão quando todos estiverem mais calmos.

Quando houve alguma violência física e eu não intervenho, tem sido incrível vivenciar o genuíno remorso e compaixão deles. Aquele que machucou o irmão responde rapidamente com uma bolsa de gelo, abraço ou pedido de desculpas. Quando eu intervenho, eles assumem os papéis de vítima ou agressor e ficam na defensiva ou culpando uns aos outros.

Brad

Finalmente... uma chance para eu me recuperar dos muitos erros da minha paternidade! Ufa! Tenho certeza de que não estou sozinho em me sentir aliviado. Todos somos humanos, então erros fazem parte do processo. Não se culpe. Em vez disso, use os Três "R" da reparação dos erros.

Como você pode imaginar, tenho precisado pedir desculpas ao meu filho com bastante frequência. Quando ambos estamos mais calmos, geralmente entro no quarto dele, sento-me ao lado dele e sigo os passos.

> PAI: Filho, sinto muito por ter ficado tão bravo hoje.
>
> GIBSON: Tudo bem.
>
> PAI: O que você acha que podemos fazer no futuro para que isso não chegue a esse ponto?
>
> GIBSON: Não sei.
>
> PAI: Gostaria de ouvir as minhas ideias?
>
> GIBSON: Claro.
>
> PAI: Talvez, quando sua irmã estiver te irritando, você possa se afastar?
>
> GIBSON: Isso não vai funcionar – ela vai me seguir.
>
> PAI: Você tem alguma ideia?
>
> GIBSON: Sim – ela poderia parar de ser tão chata!
>
> PAI: Ah! Acho que isso não vai acontecer. Irmãs mais novas geralmente são chatas com os irmãos mais velhos. Talvez eu possa te levar da próxima vez que precisarmos ir a algum lugar, e eu chame a babá para cuidar da Emma.
>
> GIBSON: Boa ideia!
>
> PAI: Está bom. Vamos tentar isso.

História de sucesso de Shenzhen, China

Pedi à minha filha de 4 anos, Serenity, que arrumasse a casa de Lego que ela havia construído no chão. Eu disse a ela que a gata, Peace, pisaria nela e faria todas aquelas peças pequenas se espalharem por toda parte.

Ela disse com total confiança: "Peace não fará isso! Eu falei pra ela e ela entendeu!".

"Serenity, por favor, guarde todos os Legos! E coloque todos eles na caixa para que você não perca nenhum, por favor."

"Não! Vou deixar minha casa de Lego no chão. Quero que ela fique lá!"

"Serenity, você quer arrumar sozinha ou você quer que a mamãe te ajude?"

"Eu não quero nada! É minha escolha! Não sua escolha!". Ela é tão determinada quanto eu.

Elevei minha voz: "Serenity! Arrume isso agora mesmo!".

Serenity olhou para mim, zangada e (eu supus) um pouco assustada, e começou a caminhar até o quarto dela, dizendo: "Estou chateada. Vou para minha tenda para me acalmar!". (A tenda dela é um de seus lugares de pausa positiva.)

As palavras dessa garotinha de 4 anos encheram meu coração! Quantos adultos poderiam dizer e fazer isso?

Eu suavizei minha voz imediatamente: "Querida, por favor, volte. Mamãe tem algo a dizer para você."

Eu agachei e segurei seus ombros gentilmente. Serenity disse: "Mamãe, você levantou sua voz, você gritou e magoou meus sentimentos".

Eu a abracei forte e sussurrei sinceramente: "Serenity, sinto muito. Por favor, me perdoe por magoar seus sentimentos".

Ela me abraçou de volta. "Tudo bem, mamãe. Eu me sinto muito melhor agora!"

Ela descobriu a solução para o problema dos Legos depois que perguntei: "O que você pode fazer se não quiser que a Peace destrua seu trabalho?".

Nós podemos colocar a casa então no topo de uma prateleira!

— Elly Zhen, Trainer Certificada em Disciplina Positiva

DICAS DA FERRAMENTA

1. Nunca é tarde demais para usar esta ferramenta, mas pode ser cedo demais. Espere até ter se acalmado.

2. Lembre-se de que a maioria dos erros cometidos por pais e filhos ocorre em um estado mental de descontrole emocional. Faça uma pausa positiva para acessar seu cérebro racional e, em seguida, use o encorajamento, que é a essência dos Três "R" da reparação dos erros.

3. Lide com suas próprias questões relacionadas a erros. Isso pode exigir que você reeduque a si mesmo enquanto educa seus filhos.

4. Nunca é tarde demais para usar esta ferramenta, mas pode ser cedo demais. Encontre histórias para ler para seus filhos sobre os erros de grandes homens e mulheres. Edison é famoso por ter dito a um repórter que ele não cometeu dez mil erros ao tentar descobrir a eletricidade — ele apenas aprendeu dez mil maneiras que não funcionaram.

5. Abandone toda culpa por erros passados. A culpa que dura mais do que alguns minutos é inútil e debilitante para você e para os outros. Use os Três "R" da reparação dos erros e siga em frente.

4
COMO SE CONECTAR

TEMPO ESPECIAL

Se quisermos ter filhos melhores, os pais devem se tornar melhores educadores.
— Rudolf Dreikurs

Agende um horário especial diferente do horário normal.

1. Desligue o telefone ou coloque o celular no modo silencioso.
2. Revezem-se na escolha de uma atividade de que ambos gostem de uma lista que vocês elaboraram juntos.

Jane

Você já deve passar muito tempo com seus filhos. No entanto, há uma diferença entre tempo obrigatório, tempo casual e tempo especial programado. Para momentos especiais, é importante que as crianças saibam exatamente quando podem contar com o tempo que foi reservado regular e especialmente para elas.

Sugerimos que os pais desliguem o celular para enfatizar que se trata de um momento especial e sem interrupções. No entanto, uma mãe deixava o telefone ligado durante o momento especial com a filha de 3 anos. Se o telefone tocasse, ela atenderia e diria: "Sinto muito, não posso falar com você agora. Este é o meu momento especial com Lori". Lori sorria ao ouvir sua mãe dizer a outras pessoas como era importante passar tempo com ela.

Quantas vezes você diz: "Não posso. Estou muito ocupado agora"? Adicionar algumas palavras pode fazer toda a diferença para o seu filho: "Não posso agora, mas estou ansioso pelo nosso tempo especial".

As crianças percebem uma sensação de conexão quando podem contar com momentos especiais com você. Elas sentem que são importantes para você. Isso diminui a necessidade de se comportar mal como uma forma equivocada de obter pertencimento e importância.

Mary

Momentos especiais com meus pais são algumas das minhas melhores lembranças da infância. Nós os chamávamos de "noites de encontro" e nos revezávamos a cada semana em diferentes combinações. Por exemplo, ficávamos eu e minha mãe em uma semana, enquanto meu irmão e meu pai saíam para um "encontro". Na semana seguinte trocávamos, então eu ficava com meu pai e meu irmão ficava com minha mãe. Na terceira semana tínhamos um encontro noturno em família, e na última semana apenas meus pais saíam para o encontro noturno.

Muitas de nossas noites de encontro não envolviam sair ou gastar dinheiro. Adoro as lembranças de construir um forte com meu irmão e meu pai ou de fazer biscoitos com minha mãe. Elas foram especiais porque meu irmão e eu discutimos o que queríamos fazer e colocamos nossas ideias em uma lista, e nossos pais concordaram com entusiasmo.

Continuei essa tradição com minha família e meus filhos. Meu filho mais velho e eu tivemos momentos especiais pelo menos uma vez por semana, quando meu filho mais novo ainda estava no berço. Nós o colocávamos na cama e depois tínhamos nosso encontro noturno – geralmente jogando um jogo de sua escolha, seguido de um filme e pipoca na cama.

Aprendi que, embora um filme e uma pipoca na cama possam não parecer tão especiais para mim, chamá-lo de nosso encontro noturno, planejá-lo e antecipá-lo tornou-o mais especial para meu filho. Ele me perguntava a semana toda se já era sábado, nosso encontro noturno.

Um fator-chave para ter tempo especial é garantir que seu filho saiba antecipadamente que é o momento especial dele com você e envolvê-lo no planejamento.

Brad

Já passo bastante tempo com meus filhos. Na verdade, provavelmente passo muito tempo com eles. Mas este é um "tempo especial", que é diferente. Se passo tempo com os dois filhos, ainda existe aquele elemento de competição pelo meu afeto. Então me perguntei se passar um tempo especial com cada filho individualmente teria algum efeito na rivalidade entre irmãos em nossa casa.

Tínhamos planejado nosso horário especial para sexta-feira. As crianças estavam de folga da escola, então eu iria jogar tênis com Gibson e praticar softbol* com Emma. Aí acordamos na sexta, abrimos a porta da frente e estava nevando! Não é exatamente um clima bom para tênis e softbol.

Na verdade, isso acabou sendo uma coisa boa, porque eu estava tendo problemas no computador e pude passar o dia resolvendo essas questões. Tivemos que ser flexíveis e decidimos reagendar para sábado, quando a neve teria derretido o suficiente para que Gibson e eu jogássemos tênis.

Houve apenas um problema. Veja bem, quando você envolve seus filhos nesse processo de uso das ferramentas de Disciplina Positiva, eles realmente entendem o processo melhor do que você. Quando Gibson e eu chegamos às quadras de tênis, nos reunimos por dez ou quinze minutos. Aí eu disse: "Tudo bem, vamos jogar. Você pode sacar".

Mal sabia eu que minha percepção e a percepção de Gibson sobre o tênis eram completamente diferentes. Levei cerca de trinta minutos para descobrir a versão do tênis de Gibson, durante os quais ele me lembrou várias vezes: "Pai, este é o meu tempo especial. Quero jogar tênis pela diversão".

Para aqueles que não estão familiarizados com "tênis por diversão", deixe-me esclarecer. Em primeiro lugar, você não tem permissão para anunciar a pontuação: "quinze a zero", "trinta a zero" e assim por diante. Aprendi isso desde cedo, quando Gibson disse: "Pai, fique quieto!".

"O quê?"

---

* N.T.: O softbol é uma versão mais simplificada do beisebol praticada principalmente por mulheres.

Gibson disse: "Pare de falar!".

"Só estou anunciando o placar", eu disse.

Gibson disse: "Sim... Pare de fazer isso. Quero jogar tênis por diversão". Ok, lição aprendida.

Então, depois que Gibson sacou duas vezes e errou, eu disse: "Dupla falta – passe para o outro lado".

Ao que Gibson respondeu: "Pai... Pare de fazer isso!".

Eu disse: "Parar de fazer o quê?".

Gibson disse: "Pare de me dizer o que fazer. Este é o meu tempo especial!".

Ok, lição número dois aprendida. No tênis divertido você sempre saca do lado certo.

Então foi minha vez de sacar. Gibson estava parado no meio da quadra, então eu disse: "Gibson, é melhor você se afastar um pouco".

Gibson não se mexeu. Então saquei na quadra de serviço certa e a bola caiu e quicou na cerca.

Gibson disse: "Pai, você fez isso só para provar um ponto".

Eu disse: "Não, não fiz. É assim que você joga tênis".

Gibson disse: "Eu só quero jogar tênis por diversão".

Lição número três aprendida: no tênis por diversão nenhuma das regras do tênis normal se aplica.

Finalmente, depois de vários erros, aprendi todas as regras do tênis por diversão e Gibson e eu começamos a nos divertir. Depois do tênis, levei-o para comer alguma coisa e nosso tempo especial acabou sendo um sucesso.

Como a neve ainda não havia derretido na grama, Emma e eu decidimos jantar no Olive Garden. Era uma noite de sábado e, quando chegamos lá, a espera era de uma hora.

Emma disse: "Tudo bem, este é o nosso tempo especial. Não me importo de esperar". Isso fez meu coração sorrir, então esperamos por uma mesa e nos divertimos muito juntos.

Apenas alguns pontos finais sobre o tempo especial. Como um pai solteiro ocupado, me dei conta de que estava olhando para o horário especial agendado com meus filhos como somente mais um item para incluir na minha agenda já lotada. Percebi que precisava mudar minha atitude em relação ao tempo especial com as crianças. Ninguém quer ser um item que existe apenas para ser ticado em uma programação. Até ajuda demonstrar aos nossos filhos que estamos entusiasmados pelo nosso tempo especial juntos. Então eles perceberão que são muito mais importantes do que todos os outros eventos que programamos para aquela semana.

História de sucesso de San Diego, Califórnia

Meu marido e eu levamos muito a sério nossas aulas de Disciplina Positiva para pais quando nossas meninas tinham 4 e 6 anos. Decidimos agendar reuniões de família regulares.

Uma das primeiras coisas que fizemos foi criar uma lista com todas as tarefas da casa. Nossas meninas adoraram nos auxiliar a pensar em todas as coisas que precisávamos fazer para ajudar nossa casa a funcionar bem.

Depois, nós dividimos as tarefas, como cozinhar, fazer compras, lavar roupa e limpar a casa. Mais tarde, adicionamos os nomes de quem faria tarefas específicas em equipes com cada um dos pais. Trocamos as tarefas e designamos quais dos pais e filha trabalhariam juntos até que todos concordássemos. Tínhamos planejado quatro semanas com diversas tarefas, que incluíam sair com a mamãe e sair com o papai em momentos especiais. Gostávamos de fazer compras, brincar e fazer muitas coisas juntos ao longo de muitos anos, até que as meninas foram para a faculdade. Cada uma delas compartilhou seus interesses conosco e nós mostramos a elas algumas das coisas que amamos fazer.

As reuniões de família nos ajudaram a agendar horários especiais, além de realizar as tarefas familiares. Foram os dias mais especiais, em que todos tivemos menos crises e mais momentos divertidos em família.

— Yogi Patel, Trainer Certificada em Disciplina Positiva

DICAS DA FERRAMENTA

1. O tempo especial agendado é um lembrete do motivo pelo qual você teve filhos em primeiro lugar — para aproveitar o tempo com eles.
2. Quando você está ocupado e seus filhos querem sua atenção, é mais fácil para eles aceitarem que você não tem tempo quando diz: "Querido, não posso agora, mas estou ansioso pelo nosso tempo especial, às quatro e meia".
3. Planeje momentos especiais com seus filhos. Faça um *brainstorming* de uma lista de coisas que vocês gostariam de fazer juntos durante seu tempo especial. Ao fazer um *brainstorming* de suas ideias pela primeira vez, não as avalie ou elimine. Mais tarde, vocês poderão examinar sua lista juntos e categorizá-la. Se algumas opções custarem muito dinheiro, coloque-as em uma lista de coisas para as quais se deve economizar.

ACREDITE

Devemos compreender que não podemos construir nada tendo como base os pontos fracos, precisamos dos pontos fortes. Não podemos ajudar os nossos filhos — ou qualquer outra pessoa — a acreditar em si mesmos se não acreditarmos neles.

— Rudolf Dreikurs

Subestimamos demais o que nossos filhos podem fazer.

1. Quando acreditamos em nossos filhos, eles desenvolvem coragem e acreditam em si mesmos. Em vez de resgatar, dar sermões ou resolver os problemas por eles, diga: "Acredito em você. Eu sei que você pode lidar com isso".
2. As crianças desenvolvem as suas habilidades de resolução de problemas e "músculos da decepção" por meio de experiências.
3. Valide sentimentos: "Eu sei que você está chateado. Eu também estaria".

Jane

Um dos maiores erros que alguns pais cometem quando decidem experimentar a Disciplina Positiva é tornarem-se demasiado permissivos porque não querem ser punitivos. Isso é um erro porque não é respeitoso mimar as crianças. No entanto, é respeitoso validar os seus sentimentos: "Vejo que você está decepcionado" (ou com raiva, ou chateado). Também é respeitoso acreditar que seus filhos poderão sobreviver a decepções e desenvolver um senso de capacidade no processo.

Acredite na capacidade de seus filhos para lidar com seus próprios problemas. Você pode oferecer apoio validando sentimentos ou dando um abraço, mas não resgatando ou resolvendo por eles.

A paciência é provavelmente a parte mais difícil de acreditar em nossos filhos. Quase sempre é mais conveniente resolver os problemas dos nossos filhos. Isso é particularmente verdadeiro quando estamos sob pressão de tempo. Nesses casos, podemos dedicar algum tempo mais tarde a fim de explorar soluções para o futuro. Faça perguntas curiosas aos seus filhos: "O que aconteceu?", "O que causou isso que aconteceu?", "O que você aprendeu?", "O que você pode fazer no futuro?".

Pratique acreditar em seus filhos diariamente. Permita que eles resolvam os problemas por conta própria. Permita que eles sintam um pouco de decepção. Permita que eles aprendam a lidar com seus sentimentos. Eles vão precisar dessas habilidades no futuro.

Pode ser útil lembrar que quem seus filhos são hoje não é quem eles serão para sempre. Algum dia eles importunarão seus próprios filhos para que coloquem a louça na pia e arrumem os quartos. Lembre-se de que o exemplo é o melhor professor. Mostre o que você deseja para seus filhos, reserve um tempo para treiná-los de modo que aprendam habilidades, realize reuniões de família regulares e, então, acredite muito neles para que se tornem o melhor que puderem.

Mary

Com meus dois filhos mais velhos, eu não sabia que poderia evitar totalmente as fraldas de treinamento ou fraldas noturnas. Com eles, aceitei que haveria alguns acidentes, mas que aconteceriam nas fraldas de treino, para não precisar lavar lençóis. Eu não sabia que mantê-los com fraldas noturnas prolongaria o tempo de treinamento noturno. Em vez disso, desenvolveram o hábito de usar fraldas em vez de abandoná-las quando estavam suficientemente prontos para experimentar a sensação de capacidade que advém do autocontrole.

Quando chegou a hora de treinar meu terceiro filho, Parker, decidi evitar as fraldas de treino e as fraldas noturnas. Achei que iria ajudá-lo se eu não permitisse que ele bebesse água pelo menos uma hora antes de dormir. Não tenho certeza se foi porque ele estava com muita sede ou se sentiu minha energia e medo, mas ele insistiu em beber água. Quanto mais eu tentava redirecioná-lo ou dizer-lhe que se ele bebesse a água faria xixi na cama, mais ele insistia que tinha sede. Quanto mais eu persistia, mais ele resistia.

Percebi que essa era minha oportunidade de demonstrar que eu acreditava nele. Eu sabia que seria mais eficaz se ele aprendesse por meio de sua própria experiência (se molhando) e conhecimento, e não do meu. Dito isso, eu precisava desapegar, acreditar e permitir que ele experimentasse as consequências naturais de suas ações.

Certamente, ele engoliu cerca de 240 mL de água e – adivinha – molhou a cama. Ele aprendeu a lição sem nenhum sermão ou "eu avisei" de minha parte. Na noite seguinte ele foi tomar um gole de água e disse: "Só vou beber um pouquinho, para não molhar a cama".

Acreditar que ele aprenderia sobre a água antes de dormir por meio de sua própria experiência acelerou o processo mais uma vez. Ele molhou a cama apenas mais uma vez antes de conseguir ficar seco à noite.

Sei que é tentador explicar aos nossos filhos que sabemos o que vai acontecer, mas simplesmente permitir que eles vivenciem isso por conta própria é muito mais valioso.

Também permiti que ele me ajudasse a arrumar a bagunça dele – sem vergonha, apenas a tarefa de trocar os lençóis e lavar os usados. Ele adora qualquer oportunidade de ajudar. Isso também permitiu fazer algumas perguntas curiosas. Embora eu soubesse as respostas, perguntei a ele para poder convidá-lo a realmente pensar e responder às perguntas.

EU: Por que você acha que fez xixi na cama ontem à noite?
PARKER: Eu bebi muita água.
EU: Você acha que deveria beber água antes de dormir esta noite?
PARKER: Só um pouquinho.

Como acreditei nele, Parker aprendeu sobre a água antes de dormir e eu aprendi que é apropriado para sua idade testar e explorar. Ele estava definitivamente testando seu poder nas primeiras vezes. Eu sei disso porque fui imediatamente arrastada para uma disputa por poder com ele. Tentar insistir para que ele não tomasse água só o fez querer mais. Ainda estou convencida de que ele nem estava com sede, mas apenas esperando uma reação minha.

Eu tive que me perguntar: "O que é mais importante, ele me enfrentar e ter uma disputa por poder à noite ou ter que lidar com lençóis molhados logo de manhã?". Esta última opção tornou nosso relacionamento respeitoso e trouxe um sentimento geral de autoconfiança.

Brad

Acho que é difícil ser brutalmente honesto com todos sobre suas deficiências como pai/mãe. Esta ferramenta fala sobre acreditar em nossos filhos para que possam desenvolver coragem e confiança em si mesmos, mas acho que são os pais que precisam de coragem e confiança. Sejamos realistas: acreditar nos nossos filhos exige muita coragem. E às vezes demonstrar que acredita significa permitir que os nossos filhos cometam erros.

Um dia peguei meu filho na escola e ele anunciou com entusiasmo que iria fazer *cheesecake*. Eu também fiquei animado, porque *cheesecake* é minha sobremesa favorita. Então eu disse: "Ótimo!".

Gibson então explicou que tinha visto seu amigo fazer *cheesecake*. Ele começou a descrever a receita para mim. Foi mais ou menos assim: você pega alguns biscoitos, tritura e mistura com manteiga para fazer a massa. (Até aí, tudo bem.) Aí você pega um pouco de chantili e mistura com um pouco de açúcar e derrete algumas gotas de chocolate e mistura e depois adiciona mais um pouco de chantili. (Isso foi o que eu ouvi... açúcar, açúcar, açúcar.) Aí você coloca no congelador.

Olhei para Gibson. Fiz o possível para acreditar e resistir à tentação de falar, mas as palavras simplesmente saíram. "Isso não é *cheesecake*."

Gibson disse: "Pai, por que você sempre faz isso?".

Eu disse: "A razão pela qual chamam de *cheesecake* é porque um dos ingredientes é *cream cheese*".

Gibson disse: "Pai, *é cheesecake*!*"

Foi assim até chegarmos em casa, e tentei mostrar a Gibson uma receita de *cheesecake* na internet. Mas ele se recusou a olhar, então finalmente desisti.

Gibson queria fazer seu *cheesecake* imediatamente, mas expliquei que não tínhamos chantili. Ele queria que eu fosse comprar, mas eu disse a ele que tinha trabalho a fazer e que o colocaria na lista de compras.

Avancemos para sexta-feira. Eu tinha comprado os ingredientes e Gibson começou a fazer seu *cheesecake* enquanto eu estava fazendo algumas tarefas e fui comprar comida para o jantar. Quando voltei para casa, ele estava coberto de chantili e gotas de chocolate até os cotovelos. Embora eu estivesse convencido de que toda essa experiência me causaria azia, apoiei muito seus esforços. Ele queria que eu provasse sua mistura de creme de chocolate, mas eu disse

---

*   N. T.: O *cheesecake* é uma torta feita à base de biscoito e *cream cheese* (creme de queijo), montada em camadas. A tradução literal de *cheesecake* seria "torta de queijo". E é por isso que Gibson acredita, erroneamente, que sua "receita" dará certo.

que esperaria pelo produto final. Gibson terminou de fazer seu *cheesecake* e o colocou no congelador.

Depois do jantar, finalmente estávamos prontos para provar o *cheesecake*. Gibson cortou um pedaço para todo mundo. Emma deu uma pequena mordida e disse: "Hummm, nada mal. Dou duas estrelas e meia de cinco". Mas ela não comeu mais.

Querendo evitar outro ataque adolescente, comi meu pedaço inteiro de *cheesecake*. Tentei ser encorajador e solidário. Então comecei a limpar a louça do jantar e a bagunça que foi feita no infame experimento do *cheesecake*.

Agora vem a parte inestimável da noite. O amigo de Gibson apareceu – você sabe, aquele que começou toda essa controvérsia sobre o *cheesecake*. Eu estava limpando a cozinha enquanto Gibson exibia orgulhosamente seu *cheesecake*.

O amigo de Gibson contou a história de sua primeira tentativa de fazer *cheesecake*: ele fez um *cheesecake* para uma festa na qual era convidado, e o *cheesecake* ficou empelotado. Mas a mãe dele deixou que ele o levasse para a festa mesmo assim, e ele foi o único que comeu. Ambos riram.

O amigo de Gibson experimentou um pedaço e eles começaram a discutir os ingredientes e as etapas para fazer um bom *cheesecake*. De repente ouvi "*cream cheese*". Eu me animei e olhei para Gibson, que olhou para mim um tanto envergonhado. Então fui até o amigo de Gibson, coloquei meu braço em volta dele e disse: "Você quer me dizer que, quando faz *cheesecake*, você usa *cream cheese*?".

O amigo de Gibson disse: "Sim".

Comecei a rir incontrolavelmente.

Gibson disse: "Ah... Eu não sabia que era *cream cheese*. Tudo parecia uma coisa branca para mim".

Eu ainda estava rindo e Gibson disse: "Pai... não precisa fazer uma cena".

Eu disse: "Gibson, você me criticou por ter a audácia de mencionar o fato de que *cheesecake* tem *cream cheese*. Não é possível que seu pai não seja tão estúpido quanto você pensa?".

Gibson disse: "Pai, não acho que você seja estúpido".

Realmente ajuda anotar essas experiências. Posso ver agora que falhei miseravelmente em todos os três princípios da ferramenta "acreditar":

1. Em vez de resgatar, dar um sermão ou resolver por eles, diga: "Eu acredito em você. Eu sei que você pode lidar com isso".

2. As crianças desenvolvem as suas habilidades de resolução de problemas e "músculos da decepção" por meio de experiências.
3. Valide sentimentos: "Eu sei que você está chateado. Eu também estaria".

Saberei melhor na próxima vez. Quem se importa se ele destruiu sua primeira tentativa de fazer *cheesecake*? Só precisarei manter um estoque de antiácido no armário de remédios.

História de sucesso do Cairo, Egito

Minha filha de 14 anos fica frequentemente chateada e quase nunca diz o que está errado ou por que está chateada. Eu estava me sentindo frustrada e culpada porque não sabia o que fazer ou como ajudá-la.

Eu perguntava: "O que há de errado?". Então, quando ela não me contava, eu tentava adivinhar. Eu perguntava a ela se eu tinha feito algo que a aborreceu. Fiz de tudo tentando descobrir o que havia de errado para poder ajudá-la a se sentir melhor, mas a resposta dela foi recuar ainda mais e não compartilhar nada comigo. Eu decidi tentar o seguinte:

- Acreditar na capacidade dela de lidar com seus sentimentos sem que eu me preocupe e tente resgatá-la.
- Colocar-me à disposição para conversar com ela sobre o que a está incomodando quando ela estiver pronta e esperar que ela tenha tempo de dar o primeiro passo.

Acreditar em sua capacidade de lidar com seus próprios altos e baixos me permitiu ver o quanto ela realmente *consegue*. E acredito que está começando a funcionar, porque ela parece acreditar que também consegue.

Ela ainda fica chateada, magoada, e às vezes chora. Dou um abraço nela e me ofereço para conversar quando ela estiver pronta. Afinal, acho que ela é capaz de lidar com suas preocupações e seguir em frente na maioria das vezes, depois de um tempo.

Como agora espero, em vez de me preocupar, e faço questão de deixá-la saber que estarei ao seu lado quando ela precisar, ela agora inicia a conversa quando está pronta. Ela começou a vir até mim para poder compartilhar suas preocupações às vezes. Temos ótimas conversas quando ela o faz. Frequentemente compartilhamos ideias para solução de problemas e desfrutamos da adorável conexão que sempre esperei.

— Shaza A. S. Salaheldin, Educadora Parental Certificada em Disciplina Positiva

História de sucesso de San Diego, Califórnia

Minha família e eu começamos a acampar juntos assim que as crianças completaram idade suficiente para andar (nunca tive coragem de ir com alguém que não andava). Mas esse fim de semana de acampamento acabou sendo ainda mais especial.

Meu marido estava viajando e meu mais velho estava na faculdade na Costa Leste, então meu filho de 15 anos, Adrien, e eu decidimos que deveríamos acampar sozinhos. Ele usou nossa lista de verificação (*checklist*) para preparar todos os nossos suprimentos e arrumou o carro sozinho, e até ficou irritado comigo porque eu não estava pronta a tempo para a viagem! Realmente vale a pena dar aos nossos filhos tempo e espaço para descobrir do que são capazes.

Quando meus filhos eram mais novos, eu lhes dava tempo para descobrirem as coisas enquanto observava seus esforços. Como qualquer outra mãe, às vezes eu ficava impaciente e tentava ajudá-los ou fazer coisas por eles. Mas aprendi que, se reservarmos um tempo para orientá-los e mostrar-lhes como se defenderem sozinhos, a recompensa será imensa. Durante nosso acampamento, convivemos com um casal que estava constantemente dizendo aos filhos o que fazer e o que não fazer. Tive um momento de orgulho como mãe quando do meu filho percebeu isso e me agradeceu por não ser como eles.

É fácil cair na armadilha de pensar que precisamos direcionar cada movimento dos nossos filhos. Mas deixá-los descobrir as coisas por conta própria é muito mais fortalecedor para eles! Como disse Montessori: "Siga a criança". Dê um passo para trás e observe seu filho; você ficará surpreso com o que ele pode realizar.

— Jeanne-Marie Paynel, Educadora Parental Certificada em Disciplina Positiva

DICAS DA FERRAMENTA

1. Observe quanta resistência você pode provocar nas crianças porque tenta controlá-las em vez de acreditar nelas.
2. Domine seu ego.
3. Siga o conselho de Rudolf Dreikurs e pare de subestimar seus filhos.
4. Acredite mais em si mesmo e em seus filhos – você pode aprender com os erros e se divertir mais cometendo-os.

RECONHECIMENTOS*

Os efeitos benéficos de valorizar a confiança, proporcionar um sentimento de união e considerar as dificuldades como projetos de compreensão e melhoria, e não como objetos de desprezo, superam qualquer possível dano.

– Rudolf Dreikurs

Demonstrações de reconhecimento e apreciação e agradecimentos nos aproximam. Concentre-se nas realizações e em como podem ser úteis para os demais:

1. "Aprecio a rapidez com que você se veste e se prepara para a escola."
2. "Percebo como você cuidou gentilmente de Anna quando ela se sentiu triste. Aposto que isso a ajudou a se sentir melhor."
3. "Obrigado por colocar a mesa."

Jane

Os irmãos não têm qualquer problema em brigar e se rebaixar, mas, estranhamente, eles lutam com a ideia de valorizar um ao outro. Dar e receber reconhecimentos é uma habilidade que precisa ser ensinada e praticada. As reuniões de família oferecem essa oportunidade.

Ouvir meus filhos serem maus uns com os outros foi muito difícil para mim, então fiquei emocionada ao ver que os comentários ofensivos foram reduzidos significativamente quando realizávamos reuniões de família regulares que começavam com reconhecimentos.

Muitas vezes nos concentramos no que nossos filhos fizeram de errado. É muito melhor focar o que eles fizeram de certo e oferecer reconhecimentos adequados. Esse simples ato mudará o ambiente da sua casa.

---

* N. T.: No texto original essa ferramenta é denominada elogios. Entretanto, em outros livros de Disciplina Positiva encontra-se o termo reconhecimento ou encorajamento. Como o elogio utilizado pode ser danoso para o desenvolvimento da criança, optamos por utilizar o termo reconhecimento.

Brad

Iniciamos todas as nossas reuniões de família com reconhecimentos, que ajudam a definir o tom para uma experiência mais positiva. Durante uma reunião, reconheci Gibson por aprender duas músicas novas no piano. Ao longo da semana dei-lhe um *feedback* positivo sobre o seu pensamento criativo e disse-lhe que estava impressionado com a sua iniciativa. Você sempre pode encontrar algo para reconhecer se esse for o seu foco. É valioso reservar um tempo em uma reunião de família para fazer um reconhecimento específico a fim de que se torne mais significativo.

Reconheci Emma por me ajudar em uma de minhas tarefas diárias quando eu estava atrasado para uma reunião muito importante. (Por "reunião importante", quero dizer que tinha uma partida no campo de golfe às 8h.) Emma não gosta de lavar a louça, mas me ajudou de boa vontade porque a cozinha precisava ser limpa antes que alguns convidados chegassem. Agradeci na hora, mas também fiz um reconhecimento específico na reunião de família.

Você deveria ver meus filhos ficarem radiantes quando recebem um reconhecimento sobre algo específico. Nunca subestime o poder de um reconhecimento, especialmente quando você reserva um tempo para fazê-lo na frente do resto da família.

Mary

Uma das coisas que me fazem perder a calma instantaneamente é quando meus meninos brigam. Esta manhã eles estavam brincando muito bem juntos. Mas eu sabia que era questão de tempo até que eles começassem a discutir. Então, antes que eles o fizessem, eu os reconheci dizendo: "Olha que legal vocês brincando juntos! Eu realmente gosto disso".

Continuei dizendo: "Greyson, adoro como você fala de forma educada com seu irmão e como você está sendo paciente e calmo com ele".

E para Reid: "Percebo como você está trabalhando bem com seu irmão – que ótimo trabalho em equipe".

Eu pude ver que estavam radiantes, e eles jogaram juntos de forma cooperativa por um tempo visivelmente mais longo antes de começarem a brigar. Pois é... Minha mamãe vive me dizendo para pensar neles como filhotes de urso – brigar é o que eles sabem fazer. As reuniões de família irão ensiná-los a se concentrar no que apreciam uns nos outros, para que pelo menos saibam como fazer isso.

Outra situação que me faz perder a calma é tentar sair pela porta sem ter que importuná-los várias vezes. Esta manhã eles estavam se divertindo muito brincando juntos e fazendo sua dancinha matinal. Ajustei o cronômetro para vinte minutos e perguntei o que precisariam fazer para estar prontos quando o cronômetro tocasse. Surpreendentemente, eles citaram algumas coisas mais do que eu pensava – que bônus! Naturalmente, eles esperaram até os últimos cinco minutos antes de correrem como loucos para estarem prontos antes que o alarme tocasse.

Eu acertei ao usar reconhecimentos, afirmando quão "rapidamente eles estavam limpos e vestidos". Perguntei então se eles conseguiriam escovar os dentes e pentear os cabelos em três minutos. Quando o fizeram, eu disse a eles o quanto gostei e como estava entusiasmada com o dia que havíamos planejado juntos.

Essas ferramentas funcionam quando eu trabalho com as ferramentas. Sim, é preciso pensar muito, especialmente no início. Mas é o tipo de trabalho muito preferível à irritação e à raiva.

Minha esperança é que algum dia a fase de luta dos "filhotes de urso" acabe e eles fiquem com a habilidade de apreciar e reconhecer. E tenho certeza de que suas esposas vão me agradecer.

História de sucesso de Pasadena, Califórnia

Você conhece aquela sensação calorosa e confusa que você experimenta quando recebe um reconhecimento genuíno? Todos nós precisamos de mais desse sentimento em nossas vidas diárias!

É igualmente gratificante expressar apreciação sincera. Quando eu digo para minha filha, Claire, o quanto aprecio seus esforços, isso cria uma conexão instantânea.

Claire adora me ajudar a preparar refeições para nossa família – é uma das nossas maneiras favoritas de passar tempo juntas. Recentemente ela perguntou se eu poderia fazer *quesadillas* para o jantar, assim ela poderia preparar seu famoso guacamole para servir como acompanhamento. É um purê de abacate simples que até as crianças pequenas podem preparar com pouca ajuda. Nós duas começamos a trabalhar.

Quando as *quesadillas* e o guacamole ficaram prontos, Claire me disse com entusiasmo que tinha planejado uma surpresa e me pediu para ir esperar no banheiro! Eu ri e fiz o que ela me pediu. Eu podia ouvi-la trabalhando em algo que envolvia pratos e bandejas. Depois de vários minutos, ela disse: "Ok, venha para sua surpresa!".

Claire me levou da cozinha até meu quarto, onde ela preparou e dispôs nossas refeições, em bandejas, na cama! (Ela até arrumou minha cama primeiro – algo que eu nunca faço!) Ela disse: "Quero que você finja que este é o nosso quarto de hotel e que estamos recebendo serviço de quarto!".

Fiquei tão emocionada com a consideração de Claire (e com quão bem ela arrumou a cama) que fiquei com os olhos marejados. Agradeci de todo o coração pela surpresa e elogiei-a pelas suas habilidades em arrumar a cama, que ela claramente não aprendeu comigo! Ela ficou radiante.

O gesto doce e simples de Claire me fez absolutamente feliz, com aquela sensação calorosa por dentro, e, então, retribuí esse sentimento bom com uma apreciação sincera. E no mesmo instante: conexão instantânea! E essa foi apenas uma das muitas vezes em que cozinhar lado a lado nos aproximou.

— Amy Knobler, Trainer Certificada em Disciplina Positiva

DICAS DA FERRAMENTA

1. Reconhecimentos e agradecimentos criam conexão.
2. As crianças se saem melhor quando se sentem melhor. Uma maneira de ajudá-las a se sentirem melhor é reconhecer seus pontos fortes.
3. Mantenha um diário de agradecimento onde você anota as coisas que aprecia em cada criança. Faça um tique sempre que verbalizar um reconhecimento específico.
4. Pratique bastante fazer e receber reconhecimentos durante as reuniões de família regulares.

APENAS ESCUTE

Ver com os olhos do outro, ouvir com os ouvidos do outro e sentir com o coração do outro.

— Alfred Adler

Fique com seus filhos e não force a conversa fazendo perguntas. Pode ser que eles comecem a falar.

1. Durante a semana, reserve um tempo para sentar-se em silêncio perto dos seus filhos.
2. Se eles perguntarem o que você quer, diga: "Eu só queria ficar com vocês por alguns minutos".
3. Se falarem, apenas ouça sem julgar, defender ou explicar.
4. Se eles não conversarem, apenas aprecie a companhia deles.

Jane

Você já tentou conversar com seus filhos e ficou frustrado com respostas monossilábicas, sem entusiasmo e que pareciam totalmente entediadas?

"Como foi o seu dia?"
"Bom."
"O que você fez hoje?"
"Nada."

Tente apenas ouvir. Apenas ouvir significa que você encontra momentos para estar perto de seus filhos, esperando que eles falem com você, mas sem ser óbvio sobre isso. Suas chances de ouvi-los falar aumentam quando você evita o "interrogatório", que parece incomodar tanto as crianças.

Tentei "apenas ouvir" com minha filha, Mary, quando ela era uma adolescente. Enquanto Mary se preparava para a escola, arrumando o cabelo e a maquiagem no espelho do banheiro, eu entrava e sentava na beirada da banheira. A primeira vez que fiz isso, Mary perguntou: "O que você quer, mãe?". Eu disse: "Nada, eu só quero passar alguns minutos com você". Mary esperou para ver o que viria a seguir. Nada aconteceu. Ela terminou de arrumar o cabelo e a maquiagem e disse: "Tchau, mãe".

Continuei fazendo isso todas as manhãs. Não demorou muito para que Mary se acostumasse a me receber ali. Eu não fazia nenhuma pergunta, mas em pouco tempo Mary passou a conversar sobre todas as coisas que estavam acontecendo em sua vida.

As crianças muitas vezes se sentem interrogadas quando você está pronto para conversar e elas não. Apenas se sente aí. Talvez as crianças que resistem às perguntas respondam quando você estiver disponível a apenas ouvir.

Mary

Apenas ouvir deveria ser uma das ferramentas mais fáceis, mas ainda assim eu a considero uma das mais difíceis. Tudo o que você realmente precisa fazer é sentar-se com seu filho e não dizer nada. Acho isso difícil, porque não faz parte da minha personalidade apenas sentar e não iniciar a conversa. Na verdade, mesmo com meus próprios filhos, sinto-me desconfortável com o silêncio. Quando me sento silenciosamente com eles, é quase como se os estivesse ignorando. Greyson, aos 6 anos, até me perguntou: "Qual o problema?". Respondi dizendo: "Só quero sentar ao seu lado e ficar com você". Isso foi estranho para ele comparado ao meu comportamento habitual.

Acabamos montando um quebra-cabeça juntos. Fiz um esforço consciente para não iniciar nenhuma conversa e apenas esperei para ver o que aconteceria. Foi aí que descobri como é difícil ouvir sem julgar, defender ou explicar.

Ele me perguntou se poderíamos ir à loja comprar mais brinquedos. Ele continuou falando sobre como não tinha brinquedos suficientes e que definitivamente precisávamos comprar pelo menos um novo quebra-cabeça. Eu apenas balancei a cabeça e fiz alguns gestos amorosos, como esfregar seu cabelo e piscar para ele.

Em vez de ficar aborrecida e irritada porque nossa conversa novamente era sobre o que ele queria comprar, eu apenas ouvi e evitei um sermão que levaria à desconexão. Logo parei de me sentir ansiosa por querer dissuadi-lo de querer o que queria e pela necessidade de dar desculpas para explicar por que ele não poderia ter o que queria. Então eu realmente relaxei e apenas aproveitei a companhia dele.

Brad

Com minha filha eu nem preciso fazer qualquer esforço para apenas ouvir, porque ela está *sempre* falando. Acho muito divertido apenas sentar e ouvir todos os seus pensamentos aleatórios.

Com meu filho tenho que fazer um esforço consciente para "ouvir sem julgar, defender ou explicar".

Tentei praticar uma versão dessa habilidade de apenas escutar uma noite com Gibson.

A conversa foi mais ou menos assim:

GIBSON: Não sei o que fazer em relação à matemática.
PAI: Ah?
GIBSON: Sim... Nunca tive uma insuficiente em matemática antes.
PAI: O que é uma insuficiente?
GIBSON: Se você não passar no teste, receberá uma nota insuficiente.
PAI: Ah.
GIBSON: Sim, se errar mais de duas respostas no questionário, você recebe-
rá uma insuficiente.
PAI: Ah.
GIBSON: Eu realmente não entendo o que estamos fazendo agora. [Foi aqui
que Gibson entrou em detalhes sobre as equações matemáticas que ele
não entendia. Vou poupar você dos detalhes.]
PAI: Uau! Isso parece difícil.
GIBSON: Acho que amanhã vou falar com meu professor de matemática e
pedir ajuda.
PAI: Parece uma boa ideia. Ei, você quer jogar pingue-pongue antes de ir
para a cama?
GIBSON: Claro!

Eu não tenho certeza se "Ah" é a melhor resposta ao conversar com seus filhos. Geralmente é isso que acontece quando meu filho começa a falar sobre matemática. Eu fico com uma expressão de animal silvestre diante dos faróis dos carros e digo: "Ah". A questão é que reservei um tempo para apenas ouvir Gibson e permiti que ele processasse seus pensamentos e sentimentos em voz alta.

Gibson é um aluno que só tira nota A, então ter uma nota insuficiente era um grande problema para ele. Em vez de tentar resolver o problema, eu apenas ouvi e ele conseguiu encontrar sua própria solução.

História de sucesso da Carolina do Norte

Todas as noites, passo um tempo no quarto de cada um dos meus filhos para um momento individual. Quando eles eram pequenos, isso pode ter incluído a leitura de livros de histórias, mas agora eu apenas escuto. É nessa hora que ouço eles falarem de todas as coisas que eles talvez não compartilhem no carro com os irmãos ou à mesa de jantar.

Como estudantes do ensino fundamental e médio, meus filhos geralmente estudam ou colocam a matéria em dia todas as noites. Mas mesmo quando eles estão superocupados acabamos conversando um pouco. Descobri que é mais provável que meus filhos façam os trabalhos escolares na cozinha se eu estiver lá, às vezes fazendo meu próprio trabalho. Logo eles estão conversando sem que eu faça uma única pergunta.

Apenas escutar é uma ferramenta que tem ajudado a nos manter próximos mesmo nos momentos mais movimentados, quando temos treino de futebol, *cross-country*, dança irlandesa e tudo mais. Agora que estão mais velhos, percebo que se escutam muito bem. É ótimo vê-los usar ferramentas da Disciplina Positiva para se conectarem uns aos outros.

— Paige O'Kelley

DICAS DA FERRAMENTA

1. Encontre momentos para ficar com seus filhos sem nenhuma expectativa em mente, exceto desfrutar da companhia deles — nem mesmo a intenção subjacente de esperar que eles conversem com você.
2. Faça um esforço consciente para evitar iniciar uma conversa. Basta estar disponível.
3. Pratique até se sentir confortável com o silêncio, se isso for tudo o que acontecer.
4. Se o seu filho começar a falar, "Ah" é uma resposta que pode convidá-lo a fornecer mais informações. "Algo mais?" é outro convite para mais conversa.

5
RESOLUÇÃO DE PROBLEMAS

RESOLUÇÃO DE PROBLEMAS

Nossos filhos se tornaram imunes à dominação dos adultos no processo de uma evolução democrática que lhes proporcionou um senso de igualdade.

— Rudolf Dreikurs

Aproveite os desafios diários como oportunidades para praticar a resolução de problemas *com* seus filhos.

1. Faça sessões de *brainstorming* (levantamento de ideias/tempestade de ideias) para encontrar soluções durante reuniões de família ou com um filho.
2. Faça perguntas curiosas para convidar seu filho a explorar soluções.
3. Quando seus filhos começarem a brigar, diga a eles para resolverem sozinhos e voltarem com um plano.
4. Faça uma lista das tarefas que precisam ser realizadas e convide seus filhos a criarem um plano. Esteja disposto a experimentar o plano deles por uma semana.

Jane

As crianças são ótimas solucionadoras de problemas quando damos a elas a oportunidade de fazer *brainstorming* e encontrar soluções. Podemos usar os desafios diários (e é da natureza dos pais e filhos terem muitos) como oportunidades para praticar a resolução de problemas com nossos filhos.

Em um verão, fomos fazer uma trilha com vários amigos. Nosso filho de 10 anos, Mark, foi muito cooperativo e carregou sua mochila por quase dez longos quilômetros até o cânion. Quando estávamos nos preparando para a longa e íngreme subida de volta, Mark reclamou de como sua mochila estava desconfortável. Seu pai fez uma piada, dizendo: "Você aguenta carregá-la. Você é filho de um ex-fuzileiro". Mark estava com tanta dor que não achou isso muito engraçado, mas começou a subir mesmo assim. Ele não tinha ido muito longe na nossa frente quando ouvimos sua mochila rolar colina abaixo em nossa direção. Eu pensei que ele tivesse caído e perguntei, com preocupação, o que tinha acontecido.

Mark chorou de raiva: "Nada! Isso dói!". Ele continuou a subir sem sua mochila.

Todos os outros observaram isso com interesse. Um adulto ofereceu-se para carregar a mochila para ele. Eu estava me sentindo muito envergonhada – e tinha a pressão social adicional de ter escrito um livro sobre Disciplina Positiva!

Rapidamente superei meu ego e lembrei que a coisa mais importante era resolver o problema de uma maneira que ajudasse Mark a se sentir encorajado e responsável. Primeiro, pedi ao restante do grupo que por favor continuasse a trilha à frente para que pudéssemos resolver o problema em particular.

Eu disse a Mark: "Aposto que você está muito bravo porque não prestamos muita atenção quando você tentou nos dizer que sua mochila doía antes mesmo de começarmos".

Mark disse: "Sim, e eu não vou carregá-la".

Eu disse a ele que não o culpava e que me sentiria exatamente da mesma maneira naquelas circunstâncias.

Seu pai pediu desculpas e pediu outra chance para resolver o problema.

Mark visivelmente deixou de lado sua raiva. Ele agora estava disposto a cooperar. Ele e seu pai descobriram uma maneira de enfiar seu casaco sobre a parte dolorida para amortecer a mochila. Mark carregou a mochila pelo resto do caminho com muito poucas reclamações, todas menores.

Mary

Se há algo que aprendi, é que não consigo resolver problemas quando estou em um estado mental descontrolado. Minha família e eu fomos lembrados de que, quando estamos em nosso "cérebro reptiliano", não há pensamento racional acontecendo.

Tenho servido de exemplo para meus filhos demonstrando que preciso "esfriar a cabeça" e fazer uma pausa positiva. Preciso me acalmar, o que também lhes dá tempo. É após esse período para "esfriar a cabeça" que conseguimos mudar para o modo de resolução de problemas, encontrar soluções, fazer um *brainstorming* e fazer simulações.

Um dia, quando meu filho mais velho tinha 5 anos e seu irmão mais novo tinha 3, recebi um convite de última hora de um corajoso pai do bairro para levar meus dois filhos a um passeio à noite. Meu primeiro instinto, é claro, foi dizer: "Sim, com certeza!". Mas depois comecei a hesitar sobre como eles poderiam se comportar. A palavra favorita de Reid na época era "idiota" (bom, mas essa é outra história completamente diferente). Coincidentemente, parecia que ele estava dizendo essa palavra naquele dia mais do que o habitual. Além disso, pareciam estar brigando mais do que o normal e não ouvindo.

De qualquer forma, em vez de negar a eles (e a mim) o passeio, decidi fazer uma pequena reunião de família e algumas simulações sobre seu comportamento e minhas expectativas para eles. Foi tão fofo ver meu filho de 5 anos liderar as simulações e as várias ideias de resolução de problemas que eles tiveram para a noite.

Por exemplo, eu perguntei a eles: "O que vocês farão se seu amigo não quiser compartilhar o brinquedo com o qual ele está brincando?".

Greyson respondeu: "Se ele não quiser compartilhar, vou perguntar com quais brinquedos posso brincar ou quando será minha vez".

Em seguida, continuei perguntando: "O que acontecerá se o Reid disser 'idiota'?"

Greyson disse: "Vou sussurrar em seu ouvido e lembrá-lo de que usamos a palavra 'bobo' em vez disso".

Então fizemos simulações do cenário do jantar e praticamos nossas boas maneiras. Eu estava começando a me perguntar se tinha ido um pouco longe demais com toda essa conversa e simulações.

Depois que tudo foi dito e feito, meu vizinho disse que eles tiveram uma ótima noite e que meus meninos se comportaram muito bem. Fiquei orgulhosa, aliviada e impressionada com a eficácia de nossas simulações de resolução de problemas.

Brad

Fazemos a maioria das resoluções de problemas durante nossa reunião de família semanal. No álbum da reunião de família (disponível em www.positivediscipline.com), há uma planilha de resolução de problemas. O formato da planilha é:

1. Anote o problema ou desafio.
2. Faça uma lista de ideias. (É importante anotar todas as ideias, mesmo as bobas.)
3. Escolha uma solução.
4. Faça um acompanhamento na próxima semana para ver como funcionou.

Peguei nosso álbum de reuniões de família e olhei algumas das planilhas de resolução de problemas passadas. Foi bastante divertido. Aqui estão dois exemplos:

Problema 1: Vaso sanitário

Quando se tem meninas e meninos em uma casa, inevitavelmente haverá problemas com a forma como os meninos usam o vaso sanitário. Emma trouxe o problema dos meninos que ou erram o vaso sanitário ou não dão descarga.

Entre as ideias que tivemos estavam:

1. Mirar melhor.
2. Não beber tanta água.
3. Gibson pode fazer xixi no quintal.
4. Usar o banheiro lá embaixo.
5. Novo vaso sanitário para o banheiro.

A solução escolhida foi usar o banheiro lá embaixo. Em nosso acompanhamento de uma semana, Emma relatou que a solução estava funcionando muito bem!

Problema 2: Gibson batendo em Emma
Para esse problema, nós tivemos as seguintes ideias:

1. Usar uma camiseta do bom relacionamento (a ideia vem de uma foto popular nas redes sociais de duas crianças brigando forçadas a usar a mesma camiseta).
2. Dar um castigo a Gibson.
3. Morar em andares separados da casa.
4. Matricular Emma em aulas de caratê.
5. Emma parar de xingar Gibson.
6. Gibson parar de ser tão sensível.
7. Gibson sair do quarto para se acalmar.

A solução escolhida foi Gibson sair do quarto para se acalmar. No acompanhamento de uma semana, houve consenso de que isso funcionou bem uma vez, mas que o problema deveria ser discutido novamente. Como você pode ver, esse acordo exigia um acompanhamento adicional.

Revisitamos a folha de resolução de problemas, olhamos para as ideias que havíamos sugerido anteriormente e decidimos usar uma outra versão da mesma solução. Em vez de Gibson sair do quarto até que ele pudesse se acalmar, pensamos que seria útil se Emma saísse do quarto.

Quando fizemos o acompanhamento na semana seguinte, Emma relatou que sair do quarto quando Gibson a estava incomodando funcionou muito bem. Simples, mas eficaz.

História de sucesso de Oakland, Califórnia

Quintas-feiras são os dias de aulas de piano para duas filhas minhas. A babá delas as busca na escola e as leva direto para as aulas de piano, então elas precisam arrumar os livros de piano de manhã e levá-los para a escola.

Nessa manhã em particular, era hora de ir para o carro e os livros de piano ainda não estavam na mochila. Eu lembrei minhas filhas de guardá-los na mochila. Jessie obedeceu sem reclamar. Serena, por outro lado, achou que sua mochila já estava cheia demais e pediu para Jessie guardar os livros de piano dela.

Jessie disse não: "Hoje é dia de artes e eu quero deixar espaço na minha mochila para os meus projetos de arte".

Serena protestou: "Sua mochila está vazia. Minha mochila está superpesada. Olha só!".

Serena tentou colocar sua mochila na irmã. Jessie se afastou e disse: "Pare com isso, Serena. Eu quero deixar espaço na minha mochila hoje".

"Vamos, Jessie, não seja tão má", respondeu Serena. "Você tem bastante espaço lá. Além disso, eu sempre esqueço meus livros de piano. Se eu colocá-los no meu armário na escola, vou esquecê-los."

Jessie não respondeu e começou a descer as escadas da cozinha para a garagem. Do topo das escadas, Serena jogou sua bolsa de livros de piano na irmã, acertando-a na cabeça. Jessie começou a chorar e a esfregar a cabeça.

Você deve estar se perguntando: "Onde estava a mãe?". Eu estava ao pé da escada, assistindo a tudo isso em choque. Decidi intervir.

"Nossa, o que foi isso? Tenho quase certeza de que ouvi Jessie dizer não! Está bem... agora eu só preciso ficar quieta por um minuto porque estou muito brava!"

Após alguns segundos respirando profundamente, eu disse: "Sinto muito que isso tenha acontecido. Jessie, você precisa de uma bolsa de gelo?".

Jessie balançou a cabeça chorando e seguiu em direção ao carro. Todas estávamos em silêncio (ou chorando baixinho) enquanto entrávamos no carro. Mas assim que entramos Serena disse: "Jessie, por que você não pode simplesmente levar meus livros de piano?".

Eu tinha me acalmado bem até aquele ponto, mas então perdi a paciência: "Você está de brincadeira, Serena? Você acabou de acertar a Jessie na cabeça com seus livros e agora volta a importuná-la? Como isso ainda pode ser sobre você?".

"Mas mamãe..." – Serena tentou me interromper.

"Você acabou de acertá-la na cabeça! Talvez a melhor coisa a dizer agora seria 'Desculpe por ter te acertado. Você está bem?'. Que tal isso?" – eu sugeri, frustrada.

Em uma voz robótica e monótona, Serena disse: "Desculpe por ter te acertado. Você está bem? Agora, você vai levar meus livros?".

Chocada, eu intervim novamente: "Serena! Eu ouvi 'não' várias vezes até agora. Parece que você vai ter que encontrar outra solução. Consegue fazer isso? Ou você precisa de ajuda?". Nós saímos da garagem e comecei a dirigir para a escola.

Jessie deu uma sugestão: "Que tal você escrever um bilhete para si mesma?". Serena rapidamente rejeitou.

Então eu ofereci uma: "Que tal colocar seus livros de piano na mochila depois de tirar seu fichário?".

Mais uma vez Serena recusou. "Eu carrego minha mochila para todas as aulas. Isso não vai funcionar".

Então, após respirar fundo, eu disse: "Serena, eu sei que você é criativa e habilidosa. O que você poderia fazer para se lembrar de levar seus livros de piano?".

E Serena respondeu: "Jessie poderia levar meus livros".

"Certo!" eu disse. "Vou parar o carro e esperar até você desistir dessa ideia, Serena."

Eu parei o carro na beira da estrada e esperei, fervendo de raiva mas em silêncio. Após cerca de dois minutos Serena disse: "Tudo bem! Vou espremer meus livros de piano na minha mochila! Vamos logo". Nesse momento, seus olhos estavam cheios de lágrimas.

"Obrigada, Serena", eu disse e voltei para a estrada.

Após alguns momentos, embora eu tentasse, não consegui resistir a dar um sermão: "Sabe, Serena, às vezes você só precisa aceitar um não como resposta. Não entendo por que isso é tão difícil para você. Você não consegue sempre o que quer na vida, e você tem que seguir em frente de qualquer forma... blá-blá-blá".

Finalmente chegamos à escola e eu parei para deixar minhas filhas saírem. Virei-me para dizer adeus, mas Serena já estava fora do carro, parecendo magoada e zangada. Ela me virou as costas e entrou na escola.

Eu me afastei da calçada me sentindo bem mal e continuei a repensar todo o episódio enquanto dirigia para o trabalho. O que eu poderia ter feito de diferente? Por que Jessie não quis ajudar? O que tornou tão difícil para Serena cooperar? Por que eu não consegui pensar em algo mais útil?

Eu liguei para minha amiga e colega de Disciplina Positiva Lisa Fuller para ouvir sua perspectiva. Após ouvir minha história, ela me disse que eu tinha feito um trabalho muito bom sob circunstâncias difíceis e conseguia pensar em pouco para fazer de diferente. Nós começamos olhando para todas as coisas que eu tinha feito bem, como morder a língua e respirar fundo quando estava brava, encorajar Serena mostrando confiança na sua capacidade de encontrar uma solução construtiva, convidar à resolução de problemas com perguntas do tipo "o quê" e "como", além de ser gentil e firme ao parar o carro.

Então identificamos algumas coisas que eu poderia ter feito melhor, como ter empatia por Serena e pular o sermão – ou pelo menos deixá-lo para depois quando estivéssemos ambas calmas.

E então Lisa disse: "Sabe, você pode levar um cavalo até a água, mas não pode fazer ele beber".

Uau! Excelente ponto.

Aqui estava eu, examinando tudo que tinha feito certo ou errado, pensando que eu tinha controle sobre o resultado, mas minhas filhas também tinham responsabilidade sobre como aquela manhã se desenrolou. Eu tentei ajudá-las a encontrar uma solução construtiva para o problema, mas no final não pude fazê-las "fazerem a coisa certa". A manhã não correu muito bem, mas, assim como tudo, a experiência foi uma lição de vida para todas nós.

E aqui estava minha lição: eu não posso fazer minhas filhas serem compreensivas, gentis ou respeitosas. Eu posso preparar o terreno, ensiná-las e ser um exemplo da melhor forma que eu puder. Eu também tenho que aceitar quando elas falharem, e acreditar que elas estão aprendendo algo no processo, assim como eu fiz.

— Marcilie Smith Boyle, Trainer Certificada em Disciplina Positiva

DICAS DA FERRAMENTA

1. Reserve um tempo para ensinar a fazer *brainstorming* – e para se divertir com ideias malucas e divertidas, assim como ideias práticas e respeitosas.
2. Após o *brainstorming*, envolva as crianças na eliminação das sugestões que não são práticas, respeitosas e úteis.
3. As crianças tendem a seguir soluções que elas ajudaram a criar.

CUMPRIR OS ACORDOS

As pessoas, cedo ou tarde, devem concordar com algo — mesmo que seja em discordar.

— Rudolf Dreikurs

1. Tenha uma discussão em que cada pessoa possa expressar seus sentimentos e pensamentos sobre um assunto.
2. Faça um *brainstorming* das soluções e escolha uma com a qual todos concordem.
3. Entrem em acordo sobre o período em que experimentarão essa solução.
4. Se o acordo não for seguido, evite julgamentos e críticas. Use sinais não verbais ou pergunte: "Qual foi o nosso acordo?".
5. Se o acordo ainda assim não for seguido, repita a partir do passo 1.

Jane

Nas minhas aulas, adoro pedir a um voluntário para representar o papel de uma criança enquanto eu demonstro os seguintes passos sobre o desafio de fazer as crianças cumprirem seus acordos — neste caso, sobre esvaziar a máquina de lavar louça.

Quatro passos para acordos respeitosos

1. Tenha uma discussão amigável em que todos possam expressar seus sentimentos e pensamentos sobre o assunto.
2. Faça um *brainstorming* de soluções possíveis e escolha uma com a qual você e seu filho concordem.
3. Concorde com um prazo específico (em minutos).
4. Entenda as crianças o suficiente para saber que o prazo provavelmente não será cumprido, então simplesmente prossiga com sua parte do acordo, responsabilizando-as. (Não representamos este último passo, mas sua importância é discutida mais tarde.)

Então eu preparo a cena 2, pedindo à pessoa que está fazendo o papel da criança para agora fingir que está profundamente envolvida em jogar *videogame*, enquanto eu faço o papel do pai/mãe.

Quatro dicas para um acompanhamento eficaz

1. Mantenha os comentários simples e concisos: "Notei que você não esvaziou a máquina de lavar louça. Por favor, faça isso agora".
2. Em resposta a objeções, pergunte: "Qual foi o nosso acordo?".
3. Em resposta a mais objeções, feche a boca e use comunicação não verbal. Aponte para o seu relógio. Sorria com ar de compreensão e um olhar de "boa tentativa". Dê um abraço no seu filho e aponte para o relógio novamente.
4. Quando seu filho concordar em cumprir o acordo (o que ele ou ela fará se você repetir o passo 3 por tempo suficiente), diga: "Obrigado por cumprir nosso acordo".

Geralmente, alguns pais interrompem e me dizem que isso não funcionaria com o filho deles. É quando eu passo pelos próximos quatro passos, verificando com a criança quão bem segui cada um.

Quatro armadilhas que atrapalham um acompanhamento eficaz

1. Querer que as crianças tenham as mesmas prioridades que os adultos. Esvaziar a máquina de lavar louça geralmente não está nem perto da lista de prioridades de uma criança. (Eu pergunto à criança se esvaziar a máquina de lavar louça está no alto de sua lista de prioridades. Geralmente não está muito no alto, se estiver na lista.)
2. Fazer julgamentos e críticas em vez de se ater ao problema. (Eu pergunto à criança se em algum momento ela sentiu que eu a estava julgando ou criticando, ao que ela responde não.)
3. Não conseguir acordos antecipados que incluam um prazo específico. Incluir o horário específico torna menos provável que as crianças sintam que podem escapar disso. (Eu pergunto à criança quão importante foi ter concordado com um horário específico. A resposta é "Muito".)

4. Não manter a dignidade e o respeito pela criança e por si mesmo. (Eu pergunto à criança se houve algum momento em que falhei em demonstrar respeito por ela e por mim mesma. A resposta é "Não".)

Neste ponto, a reclamação dos observadores é que eles não querem ter que lembrar seus filhos. Eles querem que eles sejam responsáveis.

Eu pergunto brincando: "Como está funcionando para você?".

Claro que não está funcionando, mas a maioria dos pais prefere continuar fazendo o que não funciona (reclamar, punir, dar sermões) repetidamente em vez de usar seu tempo e esforço para seguir de forma gentil e firme com os acordos.

Se as crianças fossem responsáveis, por que elas precisariam de você? Você não notou como magicamente elas se tornam responsáveis quando crescem e têm seus próprios filhos para cuidar?

Vamos continuar nos referindo a um princípio básico da Disciplina Positiva: ajudar as crianças a desenvolverem habilidades sociais e de vida valiosas e uma forte crença em sua capacidade pessoal. Apoiar seus filhos envolvendo-os em acordos, fazendo o acompanhamento e permitindo que eles aprendam com os erros não significa que você é um mau pai/mãe. Significa que você é um pai/mãe corajoso que está permitindo que seu filho desenvolva coragem – e, por fim, responsabilidade.

Brad

Acordos e resolução de problemas andam de mãos dadas. O objetivo da resolução de problemas é encontrar uma solução. Muitas vezes essa solução é um acordo. Após o acordo ser feito, é hora de cumpri-lo.

Isso surgiu a respeito das tarefas domésticas. No começo, quando tentamos descobrir como dividir as tarefas, eu fiz as crianças criarem uma roda de tarefas. Até que eles se cansaram disso, e eu me cansei de constantemente lembrá-las. Então colocamos o problema na pauta da reunião de família.

Começamos a fazer *brainstorming* de soluções para conseguir que as tarefas domésticas fossem feitas sem lembretes. Enquanto a ideia escolhida da nossa primeira sessão de *brainstorming* não foi bem-sucedida e exigiu muito acompanhamento da minha parte (nenhuma tela até que as tarefas estivessem concluídas), a ideia que escolhemos na nossa segunda sessão de *brainstorming* foi um sucesso.

Nós jogamos muitos jogos de tabuleiro em nossa casa, então alguém teve a ideia de usar dados para as tarefas diárias da família. Criamos uma lista das tarefas que precisavam ser feitas e as numeramos de 1 a 5. O número 6 representava um dia de folga. Todos os dias, as crianças chegavam da escola e rolavam um dado. Qualquer número que saísse, elas fariam aquela tarefa da lista – ou, se tivessem sorte o suficiente para tirar um 6, ganhariam o dia de folga.

Meus filhos mal podiam esperar para chegar em casa e rolar o dado. Não foi necessário nenhum lembrete da minha parte, e as tarefas foram feitas.

Mary

Essa ferramenta me ajudou a perceber o quanto meu marido e eu decidimos quais devem ser os acordos e depois fazemos nossos meninos dizerem que "concordam" – de boa vontade ou não. Então eu continuo dizendo: "Qual foi o nosso acordo?", mesmo que eles nunca tenham realmente participado da elaboração do acordo. Teria sido mais correto dizer: "Isso não é o que eu te disse para fazer. Por que você não escuta?".

É embaraçoso como eu posso esquecer com frequência que um dos conceitos mais importantes da Disciplina Positiva é envolver seus filhos na resolução de problemas. Quanto mais envolvidos eles estiverem, mais provável será que cumpram – especialmente quando se trata de acordos.

Recentemente, percebi que estava ressentida com meus meninos por quererem ver TV o tempo todo. Toda vez que era para desligá-la, eu recebia reclamações de um deles ou de todos os três. Eu estava prestes a proibir a TV por completo, mas então percebi que nunca tínhamos realmente chegado a um acordo. Hora de começar de novo:

EU: Meninos, eu percebo o quanto vocês gostam de ver TV e como é fácil se acomodar e não querer fazer mais nada quando ela está ligada. É importante para mim que tenhamos uma rotina pacífica e pontual na hora de dormir. Em vez de eu ficar chateada com vocês por não desligarem quando eu digo que é hora, eu adoraria ouvir o que vocês pensam.

GREYSON: Nós simplesmente não gostamos quando você desliga enquanto estamos no meio de um programa.

EU: Isso faz sentido. Eu também ficaria chateada se estivesse no meio de um programa e tivesse que me preparar para dormir.

REID: Que tal, em vez de nos dar um aviso de cinco minutos, você nos dar um aviso de trinta minutos, ou nos avisar que precisamos desligar no próximo comercial?

EU: E se vocês não desligarem no nosso horário combinado?

MENINOS: Então você pode desligar, e nós não vamos te dar trabalho... prometemos.

EU: Isso parece extremamente justo. Eu até me ofereço para gravar o programa para que vocês possam terminar de assistir no dia seguinte.

Nosso acordo tem sido extremamente bem-sucedido. Eu sei que tem muito a ver com o fato de termos chegado a um acordo juntos, e que os meninos se sentiram ouvidos e respeitados. É incrível o quanto de cooperação pode acontecer quando o respeito mútuo está envolvido.

História de sucesso de Monroe, Washington

Acordos são uma ferramenta importante em nossa casa. Eu amo como o processo se desenrola, permitindo um controle compartilhado dentro do contexto de uma certa expectativa.

Um acordo que surgiu na minha casa (e precisa ser revisado o quanto antes) é sobre mensagens de texto. Minha filha, agora com quase 13 anos, queria baixar um aplicativo de mensagens no iPad dela. Eu disse não, mas ela insistiu na questão continuamente. Ficou claro que eu estava mantendo o controle pelo simples fato de manter o controle, e não estava realmente ouvindo ela. Então fizemos um acordo.

Eu compartilhei com ela quais eram os meus medos: que ela se tornasse obcecada por mensagens de texto, que isso abrisse a porta para tudo que poderia dar errado. Então, ela teve a chance de compartilhar comigo por que queria poder enviar mensagens – basicamente, era uma maneira divertida de se manter conectada com os amigos.

Começamos o processo de *brainstorming*. Foi aqui que compartilhei com ela a ideia da contraproposta. Eu disse: "Vamos começar compartilhando como cada uma de nós gostaria que fosse, e então fazer ajustes para chegar a um ponto em que ambas possamos concordar".

Então ela começou com: "Eu posso enviar mensagens para meus amigos quando eu quiser". Eu contrapropus com: "Você não precisa enviar mensagens".

Ah! Ela me olhou, horrorizada, e então eu disse: "Faça uma contraproposta".

Ela então disse: "Eu posso enviar mensagens para meus amigos entre a volta da escola e o jantar".

Eu contrapropus com: "Você pode enviar mensagens para amigos depois que sua rotina da tarde estiver terminada, e apenas por meia hora".

Isso continuou com idas e voltas até finalmente encontrarmos um ponto de acordo mútuo.

Isso também me ajudou a perceber que enviar mensagens para ela era como usar o telefone para mim. E, quando eu tinha a idade dela, eu ficava muito ao telefone com meus amigos. Ela não queria enviar uma mensagem apenas por enviar; ela realmente queria ter conversas com seus amigos. Eu me senti uma idiota.

Então concordamos que ela poderia passar os primeiros vinte minutos após chegar em casa enviando mensagens para amigos. Depois disso, ela faria sua rotina, e então poderia usar o resto do seu tempo de tela (outro acordo previamente feito) para enviar mensagens.

O que eu amo nesse processo é que ele não é algo fixo. Nós revisitamos, ajustamos e revisamos os acordos que fazemos o tempo todo. E isso, no final das contas, é do que se trata! Por meio desse processo, as crianças estão usando sua voz, se sentindo ouvidas, praticando habilidades de negociação e realmente explorando o espaço de projetar sua experiência. Minha disposição para estar aberta, disponível e sem julgamentos permite um relacionamento mais forte e autêntico.

— Casey O'Roarty, Trainer Certificada em Disciplina Positiva

DICAS DA FERRAMENTA

1. Você vai se sentir péssimo se esperar que seus filhos lembrem de fazer coisas que estão na sua lista de prioridades, mas não na deles.
2. Se as crianças fossem responsáveis, elas talvez não precisassem de pais; e elas precisam de pais por pelo menos dezoito anos.
3. Fazer o acompanhamento com um lembrete gentil e firme é mais fácil e eficaz do que ficar insistindo.

PEÇA AJUDA

O desejo de serem "boas" mães as torna as piores mães. Essas "boas" mães são a tragédia da América.

— Rudolf Dreikurs

Dizer às crianças que elas são capazes não é eficaz. Elas devem ter experiências nas quais se sintam capazes.

1. As crianças se sentem capazes, pertencentes (aceitas) e importantes quando contribuem.
2. Procure por todas as oportunidades para dizer: "Eu preciso da sua ajuda".
3. Certifique-se de informar às suas crianças o quanto você aprecia a ajuda delas.

Jane

Mães (e pais) não percebem o quanto podem danificar o caráter de seus filhos quando fazem demais por eles em nome de ser um bom pai ou mãe, e em nome do amor.

Quando os pais fazem tudo pela criança, é provável que a criança decida: "Eu não sou capaz", ou "Amar significa fazer os outros fazerem coisas por mim". Então os pais se perguntam: "Por que meu filho age de maneira tão exigente depois de tudo que fiz por ele?".

Alfred Adler ensinou que a medida de uma boa saúde mental era o nível de *Gemeinschaftsgefühl*, uma palavra alemã que ele cunhou. A palavra tem tanto significado que é difícil traduzi-la, mas "consciência social" e "interesse social" se aproximam. Adler acreditava que pessoas mentalmente saudáveis tinham o desejo de contribuir para sua comunidade social, começando pela família. Pesquisas continuam provando o que Adler ensinou: permitir que as crianças façam contribuições significativas em suas casas é a chave para o desenvolvimento de um senso saudável de autoestima e capacidade.

Brad

Essa ferramenta é usada mais frequentemente na hora do jantar. Eu admito que não sou o melhor *chef* do mundo. Minha comida dá azia nas pessoas. Então, quando peço aos meus filhos para ajudarem a preparar o jantar, eles ficam mais do que felizes em ajudar.

Recentemente, minha filha recebeu a tarefa de planejar e preparar os jantares em casa por duas semanas. Foram as melhores duas semanas de refeições que já tivemos em nossa casa. E vocês deveriam ter visto como minha filha irradiava orgulho todas as noites no jantar!

Mary

Acredito que o desejo de ajudar começa em uma idade precoce – assim que começam a andar e falar. Tenho memórias vívidas dos meus três meninos dizendo: "Eu faço".

Sim, requer muita paciência e algum treinamento, mas quanto mais meus meninos faziam, mais confiantes eles se tornavam. Abaixo está uma lista de exemplos que você pode tentar e que funcionaram em nossa casa.

Ajuda de crianças de 1 ano

- Guardar as fraldas e jogá-las no lixo.
- Recolher os brinquedos (muito exemplo de como fazer).
- Limpar sujeira com lenços umedecidos.
- Dar beijinhos nos machucados e oferecer um abraço quando alguém está machucado ou se sentindo mal.

Ajuda de crianças de 2 anos

- Colocar o cinto de segurança no carro (ou pelo menos tentar).
- Misturar a massa para bolinhos (inclusive quebrar os ovos).
- Vestir-se sozinhos, começando por pijamas (provavelmente precisarão de ajuda com zíperes, botões e fechos).
- Retirar seus pratos da mesa.
- Guardar os brinquedos.

- Apertar os botões na lavadora e secadora.
- Dobrar roupas (começando com panos de prato e meias).
- Empurrar o carrinho (ou pelo menos tentar).
- Carregar compras (certifique-se de empacotar algumas sacolas leves).
- Procurar itens no supermercado (p. ex., pedir ajuda para encontrar o leite, bananas ou pão).
- Varrer e limpar (ter utensílios adequados para mãos pequenas, como uma vassoura de tamanho infantil ou um pequeno borrifador cheio de água, ajuda a se sentirem contribuindo com as tarefas domésticas).
- Jogar lixo fora (crianças pequenas adoram jogar coisas no lixo).
- Lavar seu próprio corpo e cabelo no banho.

Ajuda de crianças de 7 e 9 anos

- Ajudar a fazer listas de compras.
- Ajudar na preparação das refeições.
- Dobrar e guardar a roupa lavada.
- Colocar o lixo para fora para ser recolhido.
- Limpar seus quartos (este requer o uso de muitas ferramentas de Disciplina Positiva).
- Retirar os pratos nas refeições.
- Esvaziar a lava-louças.
- Passar o aspirador ou varrer.
- Varrer folhas.
- Embrulhar presentes para festas de aniversário.
- Preparar sacolas com comida para os sem-teto.
- Fazer decoração de festas típicas ou religiosas.

Algumas dessas tarefas são feitas com mais entusiasmo do que outras. Seria mais fácil fazer muitas delas eu mesma, mas eu mantenho os resultados de longo prazo em mente. Eu quero que meus meninos sejam membros contribuintes da sociedade, não mimados. Algum dia as esposas dos meus meninos me agradecerão.

Uma dica importante a lembrar: estou fazendo as listas citadas *com* meus filhos. A ferramenta envolve pedir ajuda – não fazer você mesmo.

Meus meninos amam beisebol, e eu adoro ser mãe de jogadores de beisebol. Criamos um lema: Não há "eu" em equipe. O acrônimo TEAM (EQUIPE em português) (*together everyone achieves more*) significa "juntos todos alcançam mais". Quando trabalhamos juntos, todos sentimos um senso de trabalho em equipe.

História de sucesso de Union City, Pensilvânia

Minha filha estava exausta, e após o banho ela apenas chorava e não ficava quieta. Eu tentei colocar a fralda nela, tentei distraí-la com um balão, tentei dar a ela um livro para ler, mas ela correu e subiu no sofá.

Então, achando que não tinha nada a perder, respirei fundo e disse: "Leni, a mamãe precisa da sua ajuda!". Ela me olhou desconfiada. "Você precisa vestir seu pijama, mas eu não consigo colocá-lo a menos que você me ajude. Você pode me mostrar onde seu braço vai?"

Ela parecia curiosa, mas eu não tinha certeza se ela iria aceitar.

"Seu braço vai aqui?" Eu segurei a manga e ela estendeu o braço e sorriu. Então eu pedi para ela me mostrar como colocar uma fralda. Eu deslizei a fralda por baixo dela, e ela ficou quieta e disse "prende" para me dizer quando prendê-la. Então eu coloquei uma perna no pijama dela, e ela colocou a outra perna por conta própria e disse "fecha", e eu fechei. Naquele momento ela tinha um grande sorriso no rosto!

Fiquei tão surpresa que realmente funcionou! Tenho notado muito menos conflito no geral desde que comecei a tentar fazer com que ela "ajude" com tarefas como carregar coisas do ou para o carro, guardar as compras, e até sentar no balcão e me ajudar a misturar a massa do pão ou algo assim. Então, em vez de esperar que ela simplesmente fique fora do caminho, tento envolvê-la no que estou fazendo. Parece tão óbvio, mas eu não pensava dessa maneira antes de começar a ler livros sobre parentalidade. Era apenas frustração constante e eu me perguntava: "Por que ela não me deixa fazer nada?" Eu só queria ter descoberto isso antes!

— Lilly Himrod

DICAS DA FERRAMENTA

1. Deixe que seu objetivo mais importante seja proporcionar oportunidades para seus filhos se sentirem capazes e aprenderem a alegria interna de contribuir.
2. Esteja ciente das crenças que as crianças formam quando lhes são dadas oportunidades de se sentirem capazes — e das crenças que formam quando muito é feito por elas.
3. Crianças geralmente respondem a pedidos sinceros de ajuda.
4. Mesmo quando as crianças resistem a contribuir inicialmente, elas ficam com um sentimento de capacidade e realização quando o fazem.

FOCO EM SOLUÇÕES

Às vezes o problema pode até ser resolvido discutindo-o com as crianças e vendo o que elas têm a oferecer.

— Rudolf Dreikurs

Em vez de focar a culpa, foque as soluções.

1. Identifique um problema.
2. Faça um *brainstorming* de tantas soluções quanto possível.
3. Escolha uma que funcione para todos.
4. Experimente a solução por uma semana.
5. Após uma semana, avalie. Se não funcionar, comece de novo.

Jane

É muito comum perguntarem: "Que punição deve ser aplicada por esse comportamento?". Essa é a pergunta errada. A punição é projetada para fazer as crianças pagarem pelo que fizeram no *passado*.

"Qual é a solução que resolverá este problema?" é uma pergunta melhor. Focar as soluções ajuda as crianças a aprenderem para o *futuro*.

Ensinar as crianças a focarem as soluções é uma ótima habilidade de vida. Outra pergunta a ter em mente é: "Qual é o problema e qual é a solução?".

Esteja preparado para a resistência inicial. As crianças não sabem quão capazes elas são quando não lhes são fornecidas oportunidades para descobrir e praticar suas habilidades de resolução de problemas. Se seu filho disser: "Eu não sei", responda dizendo: "Tire um tempo para pensar sobre isso. Você pode me dizer o que descobriu em alguns minutos".

Claro que ajuda se você estiver tendo reuniões de família regulares nas quais eles estão praticando suas habilidades de resolução de problemas semanalmente, e se você estiver fazendo com regularidade perguntas curiosas que convidam seu filho a pensar e a buscar soluções.

Mary

Havia dois ditados da Disciplina Positiva que foram incutidos em minha mente enquanto eu crescia: (1) erros são maravilhosas oportunidades para aprender, e (2) estamos procurando por culpa ou estamos procurando por soluções?

Uma das minhas memórias favoritas da infância é de minha mãe reclamando dos pratos que foram deixados na pia. Meu irmão rapidamente respondeu: "Você está procurando por culpa ou está procurando por soluções?".

Acho que tudo o que minha mãe conseguiu dizer foi: "Ponto para ele".

Esta semana eu fiz questão de repetir essa mesma pergunta: "Estamos procurando por culpa ou estamos procurando por soluções?". Eu interrompi meus meninos várias vezes quando eles estavam discutindo e gentilmente os lembrei que eu acreditava que eles poderiam encontrar uma solução para o seu problema. Se eles não conseguissem resolver o problema, nós pararíamos qualquer atividade que estivessem fazendo até que ambos pudessem concordar com uma ou várias soluções. Meu filho mais novo se juntou de bom grado ao "jogo" de resolver problemas e teve a ideia de usar um cronômetro. É ótimo ver as sementes que venho plantando há tanto tempo finalmente crescerem.

Focar soluções é a base para reuniões de familia bem-sucedidas. Isso ajuda os pais a evitarem a tentação de dar sermões sobre itens na pauta. Também ajuda as crianças a pararem de reclamar.

Brad

Uma das coisas mais importantes a lembrar quando se focam soluções é envolver seus filhos no processo. Aprendi isso da maneira difícil ao tentar encontrar uma solução para as roupas no chão do banheiro do meu filho.

Foco em soluções: Parte 1

Gibson estava tentando estabelecer um recorde no Guinness Book por roupas no chão do seu banheiro. Todas as manhãs eu observava a pilha de roupas no banheiro dele ficando cada vez maior, enquanto o cesto de roupas no quarto dele permanecia vazio. Decidi continuar a observá-lo em seu habitat natural por um tempo e ver se ele recolheria as roupas sem um lembrete da minha parte.

Foco em soluções: Parte 2

Meu filho talvez se saia bem no mundo, afinal de contas. Sem nenhum incentivo da minha parte, ele finalmente recolheu as roupas no banheiro e as moveu para o cesto no seu quarto. Claro, ele então começou uma nova pilha no chão do banheiro. Mas, embora ele não esteja seguindo o sistema com o qual concordamos, ele aparentemente tem um sistema. Às vezes acho que precisamos permitir que nossos adolescentes descubram essas coisas por conta própria, mesmo que não correspondam exatamente ao nosso cronograma ou método preferido.

Foco em soluções: Parte 3

No meu *blog*, algumas pessoas recomendaram colocar um cesto de roupas no banheiro do Gibson para resolver o problema das roupas no chão. Afinal, quão difícil poderia ser jogar as roupas em um cesto que está a meio metro de distância? Finalmente tive tempo de comprar um cesto, e você pensaria que o problema foi resolvido. Mas, no dia seguinte, havia mais roupas no chão do banheiro, bem ao lado do cesto novinho (mas vazio)!

Foco em soluções: Conclusão feliz

Você notou em todos os cenários anteriores quem *não* estava envolvido nas soluções? Eu nunca perguntei ao Gibson se ele tinha alguma ideia para resolver o problema. Finalmente, coloquei a questão na pauta da reunião de família.

Durante a reunião de família, perguntei ao Gibson se ele tinha alguma ideia de solução para o problema das roupas no chão do banheiro. Ele disse: "Claro – você poderia comprar um tapete de banheiro. Eu só coloco as roupas no chão para não ter que pisar no chão molhado quando saio do chuveiro". O quê? Você acredita como isso foi fácil? Era uma solução muito simples para o problema. Eu vinha lutando com o problema das roupas no chão do banheiro por semanas sozinho e tudo o que eu precisava fazer era envolver meu filho na busca pela solução. Após comprar o tapete de banheiro, consegui remover o cesto de roupas do banheiro e não tivemos mais roupas no chão desde então.

História de sucesso de Mission Viejo, Califórnia

O jantar em nossa casa costumava ser algo que todos nós temíamos. Meu filho mais novo sempre foi "chato pra comer".

A filosofia do meu marido é que você come o que é servido para você. A minha é que você não come o que não quer. Por um tempo, tentei fazer uma refeição separada para o nosso filho mais novo – que muitas vezes ficava intocada.

Finalmente paramos de procurar por culpa e nos focamos em encontrar uma solução que fosse respeitosa, razoável, relacionada e útil. Os resultados foram incríveis.

Decidimos que, enquanto eu fazia o jantar, nosso filho estaria lá comigo e cozinharia sua própria refeição usando os mesmos ingredientes. Ele tinha 6 anos na época.

Agora ele tem 15 anos e é um *chef* incrível. E algumas das minhas memórias mais preciosas são de passar tempo na cozinha com meu filho.

— Joy Sacco, Professora e Trainer Certificada em Disciplina Positiva

DICAS DA FERRAMENTA

1. Deixe-se surpreender pela capacidade das crianças de encontrar soluções quando são convidadas a fazê-lo.
2. Entenda que você está ajudando seus filhos a desenvolverem um senso de capacidade mais forte toda vez que eles são respeitosamente envolvidos em soluções.
3. Não espere que as soluções sejam mágicas e resolvam o problema para sempre. Assim que uma solução não funcionar mais, comece novamente para encontrar outra solução.

RODA DE ESCOLHAS

As crianças são nosso maior recurso inexplorado. Elas possuem uma riqueza de sabedoria e talento para resolver problemas quando as convidamos a fazê-lo.

— Rudolf Dreikurs

Usar a Roda de escolhas é uma maneira de ensinar a resolver problemas.

1. Faça um *brainstorming* (com seus filhos) de uma lista de possíveis soluções para conflitos ou problemas do dia a dia.
2. Em um gráfico em forma de pizza, escreva uma solução em cada fatia e deixe as crianças desenharem ilustrações ou símbolos.
3. Quando houver um conflito, sugira que as crianças usem a Roda de escolhas para encontrar uma solução que resolva o problema.

Jane

Focar soluções é um tema principal da Disciplina Positiva, e as crianças são ótimas em focar soluções quando lhes são ensinadas as habilidades e lhes é permitido praticá-las.

A Roda de escolhas oferece uma maneira divertida e emocionante de envolver as crianças no aprendizado e na prática de habilidades de resolução de problemas, especialmente quando elas participam da sua criação.

Certifique-se de que seu filho assuma a liderança principal na criação de sua própria Roda de escolhas. Quanto menos você fizer, melhor. Seu filho pode ser criativo e decidir se gostaria de desenhar imagens ou símbolos para representar soluções, ou encontrar imagens na internet. Depois, deixe seu filho escolher (dentro do razoável) onde pendurar sua Roda de escolhas.

Crianças mais velhas podem não querer criar uma roda, mas podem se beneficiar de fazer um *brainstorming* de ideias para focar soluções e escrevê-las em uma lista facilmente acessível. É útil quando você tem outras opções para encontrar soluções, como reuniões de família. Então, você pode oferecer uma escolha: "O que te ajudaria mais agora – sua Roda de escolhas ou colocar este problema na pauta da reunião de família?".

Ajudar seu filho a criar uma Roda de escolhas aumenta o senso de capacidade e autorregulação dele ou dela. Pela história da Mary, você entenderá por que é melhor solicitar que seus filhos criem sua própria Roda de escolhas do zero em vez de usar um modelo.

Mary

Foi muito divertido criar uma Roda de escolhas com meu filho Reid quando ele tinha 7 anos. Compramos alguns materiais com antecedência: cartolina, adesivos, canetas perfumadas, tesouras e papel colorido. Nenhum desses materiais é obrigatório, mas eu sabia que tornaria a atividade mais divertida.

Acabou sendo ainda mais vantajoso do que eu pensava porque o irmão dele de 3 anos, Parker, também queria participar. Ele se divertiu fazendo sua própria Roda de escolhas (mesmo que não a entendesse realmente). Isso foi uma ótima distração para o irmãozinho do Reid, que se sentiu envolvido no processo.

Comecei dizendo ao Reid: "Cite algumas coisas que você faz ou pode fazer quando está enfrentando um desafio".

Fiquei realmente impressionada com a facilidade com que o Reid conseguiu pensar em tantas soluções. Ele já vinha usando muitas dessas habilidades, então ele criou sua lista muito rapidamente.

1. Afastar-se ou ir para outro cômodo.
2. Respirar fundo.
3. Colocar na pauta da reunião de família.
4. Usar um tom de voz diferente.
5. Pedir ajuda para a mamãe ou o papai.
6. Contar até dez para se acalmar.
7. Apertar o "botão reiniciar" e tentar novamente.

Ele se divertiu escrevendo todas elas em seu gráfico de pizza. As canetas perfumadas aumentaram seu entusiasmo. Ele quis "praticar" escrevendo em um papel de rascunho antes de desenhar oficialmente em sua cartolina.

Adorei como ele lidou quando escreveu uma palavra errada ou quando seu círculo não saiu uniforme. Ele simplesmente riscou a palavra e a reescreveu. Fiquei tentada a dar minha opinião e intervir a fim de corrigir para ele, mas lembrei o quanto era importante que ele fizesse isso por si mesmo. Pude ver o orgulho no seu sorriso e seu pequeno movimento de dança feliz na cadeira. Fiquei aliviada quando o Reid permitiu pacientemente que seu irmãozinho participasse, adicionando adesivos ao seu projeto finalizado.

Reid estava muito orgulhoso quando segurou sua Roda de escolhas. Até o Parker estava orgulhoso. Os dois posaram para uma foto, e o Reid até quis que eu fizesse um vídeo enquanto ele a descrevia.

Cerca de duas horas depois, ele enfrentou seu primeiro desafio: seu irmão mais velho, Greyson, disse: "Reid cheira como um peido". Então ele começou a imitar tudo o que o Reid dizia.

Reid veio até mim e disse: "O Greyson continua me incomodando".

Eu disse: "Você está enfrentando um momento desafiador. Te ajudaria ir até a sua Roda de escolhas para escolher algo que você possa fazer?".

Ele foi até sua Roda de escolhas, olhou para ela, e fez seu próprio pequeno processo de eliminação. Ele disse: "Eu já me afastei e ele continua me seguindo. Estou pedindo sua ajuda".

Eu perguntei: "O que mais você poderia tentar?".

Reid começou a respirar fundo. Então ele disse: "Vou tentar pedir a ele, com uma voz calma, por favor, para parar, e deitar na cama enquanto você lê um livro para nós".

Funcionou!

Antes que eu pudesse até mesmo processar completamente esse momento mágico, todos os três meninos estavam deitados ao meu lado enquanto líamos um livro.

Uma das lições mais valiosas que aprendi foi que ele tinha as ferramentas e habilidades para resolver seus problemas sozinho. Saber que ele tinha sua Roda de escolhas me lembrou de não me envolver na resolução do problema. Afinal, me envolver não era uma das suas "soluções". (Sim, pedir minha ajuda era uma das suas soluções, e eu usei meu julgamento para saber se ele poderia encontrar alguma solução que não me envolvesse. Se ele estivesse em perigo físico, eu teria ajudado.)

História de sucesso da Dakota do Norte

Meu filho de 3 anos, Jake, criou uma Roda de escolhas com minha ajuda. Jake escolheu a coleção de figuras que queria para representar suas soluções. Ele a chamou de Roda de escolhas do Jake.

Não demorou muito até que ele tivesse uma chance de usá-la. Jake e sua irmã (de 17 meses) estavam sentados no sofá compartilhando um livro. Sua irmã pegou o livro e Jake imediatamente perdeu a paciência. Ele gritou com ela, pegou o livro de volta e a fez chorar. Ela pegou o livro de volta.

Eu entrei devagar e perguntei ao Jake se ele gostaria de usar sua Roda de escolhas para ajudar – e ele realmente disse sim! Ele escolheu "compartilhar seus brinquedos". Ele deu à sua irmã um livro que era mais apropriado para ela, e ela felizmente lhe devolveu seu livro. Eles ficaram lá por um tempo e depois trocaram.

É muito gratificante ter ferramentas que ajudam meus filhos a aprender a resolver problemas desde muito cedo.

— Laura Beth

História de sucesso de Bradenton, Flórida

Todo ano nós criamos uma Roda de escolhas na minha sala de aula. Em certo ponto do ano letivo, notei que a Roda de escolhas não estava sendo usada tanto quanto eu esperava. Portanto, ofereci à classe uma variação desse projeto para despertar interesse pela ferramenta. Eu estava pensando especialmente em um menino de 4 anos que sempre recusava meus convites para usá-la quando eu sabia que ele realmente precisava e poderia se beneficiar do seu uso.

As crianças fizeram suas próprias minirrodas portáteis com pequenos pratos de papel, selecionando, escrevendo e desenhando quatro de suas coisas preferidas para fazer quando precisavam resolver um problema. Depois, elas fizeram um furo e usaram um pedaço de lã para ajudá-las a usar suas rodas ao redor do pescoço.

Todos se divertiram muito fazendo sua própria roda e ficaram muito felizes com ela. O ato de criar e usar sua roda pessoal a tornou mais significativa, e surpreendentemente funcionou muito bem para o menino que eu tinha em mente.

Quando o menino levou sua Roda de escolhas portátil para casa, sua mãe me disse que ele estava muito animado sobre isso e compartilhou seu uso com ela e sua avó. Ela disse que não podia acreditar em seus olhos naquela noite quando o viu entrar em um conflito sobre algo com seu pai. O menino estava prestes a perder a paciência. Sua reação usual seria ter um ataque de birra. Em vez disso, ele correu direto para sua Roda de escolhas e disse: "Eu escolho me afastar". E ele se afastou!

— Saleha Hafiz, Educadora Parental Certificada em Disciplina Positiva

DICAS DA FERRAMENTA

1. Durante uma reunião de família, você pode querer praticar com desafios "fictícios" e encenar como seria uma solução da Roda de escolhas.
2. Estimule seu filho a criar outra roda chamada Roda de escolhas da raiva.
   - Estimule-o a compartilhar algumas maneiras desrespeitosas ou prejudiciais com que as pessoas expressam sua raiva. Anote-as em uma folha de papel.
   - Façam um *brainstorming* juntos de maneiras apropriadas para expressar a raiva. Deixe seu filho escolher suas favoritas para colocar em sua Roda de escolhas da raiva.
   - Quando seu filho estiver com raiva, você pode perguntar: "Te ajudaria usar a Roda de escolhas para encontrar uma maneira de expressar sua raiva?".

PERGUNTAS CURIOSAS (MOTIVACIONAIS)

Estimule as crianças a encontrarem soluções. Não diga a elas.

— Rudolf Dreikurs

Perguntar em vez de dizer convida as crianças a pensarem e a se sentirem capazes.

1. "O que você precisa fazer a fim de estar pronto para a escola a tempo?"
2. "Opa! O que você precisa fazer sobre o leite derramado?"
3. "Como você e seu irmão podem resolver esse problema?"
4. "O que você precisa levar se não quiser passar frio lá fora?"
5. "Qual é o seu plano para fazer sua lição de casa?"

Jane

"Não ouvir" está em todas as listas de desafios descritos na Introdução. Quando questionados sobre o que isso significa, a maioria dos pais admite: "Meu filho não obedece". Isso proporciona uma oportunidade de introduzir uma atividade experimental para ajudá-los a entender por que seus filhos não ouvem ou obedecem. Agora você pode participar desta atividade de forma indireta.

Faz de conta que você é uma criança ouvindo as seguintes frases de um pai/mãe. Observe o que você está pensando, sentindo e aprendendo.

"Vá escovar os dentes."
"Não esqueça seu casaco."
"Faça sua lição de casa."
"Pare de brigar com seu irmão."
"Coloque seus pratos na lava-louças."
"Ande logo e se vista ou você vai perder o ônibus."
"Pare de choramingar."
"Guarde seus brinquedos."

Como criança, você está se sentindo respeitado e capaz? Provavelmente não.

O que você está aprendendo? Volte à lista de características e habilidades de vida na Introdução. Você está aprendendo algo dessa lista? Provavelmente não.

Então olhe para a lista de desafios, também na Introdução. Como criança, você está sentindo vontade de adotar algum desses comportamentos? Provavelmente.

Participar dessa atividade ajuda os pais a entrarem no mundo da criança para entenderem como eles ajudam a criar alguns dos desafios sobre os quais reclamam.

Agora, faça de conta que você é uma criança ouvindo as seguintes "perguntas" de um pai/mãe. Novamente, observe o que você está pensando, sentindo e aprendendo.

"O que você precisa fazer para que seus dentes fiquem bem limpos?"

"O que você está levando para não sentir frio lá fora?"

"Qual é o seu plano para fazer sua lição de casa?"

"Como você e seu irmão podem resolver esse problema?"

"O que decidimos sobre o que fazer com nossos pratos quando terminamos de comer?"

"O que você pode fazer para pegar o ônibus a tempo?"

"Qual é sua responsabilidade quando termina de brincar com seus brinquedos?"

No seu papel de criança, o que você estava pensando, sentindo e aprendendo? Se voltar à lista de características e habilidades de vida, você está aprendendo algo da lista? Quando fazemos esta atividade em nossos *workshops* e aulas, o voluntário que faz o papel de criança sempre nos diz que não aprende nenhuma característica e habilidade de vida das "ordens", mas aprende muitas delas das frases de perguntas.

Essa atividade ilustra a ciência do cérebro e a fisiologia. Mandar cria tensão fisiológica no corpo, e a mensagem que é enviada ao cérebro é "resista". Não é de admirar que as crianças não ouçam ou obedeçam.

Por outro lado, ouvir uma pergunta respeitosa e sincera cria relaxamento fisiológico, e a mensagem que é enviada ao cérebro é "procure uma resposta".

Quando as crianças estão procurando uma resposta, elas se sentem respeitadas e capazes e são mais propensas a se sentirem motivadas a cooperar.

Os pais parecem ter o hábito arraigado de dizer ou mandar em vez de perguntar. Eles dizem às crianças o que aconteceu, o que causou, como eles devem se sentir sobre isso e o que devem fazer a respeito. Então as crianças aprendem a ignorar. Depois os adultos se perguntam por que suas falas parecem entrar por um ouvido e sair pelo outro. Eu, brincando, desafio os pais a notarem, durante um período de duas semanas, com que frequência eles "mandam", e a colocarem uma moeda em um pote toda vez que fizerem isso. No final de duas semanas, eles terão mais dinheiro do que pensavam ser possível. Uma vez que notem a si mesmos mandando, eles podem começar a pensar em como poderiam perguntar com mais frequência.

Perguntas motivacionais são muito curtas e não necessariamente requerem uma resposta verbal da criança. Elas convidam a criança a pensar e a decidir. Se a pergunta não motivar a criança a cooperar, tente uma ferramenta diferente. Perguntas curiosas conversacionais (ver o Capítulo 6) são projetadas para convidar a conversa e a resolução de problemas. Lembre-se, não há uma única ferramenta que funcione para todas as situações.

Mary

Meu marido, Mark, e eu ficamos desanimados ao perceber que as perguntas curiosas motivacionais não estavam funcionando tão bem quanto pensávamos que deveriam. Após conversar com minha mãe, rapidamente aprendemos que tínhamos expectativas falsas sobre como essas perguntas deveriam funcionar. Pensávamos que, se *perguntássemos* em vez de *dizer/mandar*, convidaríamos nossos meninos a concordar com o que queríamos que eles fizessem. Minha mãe nos explicou que essas são perguntas *curiosas*, não de *conformidade*. Em vez de nos ouvirem perguntar de uma maneira que poderia inspirá-los a pensar e se sentir motivados internamente, eles perceberam que nossa vontade era fazê-los concordar.

Claro que esperamos que eles escolham o que queremos que façam, mas há uma linha tênue entre perguntar de uma maneira que convida a resistência e perguntar de uma maneira que promove a cooperação. Quando nossos filhos sentem que estamos verdadeiramente curiosos, eles procuram por uma resposta.

No entanto, se eles sentem "perguntas de conformidade" em vez de verdadeira curiosidade, é mais provável que resistam.

Como de costume, um dos meus maiores professores, meu filho de 9 anos, Greyson, confirmou o que eu acabara de aprender com minha mãe.

Eu disse ao Greyson: "Eu queria não me importar com seus dentes".

Ele riu e me deu um abraço.

Então eu disse: "Nossa relação é mais importante para mim do que seus dentes. O que eu posso dizer ou fazer para motivá-lo a escovar de modo que eu não precise ser a policial da escovação?".

> GREYSON: Você poderia tentar não dizer nada.
>
> EU: Como saberei se seus dentes estão escovados?
>
> GREYSON: Antes de você me colocar na cama, eu vou soprar em você para você sentir meu hálito, ou simplesmente te direi depois que eu escovar.
>
> EU: Quer dizer que eu nem preciso perguntar?
>
> GREYSON: Você me pergunta toda noite desde que eu nasci. Acho que já sei que você quer que eu os escove.
>
> EU: Ponto para você.

Que conceito! Acho que ambos estávamos cansados de eu perguntar ou insistir sobre seus dentes. Eu também já estava ficando sem maneiras criativas de perguntar de forma gentil e respeitosa, e realmente estava ficando sem paciência. Descobri que, muitas vezes, estávamos entrando em disputas por poder e nos sentindo desconectados, tudo por causa dos dentes.

Quando tudo mais falhar, tente perguntar aos seus filhos o que os motivará. Na noite seguinte, eu não perguntei, e ele escovou os dentes sem nenhum lembrete (pela primeira vez). Fizemos nossa rotina de dormir totalmente conectados, e sei que ambos nos sentimos melhor.

Brad

Eu sou o rei de mandar em vez de perguntar. Então meus filhos ficaram entusiasmados quando decidi tentar o experimento de colocar uma moeda em um pote toda vez que eu mandasse eles fazerem algo em vez de fazer uma pergunta curiosa. Eles ficaram principalmente entusiasmados porque concordei em dar a eles todo o dinheiro no pote após duas semanas. Você ficaria surpreso com quão observadores seus filhos podem ser quando há dinheiro envolvido.

Essas duas semanas não foram boas para mim. "Não esqueça seu almoço" e "Ande logo, você vai se atrasar" foram apenas duas das afirmações que me custaram uma moeda.

Quando tudo foi dito e feito, meus dois filhos puderam comprar um novo *videogame* de sua escolha. E eu aprendi que é muito útil ter esses lembretes imediatos de seus filhos.

História de sucesso de San Diego, Califórnia

Tivemos nossa reunião de família semanal esta noite e um dos itens na pauta eram os doces. Assim como eu, meus filhos também amam doces e comem demais deles! Eu coloquei esse item na pauta para ouvir as ideias das crianças sobre o que podemos fazer para comer de forma mais saudável. Minha filha de 5 anos, Lilly, compartilhou que nós comemos de forma saudável – nós apenas comemos doces demais. Então ela se levantou e encenou, com sua irmã de 3 anos, Rose, como é comer doces demais. Na encenação, elas ofereciam doces imaginários e depois comiam todos.

Então elas quiseram encenar comer menos doces, então quando Lilly ofereceu os doces imaginários, Rose disse não, que ela não comeria por causa da mamãe.

Eu perguntei: "Você não está comendo o doce por minha causa ou porque não é saudável para o seu próprio corpo?".

Lilly rapidamente respondeu que era porque não era bom para seu próprio corpo.

Então elas se sentaram e vieram com uma ideia de como queriam acompanhar sua própria ingestão de doces. Elas decidiram fazer um "monitor de doces" com o nome de todos da família nele. Então, sempre que alguém comer um doce, essa pessoa colocará uma marca de contagem ao lado do seu nome. Dessa forma, podemos ver como estamos indo e tentar melhorar a cada semana.

As crianças decidiram que começaríamos a acompanhar nossa ingestão de doces desde ontem, então todos nós pensamos em quantos doces tínhamos comido. Nós tínhamos acabado de ir ao zoológico e comido algodão-doce, e também tivemos biscoitos da sorte em um restaurante chinês no almoço, então todos nós fizemos marcas ao lado dos nossos nomes.

Tínhamos decidido antes da reunião de família que terminaríamos a reunião de hoje com sobremesa. Rose estava dizendo que queria cerejas para sobremesa, e eu também optei por cerejas. Lilly disse que queria bolo, e meu marido foi buscá-lo para ela no topo da geladeira. Então ela o parou e disse que queria cerejas também – o doce da natureza. Eu amo reuniões de família e como elas empoderam as crianças a escolherem de dentro para fora.

— Julie Iraninejad, Trainer Certificada em Disciplina Positiva

História de sucesso de Pasadena, Califórnia

Minha filha, Claire, sempre gostou de cozinhar como uma experiência tátil. Ela adora amassar a massa de pão com as mãos, esmagar sal marinho com as pontas dos dedos e cortar legumes em diferentes formas.

Isso começou quando Claire, ainda pequena, encontrou meus potes de tempero na despensa. Ela ficou cheia de curiosidade. Eu lhe ensinei os nomes dos ingredientes e coloquei uma pitada de cada em sua mão para que ela pudesse cheirar um pouco de noz-moscada ou esmagar endro seco entre suas palmas.

Quando tinha 3 anos, Claire descobriu como abrir os potes de tempero sozinha... e descobriu sua maior alegria. Ela amava "cozinhar" – combinando ervas secas e especiarias com água para criar misturas estranhas e cheirosas. Ela estava encantada! Adorava mexer com os ingredientes secos, misturá-los com água e explorar os resultados. Claire estava obcecada por "cozinhar" – ela queria fazer isso todos os dias. No início, eu limpei meu armário de temperos e dei a ela os potes antigos que não usava havia anos. Mas estes acabaram em uma tarde! Eu percebi que logo ficaria completamente sem temperos se não interviesse.

Eu expliquei: "Não podemos usar todos os temperos porque nossa família precisa deles para cozinhar nossas refeições". Claire ficou devastada. Ela tristemente me disse: "Mamãe, eu cozinho para nós!" Sua decepção era real – em sua mente, ela estava cozinhando para nossa família! Eu amava o fato de que Claire sentia que estava fazendo uma contribuição importante, e eu queria encorajá-la. Pensei em como poderia compartilhar o poder com ela sem ir à falência comprando novos temperos ou desperdiçando bons ingredientes. Percebi que precisava usar outra ferramenta, dedicando tempo para treinar.

Eu ofereci a Claire uma prateleira da despensa só para os ingredientes dela. Eu a levei para fazer compras na loja de um dólar, explicando que poderíamos gastar US$ 10 para ela escolher seus próprios temperos. Ela levou sua tarefa muito a sério, examinando cuidadosamente cada frasco na loja e enchendo sua cesta com frascos variados.

Chegando em casa, enfrentamos nosso próximo desafio: Claire queria despejar todo o conteúdo dos frascos de tempero de uma vez! Isso se apresentou como uma ótima oportunidade para usar a ferramenta das escolhas limitadas combinada com algumas perguntas curiosas, e então permitir que ela experimentasse as consequências naturais de suas escolhas. Discutimos o que aconteceria se esvaziássemos todos os frascos naquele dia. Claire entendeu que não teríamos mais temperos, e não compraríamos mais por um tempo.

Eu pedi a Claire para escolher quatro frascos de temperos para usar naquele dia e decidir quais colocar na prateleira da despensa para o futuro. Depois, caberia a ela decidir como usar seus quatro frascos. Eu perguntei: "Você gostaria de usar os quatro frascos todos de uma vez hoje? Ou usar uma quantidade menor para ter um pouco para usar amanhã? Você decide".

Você provavelmente pode adivinhar o que ela escolheu. Com grande entusiasmo, ela despejou o conteúdo de todos os quatro frascos em uma grande tigela de água e brincou. Ela adorou cheirar os temperos, nomeá-los e passar as mãos por eles para senti-los. Ela estava no seu elemento!

Claire começou na cozinha como uma pequena cientista louca, misturando lama de ervas malucas e chamando isso de jantar! Agora, com 8 anos de idade, ela é uma jovem *chef* competente, bastante habilidosa em combinar ingredientes para inventar receitas deliciosas.

Fazer perguntas curiosas e oferecer a Claire escolhas limitadas a empoderou para "cozinhar" da maneira como ela imaginava. Embora ela tenha ficado desapontada quando seus ingredientes acabaram, com o tempo ela aprendeu o valor de planejar e gerenciar seus recursos. Essas são habilidades inestimáveis, na cozinha e na vida!

— Amy Knobler, Educadora Parental Certificada em Disciplina Positiva

DICAS DA FERRAMENTA

1. Em vez de sermões que tentam "enfiar algo goela abaixo", experimente fazer perguntas que "extraiam algo".
2. Não faça perguntas se algum de vocês estiver chateado. Espere até que ambos estejam calmos.
3. Certifique-se de que suas perguntas não sejam perguntas de "conformidade" ou "manipulação".
4. Quando as crianças ouvem uma pergunta respeitosa, é provável que se sintam capazes e cooperem.

EVITE MIMAR

Qualquer criança que seja superdependente é superexigente. Uma criança dependente é aquela que tira vantagem dos outros, que coloca todos a seu serviço.

— Rudolf Dreikurs

Os pais cometem um erro quando mimam em nome do amor.

1. Mimar cria fraqueza porque as crianças desenvolvem a crença de que os outros devem fazer tudo por elas.
2. Um dos maiores presentes que você pode dar aos seus filhos é permitir que desenvolvam a crença "Eu sou capaz".

Jane

Esteja disposto a considerar como você pode estar encorajando seus filhos a acreditarem que você sempre os salvará ou resolverá seus desafios, em vez de acreditar com empatia neles para resolver as coisas. Quando evitamos mimar, estamos essencialmente mostrando confiança em nossos filhos.

Você ensinou aos seus filhos que é seu trabalho "fazê-los" felizes? Se sim, eles vão querer garantir que você não desista desse trabalho. Por outro lado, as habilidades e competências que você está ajudando-os a desenvolver são a melhor plataforma que podem construir para a felicidade.

Vamos definir o que queremos dizer com "evitar mimar". *Não* estamos falando sobre amor, afeto e conexão. Dar abraços não é mimar. Reconhecer não é mimar. Validar sentimentos não é mimar.

Mimar é fazer coisas para nossos filhos que eles são perfeitamente capazes de fazer por si mesmos. As crianças nascem com o desejo inato de fazer as coisas por si mesmas (e de ajudar os outros). Elas começam a expressar esse desejo por volta dos 18 meses de idade. Todos nós estamos familiarizados com o bebê que diz: "Eu sei!". Muitos pais dizem: "Não, você é muito pequeno. Vá brincar". Então, quando eles estão mais velhos e pedimos ajuda, ficamos surpresos quando dizem: "Não. Estou brincando".

Os pais frequentemente fazem coisas para seus filhos por questões de praticidade. Eles podem estar com pressa ou com medo de que seus filhos não façam "certo" ou perfeitamente. É por isso que é importante reservar um tempo para praticar. Isso significa mostrar a eles de que maneira fazer coisas como se vestir (incluindo escolher suas próprias roupas), deixá-los responsáveis por seus trabalhos escolares (incluindo permitir que experimentem as consequências de não fazer e depois ajudá-los a encontrar soluções para a próxima vez) e deixá-los cozinhar algumas refeições (mesmo que saiam como o *cheesecake* do Gibson). Deixá-los praticar, cometer erros e aprender.

Faça coisas com crianças pequenas até que sejam grandes o bastante e tenham praticado o suficiente para fazer as coisas sozinhas. Tudo levará mais tempo, e não será perfeito, mas lembre-se de que estamos buscando resultados em longo prazo. Dê aos seus filhos oportunidades de se tornarem pessoas jovens responsáveis e capazes, o que não pode acontecer quando você os mima. Lembre-se, pesquisas mostraram que o estilo de parentalidade autoritativa está associado a maturidade social, responsabilidade e sucesso acadêmico.

Mary

Eu não conheci um pai/mãe que não mimasse seus filhos, pelo menos algumas vezes. Digo isso sem julgamento, pois sei que não estou sozinha quando se trata de fazer demais pelos meus filhos e tentar resgatá-los para salvá-los da decepção. Também sei que todos fazemos isso em nome do amor.

Quantos de vocês já voltaram para casa (até mesmo chegaram atrasados ao trabalho) para levar a lição de casa do seu filho para a escola? Talvez você tenha escrito um bilhete ou feito uma ligação com qualquer desculpa que pudesse inventar para evitar que seu filho experimentasse as consequências de suas ações. E quanto a correr de volta para casa para pegar casacos, lancheiras, mochilas, equipamentos esportivos ou qualquer outra coisa sem a qual eles não sobreviveriam? Estou supondo que esse "favor" também veio com pelo menos um pequeno sermão sobre o que teria acontecido ou como eles se sentiriam se a mamãe não os tivesse resgatado.

E quanto a isto: você já preparou refeições especiais para cada filho porque era mais fácil do que ouvi-los reclamar do que você cozinhou – ou você não suportava a ideia de mandá-los para a cama com fome?

Enquanto trabalhava nessa ferramenta, tive que me perguntar por que ainda estou lavando o cabelo deles, escovando os dentes de novo, amarrando os sapatos deles e pegando as coisas que eles deixaram no chão ou na bancada. Principalmente porque é mais rápido, mais eficiente, menos complicado, não tenho que ouvir suas desculpas, e estou cansada de ficar repetindo a mesma coisa constantemente.

Por favor, me digam que não estou sozinha. Digam que vocês precisam dessa ferramenta tanto quanto eu. Vocês se sentem tão culpados quanto eu por perceber que estou privando meus filhos de tantas oportunidades de se sentirem capazes?

Está bem, então não é tudo sobre culpa. É sobre consciência e compreensão. Podemos aprender com nossos erros e trabalhar para melhorar. Algumas reflexões que podem ajudar:

1. Posso aprender a parar de levar para o lado pessoal os comportamentos esquecidos, exigentes, apropriados para a idade e às vezes irritantes dos meus filhos.
2. Posso me lembrar de que não se trata de mim e do que os outros vão pensar. Trata-se das habilidades e capacidades dos meus filhos para o futuro.
3. Posso lembrar que meu trabalho não é fazer meus meninos sofrerem, mas *permitir* que sofram para que possam desenvolver "músculos da decepção" fortes, resiliência e a sensação de capacidade para resolver problemas.
4. Sou mais eficaz como mãe quando reservo tempo para a prática e permito que meus meninos, que são extremamente capazes, façam mais por si mesmos.

Que presente para eles! E que presente para mim!

Tive uma oportunidade de evitar mimar quando recebi uma ligação da escola do meu filho Greyson. Quando vi o número da escola no meu identificador de chamadas, entrei imediatamente em pânico. Quando ouvi sua voz doce, entrei ainda mais em pânico. (Desde quando eles permitem que você ligue para casa por causa de lição de casa esquecida?)

Greyson disse: "Oi, mãe. Deixei minha lição de casa no seu carro. Você poderia trazer para mim? Se eu não entregar até o recreio, vou ficar na detenção".

Eu imediatamente visualizei meu pobre menino preso lá dentro, em vez de fazer o que é natural e absolutamente necessário – brincar do lado de fora.

Ah! Sua voz preciosa estava mexendo com meu coração, e eu estava lutando muito para não dizer: "Estarei aí em quinze minutos".

Em vez disso, pensei nisso como uma oportunidade de fortalecer sua resiliência e aprender com seu erro, mesmo que isso significasse que ele ficaria bravo comigo por não o resgatar. Posso garantir que foi mais difícil para mim do que para ele quando disse não.

É claro que ele sobreviveu. Ele conseguiu sentar na sala de aula e refazer sua lição de casa e depois ajudar a professora, o que ele admitiu ter adorado. Como evitei resgatá-lo, ele teve um tempo especial com sua professora e não esqueceu mais sua lição de casa desde então.

Lembrei-me da vez em que estava no segundo ano e esqueci meu almoço. Minha professora me mandou ir ao escritório e ligar para minha mãe a fim de que ela pudesse trazê-lo. A conversa foi assim:

"Oi, mãe. Deixei meu almoço na mesa. Você pode trazer para mim, por favor?"

Minha mãe respondeu: "Sinto muito, querida, isso não funciona para mim".

Ela não fez uma sermão. Em vez disso, de maneira gentil, validou meus sentimentos e disse: "Eu sei que você está decepcionada e provavelmente com raiva porque não vou levá-lo para você. Ficarei feliz em pensar em soluções quando você chegar em casa".

Alguns pais ficam chocados com a ideia de deixar seu filho passar fome por uma refeição. Em primeiro lugar, sei que isso não vai machucá-los tanto quanto me privar de uma fome interna mais profunda para se sentirem capazes. Em segundo lugar, sei que eles não vão passar fome. Eles terão muitas oportunidades de comer o sanduíche saudável que o amigo deles iria jogar no lixo.

Lembro-me de como a equipe do escritório ficou surpresa quando eu disse que minha mãe não ia trazer meu almoço. Eu não estava surpresa. Até então, tinha experiência suficiente para saber que basicamente precisava aprender as consequências naturais das minhas ações.

Muitos anos depois, posso afirmar que nunca mais esqueci meu almoço e agora sou bastante responsável para lembrar de trazer o que preciso para o dia. Se minha mãe tivesse me resgatado, posso quase garantir que teria esquecido meu almoço novamente.

Brad

Eu mimo meus filhos. Não me orgulho disso. Eu admito ser um superpai, sempre pronto a saltar prédios altos para resgatar meus filhos da decepção. Se minha filha esquece o almoço, eu largo tudo e levo o almoço dela para a escola. Se meu filho não gosta de fazer uma tarefa, eu faço essa tarefa e deixo ele fazer algo mais fácil.

Meus filhos mesmo assim são muito capazes e independentes. No entanto, não são muito bons em lidar com a decepção. Como minha mãe diz: "As crianças precisam desenvolver seus 'músculos da decepção'". Agora que meus filhos estão ficando mais velhos, percebo que, quando a situação fica difícil, eles tendem a desistir.

Agora estou tentando correr atrás do prejuízo e ensiná-los a serem mais resilientes. Acredite em mim, é muito mais difícil quando seus filhos estão mais velhos. Então esta é uma história de advertência. Se você quer que seus filhos desenvolvam resiliência e a capacidade de alcançar metas difíceis, você deve permitir que desenvolvam seus "músculos da decepção" desde cedo.

História de sucesso de Atlanta, Geórgia

Minha filha tem 4 anos. No geral, ela se comporta muito bem. No entanto, agora estamos em um ponto em que às vezes ela não quer fazer o que lhe é pedido. Por exemplo, ela tem cabelos longos mas não quer penteá-los, e no entanto reclama quando eu penteio. Ela nunca quer arrumar o quarto depois de ter brincado e espalhado a maioria de seus brinquedos pelo chão.

Isso me deixa irritado, chateado e impaciente. Eu tendo a responder por meio de muitos dos comportamentos da terceira coluna do Quadro dos objetivos equivocados. Por exemplo, quase sempre eu mesmo acabo penteando o cabelo dela. Tenho um pouco mais de sucesso em fazer com que ela limpe o quarto, porque ela gosta de receber elogios depois de nos mostrar como seu quarto fica bonito após ela arrumar os brinquedos.

Mas há outras vezes em que ela inicialmente se recusa a recolher brinquedos e roupas e se envolve em outra atividade, esperando que eu simplesmente faça isso por ela. E às vezes eu faço por ela para evitar sentimentos mais profundos de irritação e impaciência enquanto esses sentimentos começam a surgir. Muitas vezes tenho que lembrá-la de fazer as mesmas coisas repetidamente.

Assim como descrito na quarta coluna do Quadro dos objetivos equivocados, ela penteia o cabelo de má vontade e mal, deixando inúmeros emaranhados para eu arrumar antes de sairmos de casa.

De acordo com a quinta coluna do Quadro dos objetivos equivocados, parece que sua crença é: "Você não pode me obrigar!". Isso ressoa mais em mim. Ela quer ser sua própria chefe.

Eu tive as seguintes ideias:

- Minha filha gosta de se sentir útil. "Deixe-me ajudar" pode ser o que ela precisa nessas situações. Talvez eu possa encontrar uma maneira mais eficaz para ela sentir que está me ajudando e a si mesma quando arruma o quarto, em vez de simplesmente pedir repetidamente para ela fazer isso, e então ceder quando ela não o faz.
- "Dê-me opções" também me vem à mente. Por exemplo, sugeri que cortássemos alguns centímetros do cabelo dela para facilitar o penteado, e ela concordou com isso, mas eu não segui adiante. Se ela se sentisse mais envolvida com a aparência de seu cabelo, talvez ficasse mais inclinada a cuidar dele.
- Vou reservar um horário específico todos os dias para arrumar o quarto dela, provavelmente no final do dia. Vou colocar um cronômetro para dez minutos ou mais, que acredito que ela irá gostar. Posso dizer: "Vamos ver quão bonito você pode deixar seu quarto em dez minutos, antes que o cronômetro toque!".
- Normalmente eu leio uma história para ela antes de dormir, e posso me oferecer para fazer isso depois que ela arrumar o quarto, deixando-a escolher um livro de sua escolha para ser lido após sua sessão de arrumação cronometrada. Talvez isso possa ser estabelecido como uma rotina.

Resultados: nos últimos dois dias, criei um "jogo" para ela. Configurei o cronômetro no meu celular por cinco minutos para ver o quanto ela pode arrumar o quarto rapidamente antes que o alarme soe. Ela gosta de tentar deixá-lo bonito antes que o celular toque. Isso está indo bem até agora. Espero poder torná-lo parte de nossa rotina noturna, oferecendo-me para ler sua história antes de dormir (o que ela adora) só depois que o quarto dela estiver arrumado.

— Joel Devyn Carter, Educador Parental Certificado em Disciplina Positiva

DICAS DA FERRAMENTA

1. Mimar não é um ato de amor. Sim, as crianças adoram. No entanto, é um desserviço a elas para o desenvolvimento saudável de habilidades.
2. Lembre-se das crenças que seus filhos estão formando e crie experiências para ajudá-los a acreditar em sua resiliência e capacidade.
   - Às vezes são as experiências mais difíceis para você e seus filhos que serão de maior benefício para eles pelo resto de suas vidas.

6
LIDANDO COM OS DESAFIOS

ABRAÇOS

A segurança vem da sensação de ser capaz de lidar de maneira eficaz com qualquer coisa que a vida possa ter a oferecer.

— Rudolf Dreikurs

Crianças se saem melhor quando se sentem melhor – e você também. Abraços nos ajudam a nos sentir melhor.

1. Quando seu filho estiver fazendo birra, experimente pedir um abraço.
2. Se o seu filho disser não, diga pela segunda vez: "Preciso de um abraço".
3. Se seu filho disser não novamente, diga: "Preciso de um abraço. Venha me encontrar quando estiver pronto", e então vá embora. Você pode se surpreender com o que acontece.

Jane

A conexão antes da correção é uma das primeiras ferramentas que apresentamos porque é fundamental para todas as outras ferramentas. Ninguém, pai ou filho, pode estar no seu melhor até que o sentimento de conexão seja estabelecido. Pedir um abraço é apenas uma das muitas maneiras de estabelecer uma conexão com seu filho.

Aprendi o valor de pedir um abraço enquanto assistia a um vídeo do Dr. Bob Bradbury, um adleriano que facilitou as manifestações "Família em Foco" em Seattle, Washington, durante muitos anos. Dr. Bradbury entrevistava um pai ou professor na frente de um grande público. Durante a entrevista, ele determinava o objetivo equivocado da criança em discussão e então sugeria uma intervenção que pudesse ajudar a criança desencorajada a sentir-se encorajada e fortalecida. Bob compartilhou o seguinte exemplo.

Um pai perguntou o que fazer com seu filho de 4 anos, Steven, que frequentemente tinha ataques de raiva. Depois de conversar um pouco com o pai e determinar que o objetivo equivocado era um poder mal direcionado, o Dr. Bradbury sugeriu: "Por que você não pede um abraço ao seu filho?".

O pai ficou perplexo com essa sugestão. Ele respondeu: "Isso não estaria reforçando o mau comportamento?"

O Dr. Bradbury disse: "Não. Você está disposto a experimentar e nos contar na próxima semana o que acontece?".

O pai concordou, com dúvidas. No entanto, na semana seguinte, ele relatou que na última vez que Steven teve um ataque de raiva, o pai se abaixou ao nível dos olhos do filho e disse: "Preciso de um abraço".

Entre soluços altos, Steven perguntou: "O quê?".

O pai repetiu: "Preciso de um abraço".

Steven ainda estava chorando, mas conseguiu perguntar, incrédulo: "Agora?".

O pai disse: "Sim, agora".

Steven parou de soluçar e disse, relutantemente: "Ah, tudo bem", enquanto dava um abraço rígido em seu pai. Mas depois de apenas alguns segundos ele se derreteu nos braços do pai.

Depois de se abraçarem por mais alguns segundos, o pai disse: "Obrigado. Eu realmente precisava disso".

Steven fungou um pouco e disse: "Eu também".

Você pode se perguntar por que o pai disse "Preciso de um abraço" em vez de "Você precisa de um abraço". Essa história apresenta vários pontos:

1. Como o objetivo equivocado neste caso era o "poder mal direcionado", sugerir que o seu filho precisava de um abraço provavelmente convidaria

o menino a dizer: "Não, não preciso", a fim de intensificar a disputa por poder. Mas como Steven poderia argumentar contra o fato de que seu pai precisava de um abraço?

2. As crianças têm um desejo inato de contribuir. A contribuição proporciona sentimentos de pertencimento (aceitação), importância e capacidade. Steven deu um abraço em seu pai, mesmo que a princípio estivesse relutante.

3. As crianças se saem melhor quando se sentem melhor. Uma vez que Steven se sentiu melhor ao dar um abraço no pai, ele deixou de lado a birra e a disputa por poder e desfrutou do abraço do pai.

Brad

Nós certamente amamos essa ferramenta em nossa casa. Quando apresentei essa ferramenta aos meus filhos, Emma disse: "Tá, mas eu não vou abraçar Gibson". Mas logo Emma estava abraçando Gibson, Gibson estava abraçando Emma, estávamos nos abraçando em grupo... foi um festival de abraços em nossa casa.

Ontem à noite, meu filho e eu estávamos discutindo sobre algo. De repente ele parou, estendeu os braços e disse: "Pai, abraços!". Paramos de discutir e nos abraçamos.

Que ótima ferramenta! Todo mundo precisa de mais abraços, e esta é uma oportunidade perfeita para nos concentrarmos em dar mais abraços em nossos filhos. A ferramenta menciona dar um abraço quando seu filho está fazendo birra, mas certamente não precisamos esperar a birra para dar um abraço.

Alguns de nós podem não ser muito bons abraçadores (inclusive eu), então podemos aproveitar esta oportunidade para praticar bastante.

Mary

Certa noite, Greyson, que tinha então 3 anos, Reid, 1 ano, e eu demos uma volta no quarteirão. Chegamos à casa de um vizinho onde crianças brincavam. Greyson ficou fascinado com todas as diferentes atividades que aconteciam. Havia crianças de todas as faixas etárias jogando basquete, pega-pega e andando de patinete. Então paramos por cerca de cinco minutos para observá-los.

Ficou mais escuro e mais frio. Reid começou a ficar agitado. Comecei a me sentir um pouco estranha ao ficar na frente da casa do vizinho enquanto Greyson observava tudo fascinado. Quando eu disse a Greyson que era hora de ir, ele não estava pronto. Ele queria ficar e observar "as pessoas".

Expliquei-lhe todas as razões lógicas pelas quais precisávamos ir. Depois de perguntar pela segunda vez, e ele ainda recusar, eu lhe disse que ele tinha uma escolha: ou ele poderia caminhar comigo e segurar minha mão ou eu o pegaria e o levaria embora. De qualquer forma, estávamos indo embora.

É claro que ele não queria segurar minha mão, mas o irmão dele estava no carrinho de bebê que eu usava, então agarrei firmemente a mão de Greyson e disse que era hora de ir. Ele começou a chorar a plenos pulmões. Greyson sempre teve o choro mais alto e estridente que qualquer criança que eu ou qualquer outra pessoa já tenha encontrado. É claro que uma das minhas vizinhas estava passeando com o cachorro e olhando para mim como se eu tivesse acabado de bater nele. Pelo som de seu choro, parecia que sim.

Eu estava tentando desesperadamente ficar calma, ignorar seu choro e deixá-lo expressar seus sentimentos, mas nós dois estávamos ficando mais irritados. Eu sabia o que fazer, mas *não* queria fazer. Porém, correndo o risco de me envergonhar com os demais vizinhos, cheguei ao nível dele e disse que precisava de um abraço.

Ele imediatamente caiu em meus braços, amorosamente disposto a me dar um abraço. Instantaneamente nós dois nos sentimos melhor, o choro parou e voltamos para casa sentindo-nos calmos e conectados.

A moral dessa história é que, por mais que eu soubesse que funcionaria dar um abraço nele quando estávamos ambos chateados, não tive vontade de pedir um abraço. Abraçar no meio de um ataque de raiva é mais fácil falar do que fazer. No entanto, depois de nos abraçarmos, ambos nos sentimos melhor – e agimos melhor.

História de sucesso de Pleasanton, Califórnia

Na semana passada, voltando do trabalho para casa, minha esposa, Stephanie, enviou-me uma mensagem dizendo que nossa filha Grace, de 5 anos, estava sendo difícil, estava com um humor horrível e que Stephanie estava farta dela.

Quando cheguei em casa, entrei e fui direto até Grace e pedi um abraço. A princípio ela virou as costas, cruzou os braços e disse não. Resolvi perguntar mais uma vez e, após uma pausa de cinco segundos, ela se virou e me deu um grande abraço. Stephanie disse que foi como se alguém tivesse apertado um botão na Grace. Seu pior estado de humor mudou e ela passou a agir como se estivesse tendo um ótimo dia.

É incrível ver o tipo de impacto e dinâmica que algo tão simples como pedir um abraço pode ter em uma criança de 5 anos. Honestamente, antes de fazer o curso de Disciplina Positiva, é provável que eu tivesse chegado em casa e punido Grace por se comportar mal, e estragaria a tarde de toda a família.

— Eric Santos, Participante da aula de Disciplina Positiva de Lisa Fuller

História de sucesso de Shenzhen, China

Pedi ao meu marido que cuidasse do nosso filho de 3 anos por trinta minutos para que eu pudesse tirar uma soneca. Sete ou oito minutos depois de me deitar, ouvi um grande barulho vindo da sala e então ouvi meu marido gritando com nosso filho. Então meu sogro gritou com meu marido e meu marido gritou de volta com o pai.

Isso já aconteceu muitas vezes em nossa família. Eu costumava sofrer com isso. Porém, desta vez me senti diferente. Depois de fazer as aulas de Disciplina Positiva para pais, eu passei a compreender muito melhor meu marido, meu sogro e a mim mesma.

Levantei da minha soneca. Meu sogro levou nosso filho para o parquinho. Meu marido estava jogando alguma coisa na internet. Era evidente que ele estava com muita raiva, embora estivesse em silêncio.

Fui até ele e disse: "Levante-se".

Ele ficou muito confuso. "Por quê?"

"Nada, apenas levante-se."

Ele se levantou lentamente.

Abri os braços e o abracei. Depois de alguns segundos, pude sentir todo o seu corpo amolecer em meus braços. Nós nos abraçamos um pouco e então ele largou o computador e desceu para procurar meu sogro e nosso filho. Sua raiva desapareceu e passamos uma noite tranquila.

— Participante da aula de Disciplina Positiva de Elly Zhen

DICAS DA FERRAMENTA

1. Não leve para o lado pessoal se seu filho não quiser lhe dar um abraço. Permita que seu filho expresse seus sentimentos e acredite que ele aprenderá a lidar com eles no seu tempo.
2. Durante um momento calmo, converse sobre como dar e receber abraços pode ajudar as pessoas a se sentirem melhor.
3. Assegure aos seus filhos que não há problema em sentir o que eles sentem e que eles podem decidir se e quando estão prontos para um abraço.
4. Peça ao seu filho que pense em um sinal para lhe dar se e quando ele estiver pronto para dar ou receber um abraço.

OLHO NO OLHO

Podemos mudar toda a nossa vida e a atitude das pessoas ao nosso redor simplesmente mudando a nós mesmos.

— Rudolf Dreikurs

Não é respeitoso (e não funciona) sentar no sofá e gritar com seu filho do outro lado da sala.

1. Pare tudo o que estiver fazendo. Levante-se e chegue perto o suficiente de seu filho para ver seus olhos.
2. Você notará que fala mais baixo quando faz um esforço respeitoso para ver os olhos de seu filho.
3. Seja um modelo de olhar nos olhos em seus relacionamentos adultos.

Jane

Alguns momentos são tão profundos que ficam gravados na memória. Para mim, um desses momentos aconteceu enquanto eu lia uma revista feminina em algum momento dos anos sessenta. Não me lembro do título do artigo, mas deve ter sido sobre ouvir os seus filhos, porque a mensagem transmitida na foto está indelével na minha mente. Mostrava uma mãe na pia que obviamente havia parado de fazer o que estava fazendo para se virar e ouvir – "olho no olho", por assim dizer – seu filho, que acabara de entrar pela porta dos fundos.

Lembro-me de ter pensado: "Não seria incrível se eu pudesse lembrar de parar tudo o que estou fazendo e realmente ouvir meus filhos? Qual a melhor maneira de deixá-los saber o quanto eu me importo?". Um motivo para que essa foto tivesse um grande impacto em mim é que eu sei quão ruim posso ser em prestar mais atenção a qualquer coisa "importante" que estou fazendo do que em ouvir e manter "olho no olho".

A foto mudou meu comportamento e me tornou uma ouvinte perfeita? Não. Eu ainda me distraio. Espero que isso tenha me ajudado a lembrar de ouvir com um pouco mais de frequência e também espero que o simples fato de escrever sobre isso me inspire novamente a parar o que estou fazendo e realmente ouvir.

Mary

Vou compartilhar uma história recente que me mostrou por que é tão importante manter o contato visual com meu filho ao tentar me comunicar.

Os meninos e eu (Greyson, de 6 anos e meio, e Reid, de 4 anos e meio) estávamos curtindo nosso filme de sexta à noite. Estávamos comendo as delícias típicas das nossas sessões de cinema, pipoca e sorvete. Enquanto estávamos todos deitados no sofá, Reid decidiu tomar um pouco de suco de laranja. Por um lado, fiquei feliz por meu filho de 4 anos se servir de bebida quando estava com sede. Por outro lado, fiquei irritada porque ele se serviu de um copo cheio de suco antes de dormir.

Virei a cabeça para checar o quanto ele tinha se servido e dei-lhe um pequeno sermão sobre como ele deveria ter escolhido a água, já que era antes de dormir e como eu não queria que ele fizesse xixi na cama e que ingerisse todo aquele açúcar.

Naturalmente, eu esperava que ele dissesse: "Você está absolutamente certa, mamãe!". Está bem, certo. Ele apenas continuou a beber até quase acabar, quando eu disse com firmeza: "Reid, pare de beber esse suco!".

Ele obviamente não gostou da maneira como eu estava falando com ele. Para minha surpresa, ele se aproximou de mim e gritou: "Está bom, mãe!".

Fiquei muito chateada e me senti muito desrespeitada. Eu lhe disse que ele não poderia mais assistir ao filme e que precisava subir e ir para a cama.

Não demorou muito para nos sentirmos mal pelo nosso comportamento. Nós dois pedimos desculpas e dissemos que queríamos tentar novamente. Reid derreteu e esmagou meu coração ao mesmo tempo quando me disse: "Só não gosto quando você grita comigo".

O que aprendi nesse momento foi que, se eu tivesse realmente me levantado do sofá e olhado nos olhos de Reid enquanto explicava todas as minhas preocupações sobre sua escolha de bebida, ele teria me ouvido. Se eu tivesse usado um tom respeitoso e calmo, ele teria se sentido respeitado e respondido com respeito.

Brad

Admito que, como pai solteiro ocupado, grito bastante. Se eu estiver lá em cima lavando a louça eu grito com meus filhos, que estão lá embaixo. Eu não percebi como isso era irritante até meus filhos começarem a fazer a mesma coisa comigo. Fiquei muito irritado na primeira vez que estava descansando lá embaixo na minha poltrona reclinável e minha filha gritou algo para mim lá de cima. Minha primeira resposta foi gritar com ela: "Venha aqui se quiser falar comigo!".

Lição aprendida. Às vezes, se você reservar um tempo para se colocar no lugar dos filhos, você ganha uma nova perspectiva. Agora tento o meu melhor para não gritar; em vez disso, vou procurá-los e me comunico olho no olho. Ou, se estou com muita preguiça, às vezes mando uma mensagem de texto para eles. Os adolescentes adoram mensagens de texto.

História de sucesso de Pasadena, Califórnia

Como muitas crianças pequenas, minha filha, Claire, aprendia na prática. Isso significava que tudo em seu ambiente era algo incrível para ser explorado com as mãos – até mesmo coisas que os adultos consideram nojentas. Como lixo, por exemplo.

Certa tarde, quando Claire tinha cerca de 14 meses, deixei-a sentada no chão da cozinha e fui para a sala. Voltei alguns segundos depois – juro que foram apenas alguns segundos. Mas uma criança curiosa pode criar uma grande confusão em apenas alguns segundos.

Claire ainda não estava andando, preferindo se arrastar sentada porque era mais rápido até do que engatinhar. Não me ocorreu que Claire pudesse subir na lata de lixo. Bem, ela me provou que eu estava errada. Ela não apenas se levantou, mas também levantou a tampa da lata de lixo e removeu algo do topo da pilha.

Voltei para a cozinha e encontrei Claire segurando um filtro de café usado transbordando de pó úmido. A borra de café estava por *toda parte*. Havia grandes manchas no chão que ela fez enquanto se arrastava sentada indo de um lado para o outro e sujando seu bumbum. Ela deixou marcas de seu bumbum cheio de pó de café! Também havia marcas de mãos de café nos armários brancos, na lata de lixo branca, nas prateleiras brancas.

Ela estava gritando de alegria e, enquanto eu estava lá em estado de choque, ela rasgou o filtro em dois pedaços, espalhando pó de café por todos os lados.

Lamentavelmente, minha primeira reação foi gritar: "Claire! Não!". Mas isso não a impediu. Ela estava em seu próprio mundo, se divertindo muito.

Sentando-me no chão, respirei fundo. Abaixei-me ao nível dos seus olhos e segurei suavemente seus braços agitados. Eu calmamente disse o nome dela várias vezes. Ela finalmente olhou para meu rosto, e, assim que nossos olhos se encontraram, ela tinha um grande sorriso no rosto. Essa conexão ajudou a reorientar sua atenção e ela parou de jogar o pó de café por todo lado.

Mas aqui está o que achei tão surpreendente: aquela conexão olho no olho era tudo de que eu precisava. Ao ver seu sorriso alegre, me senti mais centrada e pronta para enfrentar a bagunça. Na verdade, percebi quão engraçado era. A próxima coisa que fiz foi pegar minha câmera para poder documentar essa história hilariante para minha família.

Claire era bem pequena, então não havia muito que ela pudesse fazer para me ajudar a limpar. Mostrei a ela como limpei as manchas pretas com toalhas de papel, então ela pegou sua própria toalha de papel e começou a espalhar ainda mais o pó de café no chão. Foi realmente ridículo. E, honestamente, é uma das minhas lembranças favoritas de uma época em que me senti de fato em sincronia com minha filha.

— Amy Knobler, Educadora Parental Certificada em Disciplina Positiva

DICAS DA FERRAMENTA

1. Lembre-se de que Babe Ruth entrou no *Hall* da Fama com uma média de rebatidas de 0,342 (por baseballreference.com). Você não precisa ser perfeito para entrar no *Hall* da Fama da Escuta Olho no Olho.
2. Vivemos em um mundo acelerado, que aumentou dez vezes a sua velocidade por causa das telas. Esteja ciente de quantas vezes você evita ouvir olho no olho porque está prestando mais atenção ao seu celular do que ao seu filho.
3. Saiba que daqui a dez ou vinte anos você não se lembrará qual foi a distração "importante"; mas você experimentará os resultados das conexões que estabeleceu com seus filhos.

PEQUENOS PASSOS

Não podemos proteger nossos filhos da vida. Portanto, é essencial prepará-los para ela.

— Rudolf Dreikurs

Divida as tarefas para permitir que as crianças tenham sucesso. Exemplo: uma criança em idade pré-escolar tem dificuldade para escrever seu nome.

1. Seja exemplo de como pegar corretamente o lápis.
2. Trabalhe em uma letra de cada vez. Você faz uma e depois deixa seu filho escrever a outra.
3. Ensine a habilidade, mas não faça o trabalho por ele ou ela.
4. As crianças desistem da crença de que não podem quando conseguem dar pequenos passos.

Jane

Como pais, é claro que podemos fazer tudo melhor e mais rápido do que os nossos filhos. Mas como isso ajuda seu filho? Você tem que decidir se a perfeição e a conveniência são mais importantes do que encorajar seu filho a desenvolver uma crença profunda em sua capacidade.

Os pais podem não perceber que fazer muito pelos filhos (geralmente em nome do amor) desencoraja. A criança pode adotar a crença "Não sou capaz" quando os adultos insistem em fazer por ela coisas que ela mesma poderia fazer. Outra crença possível é "Ser amado significa que as pessoas fazem coisas por mim".

Pode ser útil lembrar que uma autoestima saudável vem de ter habilidades, e que mimar uma criança, na verdade, desencoraja o desenvolvimento de habilidades. Pare de fazer pelo seu filho coisas que ele pode fazer sozinho e abra espaço para ele praticar – mesmo quando ele faz as coisas de maneira imperfeita. Quando ele disser: "Não posso", tenha paciência e diga: "Confio que você consegue realizar esta tarefa. Vou te mostrar o primeiro passo e depois você me mostra o próximo passo".

Encorajar uma criança que acredita ser inadequada requer muita paciência, acreditar nas habilidades da criança e ter uma perseverança gentil em mostrar pequenos passos em vez de assumir o controle.

Mary

Quando meu filho de quase 5 anos começou a frequentar o primeiro ano, ele passou a ter lição de casa. Eu realmente lutei com isso nos primeiros dias, por vários motivos. Primeiro, sete horas por dia não são tempo suficiente para ensiná-los? Em segundo lugar, menos de um mês antes ele dormia quase duas horas por dia na pré-escola. Graças a Deus morávamos a vinte minutos da escola, para que ele pudesse dormir no caminho para casa.

Minha maior frustração foi sentir falta dele o dia todo enquanto ele estava na escola, e então nos vi brigando por causa da lição de casa em vez de aproveitar o tempo com a família. Mesmo sabendo que não deveria, eu estava subornando, ameaçando, elogiando e depois querendo recompensá-lo apenas para fazê-lo traçar e colorir suas letras. Então me lembrei desta ferramenta muito simples e poderosa da Disciplina Positiva: pequenos passos.

Sentei-me ao lado dele e contei que minha escrita era muito desleixada e que queria reaprender a escrever para que minha letra se parecesse com a dele. O rosto do meu filho se iluminou. Perguntei a ele se eu poderia ter uma lição de casa igual a dele. Ele adorou a ideia e disse rapidamente: "Claro, mamãe!".

Comecei a praticar a letra A enquanto ele também praticava. Acredito que ele se sentiu conectado e encorajado a fazer a tarefa. Quando ele começou a se desviar, perguntei se ele poderia revisar meu trabalho. Ele disse sim com entusiasmo e então começou a demonstrar e comparar meu trabalho com o dele. Meu coração derreteu quando ele me apoiou com palavras de encorajamento que usei com ele no passado, como "Muito bem, mamãe" e "Você deve estar muito orgulhosa de si mesma".

Outra forma de praticarmos "pequenos passos" foi ao escovar seus dentes. Às vezes eu dava um pequeno passo, dizendo: "Você escova a parte superior, depois eu escovo a parte inferior". Isso sempre funcionou. Outro pequeno passo foi fazer com que ele me ajudasse a preparar o almoço. Pedi que ele escolhesse qual parte do almoço ele queria embalar. Ele teve a opção de colocar suas frutas e biscoitos nos sacos ou fazer seu sanduíche. Adorei como trabalhávamos lado a lado como uma equipe, ajudando um ao outro em vez de lutar e passar por disputas por poder diárias.

Você deve ter notado como muitas ferramentas são usadas em combinação com outras ferramentas. Por exemplo, a conexão e o encorajamento são partes essenciais de pequenos passos. Mas pequenos passos revelaram-se grandes passos quando percebi como eliminavam toda a bagagem extra envolvida em disputas por poder, ataques de raiva e desconexão. Dar pequenos passos é muito mais gratificante!

Brad

Certo verão, viajamos para a Califórnia nas férias das crianças. Coloquei as malas nos quartos deles para poder começar a embalar quando a roupa estivesse limpa. Emma decidiu resolver o problema com as próprias mãos e fazer sua própria mala.

A seguir está uma amostra do que ela colocou na mala:

1. Uma lancheira velha cheia de conchas da nossa última viagem à Califórnia
2. Uma fita métrica (não me pergunte por quê)
3. Toda a sua coleção Pokémon.
4. Sua estatueta de unicórnio.
5. Um caderno espiral com papel pautado e um lápis.

A seguir está uma lista do que ela não colocou na mala:

1. Sapatos
2. Meias
3. Roupa íntima
4. Maiô
5. Escova de dentes

Foi aqui que tive que intervir e usar a ferramenta de pequenos passos para ajudar Emma a fazer a mala para nossa viagem e providenciar uma pequena mochila para seus "tesouros". Primeiro perguntei de que roupas ela poderia precisar para uma viagem à praia. Ela imediatamente correu para pegar seu maiô. Aí perguntei se ela precisaria de alguma coisa para os pés se houvesse pedras na praia. Ela exclamou com entusiasmo: "Chinelos!" e colocou os chinelos na mala. Em seguida eu disse: "E quando não estamos na praia? O que mais você precisa?".

Esse processo continuou até Emma arrumar completamente a sua mala. Eu posso dizer que ela se sentiu muito capaz e orgulhosa.

História de sucesso do Arizona

Não temos tentado consistentemente fazer nosso filho calçar os próprios sapatos quando se prepara para sair de casa. Hoje, na hora de sair, pedi para ele pegar os sapatos e tentar calçá-los enquanto eu estava lá em cima, e disse que se ele precisasse de ajuda eu desceria dali a pouco. Quando desci, ele ainda estava lutando com o primeiro sapato.

Normalmente é quando eu simplesmente intervenho e faço isso por ele. Na verdade, ele ficava me pedindo: "Mamãe, faz pra mim, por favor".

Mas, em vez de sair fazendo, lembrei dos pequenos passos. Ofereci-me para mostrar-lhe o passo a passo com o primeiro sapato e depois ele experimentaria sozinho com o segundo. Quando chegou a vez dele, continuei encorajando-o e lembrando-lhe dos passos. Ele finalmente conseguiu calçar o sapato sozinho.

Havia algumas coisas que eu poderia ter corrigido (como o cadarço que estava muito folgado), mas – e isso foi um grande sucesso para mim – em vez de resolver, simplesmente deixei como estava. Achei que, se eles estivessem de fato muito soltos, ele teria a consequência natural e nós simplesmente pararíamos para que ele pudesse resolver. Esse foi realmente um grande sucesso para mim e meu filho. Estou sempre interferindo e fazendo coisas para ele ou consertando coisas, e ele definitivamente tem alguns problemas com inadequação assumida como resultado. Eu realmente tenho tentado esta semana não fazer isso com ele. Fiquei muito orgulhosa de mim e dele.

— Sarah G.

DICAS DA FERRAMENTA

1. Desista de todas as expectativas de perfeição, pois podem desencorajar demais as crianças.
2. Encoraje a melhoria, não a perfeição.
3. Pratique a paciência. É claro que você pode fazer melhor e mais rápido, mas isso não ajuda seu filho a desenvolver um senso de capacidade.

ENCORAJAMENTO *VERSUS* ELOGIO

A criança deve ser elogiada pelo que fez, e não pelo que é, seja bom, legal, bonito, agradável ou fofo.

— Rudolf Dreikurs

Ensine autossuficiência em vez de dependência dos outros. O encorajamento convida à autoavaliação. O elogio estimula as crianças a se tornarem "viciadas em aprovação".

Exemplos:

> Elogio: "Estou muito orgulhoso de você. Aqui está sua recompensa".
> Encorajamento: "Você trabalhou duro. Você deve estar muito orgulhoso de si mesmo".
> Elogio: "Você é uma garota muito boazinha".
> Encorajamento: "Obrigado por ajudar".

Jane

A extensa pesquisa de Carol Dweck mostrou como recompensar as crianças com elogios pode minar a motivação intrínseca. A pesquisa de Dweck fornece suporte para ferramentas de Disciplina Positiva e valida o que Adler e Dreikurs ensinaram sobre encorajamento *versus* elogio já no início do século XX. Infelizmente, recompensar as crianças com elogios é uma resposta comum em muitas culturas. A investigação, no entanto, apoia a utilização de *feedback* orientado para o processo que proporciona encorajamento. Dweck descobriu que, quando as crianças eram elogiadas, a sua motivação diminuía. Quando as crianças receberam *feedback* sobre seu esforço e foram encorajadas, elas ficaram mais engajadas e demonstraram maior automotivação. Dweck também descobriu que elogios podem impedir que se arrisquem.[18]

As crianças que foram elogiadas por serem inteligentes quando realizaram uma tarefa escolheram tarefas mais fáceis no futuro. Elas não queriam correr o risco de cometer erros. Por outro lado, as crianças que foram encorajadas pelos seus esforços estavam dispostas a escolher tarefas mais desafiadoras quando tivessem essa escolha.

Como disse Dreikurs: "Encoraje a ação [ou esforço], não o executor". Em outras palavras, em vez de: "Você tirou A, estou muito orgulhoso de você", tente: "Parabéns! Você trabalhou muito. Você merece isso". Uma diferença sutil, mas que mudará a percepção do seu filho.

As diferenças entre encorajamento e elogio podem ser difíceis de compreender para aqueles que acreditam no elogio e viram resultados imediatos. Eles viram crianças responderem aos elogios com rostos radiantes. No entanto, eles não pensam nos efeitos em longo prazo. O elogio não é encorajador porque ensina as crianças a se tornarem "viciadas em aprovação". Elas aprendem a depender dos outros para avaliar seu valor. O encorajamento leva à autorreflexão e à autoavaliação. O elogio não ajuda as crianças a desenvolverem boas competências para lidar com o fracasso – se forem elogiadas pelo bom resultado em vez do esforço, isso pode ser muito mais prejudicial para a sua autoestima quando cometerem grandes erros quando adultos.

O elogio é como um doce: um pouco pode ser muito satisfatório, mas demais pode causar problemas. Consciência é a chave. Observe se seus filhos estão ficando viciados em elogios e precisam deles o tempo todo para concluir tarefas. Aqueles que desejam trocar elogio por encorajamento podem achar estranho parar e refletir antes de fazer declarações que se tornaram habituais.

Mary

Existe uma linha tênue entre encorajamento e elogio, e é muito tentador querer elogiar seus filhos, especialmente quando você se sente tão orgulhoso. Essa linha tênue se revelou para mim quando meu filho marcou um ponto no beisebol. Eu me controlei para não dizer o quanto eu estava orgulhosa dele (mas, droga, eu estava). Não disse a ele que estava orgulhosa, porque o que isso significaria na próxima vez que ele rebatesse e não marcasse um ponto?

Eu sabia o quanto ele estava orgulhoso de si mesmo, e percebi que ele sabia o quanto todos nós estávamos orgulhosos – era inegável. Em vez de elogios, ofereci encorajamento: "Você deve estar muito orgulhoso de si mesmo!". Então fui ainda mais específica: "Todo aquele treino valeu a pena! Você tem se esforçado em todos os arremessos – tenho certeza de que sabia que isso acabaria valendo a pena".

Seu sorriso foi tão gratificante! Eu era uma mãe orgulhosa, com certeza!

Há momentos em que é normal dizer "Estou tão orgulhosa"? Claro! Eu apenas tento ter cuidado com o momento e a frequência com que digo isso. Se eu usasse isso quando marcou um ponto, então poderia estar preparando-o para sentir-se decepcionado consigo mesmo no futuro; pior ainda, ele poderia pensar que eu ficaria decepcionada com ele.

No jogo seguinte ele foi eliminado. Ele lidou com isso com verdadeiro espírito esportivo. Lembrei muitas vezes aos meus filhos: "Não é o que acontece na vida, mas como você lida com o que acontece".

Depois que vi Greyson rebater, percebi imediatamente que ele não bateu na base com seu taco, voltou para o banco de reservas, fez beicinho ou olhou feio para o árbitro. Ele manteve a compostura. Fiquei orgulhosa, mas sabia naquele momento que ele não estava orgulhoso de si mesmo. Eu sabia que ele precisava ouvir muitas palavras de encorajamento por sua boa atitude.

Depois do jogo, lembrei-lhe das estatísticas de Babe Ruth e de como ele rebateu 1.330 rebatidas, mas foi lembrado por seus 714 pontos. Babe Ruth também era conhecido por seu diálogo interno positivo quando atacava. Ele respeitava a competição e amava seu treinador e companheiros de equipe.

Acho que todos podemos concordar que, na maioria das vezes, gostamos de ouvir e nos sentimos bem quando somos elogiados. Quando ouvimos muitos elogios, podemos nos tornar dependentes deles, o que pode se transformar em "vício em agradar", ou pode acontecer o oposto e podemos nos acostumar a ouvir o quanto nossos pais ficam orgulhosos de cada pequena coisa que fazemos. E tornar-se algo que não significa absolutamente nada.

Continuarei a elogiar os meus filhos – simplesmente não consigo evitar –, mas é importante ter sempre em mente o quanto o encorajamento é mais poderoso para eles. Antes de elogiá-los, eu me pergunto: "Isso é sobre eles ou sobre mim?".

Brad

Meus filhos e eu discutimos essa ferramenta juntos uma tarde, e minha filha teve uma visão muito profunda: "Sim, pai, se você der às pessoas uma recompensa ou um elogio por fazerem algo, elas podem não querer fazer se não conseguirem a recompensa ou elogio".

Acho que isso resume muito bem essa ferramenta. É tudo uma questão de aprender o valor intrínseco da realização. Trata-se também de ensinar aos nossos filhos que às vezes é bom ajudar os outros, mesmo que não recebam nada em troca. Acredito, porém, que é bom sermos enfáticos em nosso encorajamento. Algumas pessoas (inclusive minha mãe) podem pensar nisso como uma forma de elogio, mas eu gosto de ficar entusiasmado.

Meu primeiro pensamento é uma citação de Toni Morrison: "Seus olhos brilham quando eles entram na sala?". Decidi me concentrar em brilhar quando meus filhos entram na sala. O que poderia ser mais encorajador do que isso?

Ao pensar em como poderia atingir esse objetivo, percebi como é fácil brilhar os olhos quando minha cadela, Gracie, entra na sala. Aqueles de vocês que são amantes de cães sabem o que quero dizer. Quando Gracie entra na sala com o rabo abanando, eu abro um grande sorriso e tenho que dar a ela um pouco de amor e atenção.

E se eu tratasse meus filhos como um cachorro? Eu me perguntei. Qual seria a reação deles se eu os cumprimentasse com o mesmo entusiasmo?

"Emmmmmmmmmaaaaa! Como está minha garota hoje? Você está tão fofa! Venha me dar um abraço!" Então eu tentei... e adivinha? Meus filhos adoraram!

Pense nisso. Não importa quão ruim tenha sido o seu dia, se alguém o cumprimenta com tanto entusiasmo, você não pode deixar de sorrir. E foi o que aconteceu. Meus filhos sorriram e se deleitaram com a atenção. Não só isso, mas eu também me senti melhor.

Trate seus filhos com o mesmo entusiasmo e você ficará surpreso com mais alegria em sua casa.

História de sucesso de San Diego, Califórnia

Há vários anos, um cliente, a quem chamarei de Isaac, me ensinou a diferença entre elogio e encorajamento. Ele tinha cerca de 13 anos na época.

Eu já tinha participado do meu primeiro *workshop* de Disciplina Positiva, mas não entendia completamente (nem aceitava) a ideia de elogio *versus* encorajamento.

Eu estava fazendo uma visita domiciliar para uma família e perguntei como estavam as coisas. A mãe mencionou que Isaac levava o lixo para fora todos os dias e ela estava muito feliz com isso. Isaac revirou os olhos e perguntei o que havia de errado. Ele parecia muito frustrado e ficou com os olhos marejados quando respondeu, em um tom de zombaria de sua mãe: "Tudo o que ela fica dizendo é: 'Bom trabalho, Isaac, bom trabalho, Isaac'".

A mãe pareceu magoada, e eu fiquei um pouco confusa sobre por que isso era um problema, já que eu tinha certeza de que era minha sugestão que ela dissesse "Bom trabalho" quando ele se saísse bem.

Eu disse: "Ela está apenas tentando mostrar que percebe e aprecia que você está ajudando nas tarefas de casa. Se você não quer que ela diga 'Bom trabalho', o que você quer que ela diga?".

Foi quando ele começou a chorar e disse: "Ela poderia simplesmente dizer 'obrigada'".

Nesse ponto, sua mãe e eu percebemos, pela primeira vez, a principal diferença entre elogio e encorajamento. Na conversa que se seguiu, Isaac explicou que quando ela dizia "Bom trabalho" parecia condescendente – e ele realmente não acreditava nela. Ele disse que levar o lixo para fora não foi nem difícil, então fazê-la dizer "Bom trabalho" foi estúpido. Ele viu isso como algo que ela estava dizendo apenas porque eu disse a ela para elogiá-lo e não porque isso realmente importasse para ela. O que ele queria dela era que ela realmente visse e reconhecesse que estava se esforçando para fazer melhor e contribuindo para a família de maneiras úteis. O elogio não estava conseguindo isso.

Foi um grande momento para mim, e foi a primeira vez que realmente experimentei a sensação de receber elogios vazios. Para a mãe, que chorou ao ouvir a perspectiva dele, foi um grande momento de descoberta também. Ela melhorou rapidamente no encorajamento – primeiro observando e demonstrando gratidão pelas maneiras como ele contribuiu, e depois de maneiras mais complexas, como ser capaz de reconhecer o progresso em vez de apenas os produtos finais, fazendo perguntas curiosas para obter a perspectiva dele em vez de compartilhar seus julgamentos, e dando-lhe um trabalho mais desafiador para que ele tivesse a chance de experimentar mais sucessos e se sentir capaz.

Quando ele começou a sentir que sua mãe realmente via e apreciava seus esforços, o relacionamento deles melhorou e muitos dos comportamentos nos quais estávamos trabalhando começaram a melhorar.

— Aisha Pope, Trainer Certificada em Disciplina Positiva

DICAS DA FERRAMENTA

Pergunte a si mesmo:
1. Estou inspirando a autoavaliação ou a dependência da avaliação dos outros?
2. Estou sendo respeitoso ou paternalista?
3. Estou vendo o ponto de vista da criança ou apenas o meu?
4. Eu faria este comentário a um amigo? Os comentários que fazemos aos amigos geralmente se enquadram nos critérios de encorajamento.

PERGUNTAS CURIOSAS (QUE GERAM CONVERSAS)

Os pais não podem se dar bem com os filhos se presumirem que eles podem ser subjugados.

— Rudolf Dreikurs

Não faça perguntas capciosas para obter uma resposta certa. A pergunta é capciosa se você já sabe a resposta.

1. Faça perguntas abertas e depois ouça:
   - O que aconteceu?
   - O que você acha que causou isso?
   - Como você e outras pessoas se sentem a respeito disso?
   - Como você poderia resolver esse problema?
2. Não use um roteiro. Faça perguntas apropriadas para a situação.

Jane

As perguntas curiosas que geram conversas diferem das perguntas curiosas motivacionais (ver p. 156) que foram elaboradas para convidar seus filhos a compartilharem suas percepções sobre o que aconteceu, o que causou isso, como eles se sentem a respeito, como os outros podem se sentir, o que aprenderam a partir disso e quais ideias eles têm para resolver o problema. Isso só acontece quando as crianças sabem que podem compartilhar o que pensam e sentem sem terem de ouvir sermões sobre o que deveriam pensar e sentir.

Muitas vezes os adultos *dizem* às crianças o que aconteceu, o que causou isso, como deveriam se sentir a respeito, o que deveriam aprender com isso e o que eles deveriam fazer sobre isso. É muito mais respeitoso e encorajador perguntar: "O que aconteceu? O que você acha que fez isso acontecer? O que você estava tentando realizar? Se você fosse assumir a responsabilidade, sem culpa, qual seria a sua parte? Como você pode usar o que aprendeu?". E então ouça sem julgamento. Esse é o verdadeiro significado da educação, que vem da palavra latina *educare*, que significa "extrair". Muitas vezes os adultos tentam dizer ou responder em vez de extrair, e depois se perguntam por que as crianças não ouvem.

Você notará que "Por quê?" não é uma das perguntas sugeridas.

"Por quê?" geralmente soa acusatório e provoca a defensiva. No entanto, nem sempre é esse o caso. Até mesmo perguntas "o que" e "como" podem ser feitas em tom de voz acusatório. "Por quê?" pode funcionar quando as crianças sentem que você está realmente interessado no ponto de vista delas.

Perguntas de conversação não serão eficazes se você espera obter a resposta desejada. **Então são chamadas de "perguntas de conformidade" e não de "perguntas curiosas".**

Quando seus filhos fazem algo irritante, você pode ficar tentado a usar críticas ou sermões. Quando você está com raiva, pode sentir necessidade de se defender, dar um sermão sobre seu ponto de vista ou dizer a seus filhos que eles deveriam se sentir diferentes. Quando seus filhos estão chateados, você pode sentir necessidade de resolver seus problemas ou dizer-lhes (dar um sermão) sobre o que fazer. Essa é uma forma sutil de crítica que diz: "Você não é capaz o suficiente para lidar com problemas ou ficar chateado".

Em vez de falar, tente perguntar: "Você pode me contar mais sobre isso? Você poderia me dar um exemplo? Há mais alguma coisa que você queira dizer sobre isso? ... Algo mais? ... Algo mais? ... Algo mais?". Você pode perguntar "algo mais" várias vezes antes que seu filho vá tão fundo que ele não consiga pensar em mais nada.

Às vezes as crianças descobrem suas próprias soluções respondendo a perguntas curiosas. Se elas não pensarem em uma solução durante o processo de reflexão, você pode perguntar: "Gostaria da minha ajuda para levantar possibilidades?". Evite a tentação de ajudar se seu filho não pedir sua ajuda. Quando você tiver permissão, pode ajudar seu filho a explorar possibilidades fazendo perguntas curiosas.

A palavra-chave é "explorar". Ajudar as crianças a explorarem as consequências das suas escolhas é muito diferente de impor-lhes consequências. Pense em uma situação em que você deu um sermão em seu filho dizendo o que aconteceu, o que causou isso, como ele ou ela deveria se sentir a respeito e o que deveria fazer a respeito. Anote. Em seguida, escreva um novo roteiro sobre como você poderia usar essa situação para fazer perguntas curiosas que ajudariam seu filho a se sentir capaz.

Se possível, encontre alguém que faça uma dramatização com você. Primeiro, você pode pedir ao seu parceiro para representar você na primeira descrição do sermão que você fez enquanto brincava com seu filho. Depois, você pode pedir ao seu parceiro para encenar seu filho enquanto você pratica perguntas curiosas. Após cada dramatização, peça ao seu parceiro para compartilhar o que ele ou ela estava pensando, sentindo e decidindo durante a dramatização. Em seguida, compartilhe o que você estava pensando, sentindo e decidindo no papel que estava desempenhando. Isso lhe dará uma ótima visão sobre o que pode estar acontecendo com seus filhos.

Pratique o uso de perguntas curiosas e mantenha um diário sobre os resultados. Ler seu diário lhe dará inspiração para o futuro.

Mary

Um dia, meu filho, que tinha 8 anos na época, me disse que tinha um amigo que falava palavrões durante o recreio e que queria ser honesto comigo e compartilhar sua experiência. Evitei a tentação de reagir exageradamente e entrar no "modo mãe". (Ou devo dizer "modo mamãe ursa protetora"?) No passado, posso ter começado a fazer perguntas como: "Quem é esse garoto? Qual o nome dele? Onde ele desce? Qual é o número da mãe dele?". Eu teria terminado com meu ultimato: "Você precisa parar de sair com ele!".

Por que é que sermões e muita "ordens" parecem tão mais fáceis no momento? Acredite em mim quando digo que já estive lá e fiz isso, e não foi nada eficaz. Basta perguntar aos meus filhos.

Mas, neste caso, eu realmente pratiquei a ferramenta de perguntas curiosas conversacionais que geram conversas:

GREYSON: Mãe, você conhece aquele garoto da escola de quem lhe falei que gosta de xingar e dizer coisas inapropriadas?
MÃE: Sim. O que ele disse?
GREYSON: Quando estávamos no recreio, ele usou palavras como "racista", "retardado" e "lésbica".

Suspirei. Então lembrei que meu rosto precisava corresponder à minha intenção. Quando fiquei pronta, com meu rosto e tom calmos, disse: "Conte para mim o que aconteceu".

Greyson repetiu as muitas palavras que seu amigo havia usado.

MÃE: Por que você acha que seu amigo usa essas palavras?
GREYSON: Acho que é porque ele ouve o irmão mais velho falando assim e acha legal.
MÃE: Você acha legal?
GREYSON: De jeito nenhum.
MÃE: O que essas palavras significam para você?
GREYSON: Eu nem sei o que algumas delas significam, mas acho que são inadequadas.
MÃE: Como você reagiu ao ouvir essas palavras?
GREYSON: Às vezes eu rio e outras vezes não digo nada.
MÃE: O que você acha que os outros pensam dele quando ele diz coisas assim?
GREYSON: Bem, na verdade ele tem a reputação de ser mesquinho e valentão, mas ele também é popular.
MÃE: O que seus amigos pensarão de você se você rir ou disser as mesmas coisas?
GREYSON: Provavelmente ficarão surpresos ou confusos, porque não falo assim.
MÃE: Quais respostas diferentes você poderia dizer quando ele fala assim?
GREYSON: Talvez se eu não rir, ou poderia simplesmente dizer: "Mano, isso não é legal".
MÃE: Como você quer ser visto pelos seus amigos?
GREYSON: Não quero que as pessoas pensem que sou como ele.

Quanto mais eu fazia essas perguntas, mais via as engrenagens girando em sua cabeça enquanto ele procurava as respostas. Percebi que, em vez de dar-lhe um sermão e convidá-lo a ficar na defensiva, estimulei-o a pensar e a encontrar as respostas por conta própria.

Fiquei muito grato por ele estar disposto a compartilhar essa situação. Meu objetivo é nunca convidá-lo a ficar na defensiva com assuntos que surgirão no futuro. Também quero que ele se sinta apoiado e amado incondicionalmente e não julgado. Mais importante, quero que ele seja capaz de encontrar as respostas sozinho.

Brad

Certo dia, eu estava levando Emma para o ensaio do coral e tive a seguinte conversa, cheia de perguntas curiosas.

> EMMA: Pai... Não quero mais assistir a filmes com palavrões.
> PAI: Querida, que filmes você assistiu que contêm palavrões?
> EMMA: Lembra daquele filme com o cara que deveria ser um super-herói, mas ele não é realmente um super-herói? [Foi *Hancock*, com Will Smith.]
> PAI: Ah, sim... Esse não foi um filme muito bom.
> EMMA: Sim. E agora essas palavras estão presas na minha cabeça.
> PAI: Bem, só penso em palavras diferentes para substituí-las. Como "Fahrvergnügen" e "cogumelos shitake". [Emma riu.]
> PAI: Que tal "bobão"?
> EMMA: E a palavra P?
> PAI: A palavra P?
> EMMA: Sim, você sabe, PU...
> PAI: Ahhhh... ahhhh... Não sei. Deixe-me pensar sobre isso.

Depois do ensaio do coral, Emma pulou no carro.

> EMMA: Você achou uma palavra?
> PAI: Sim – "Pulga". Tipo "filho da pulga"! [Emma riu.]
> EMMA: Pai... você sabe que quando é sexta-feira gostamos de dizer ODES*?
> PAI: Sim?
> EMMA: Bem, eu tenho uma nova.
> PAI: Qual, querida?
> EMMA: PQEQF.
> PAI: PQEQF?
> EMMA: Pena que é quinta-feira.

---

* N.R: Obrigado, Deus, é sexta-feira (em inglês: TGIF, *Thank God It's Friday*)

História de sucesso de San Diego, Califórnia

Minha filha de 4 anos e meio fez um desenho rudimentar de um beliche e escreveu seu nome e o nome de sua irmã na pauta da reunião de família que estava afixada na geladeira de nossa cozinha.

Iniciamos nossa reunião de família com reconhecimentos e depois abordamos esse item da pauta, pedindo que ela compartilhasse o que a incomodava. Ela disse que não gostava de ficar na cama de baixo do beliche.

Passamos o bastão da fala e anotamos todas as soluções sugeridas, inclusive a criação de um cronograma para que pudessem dividir igualmente os beliches de cima e de baixo, o que foi sugerido pela irmã mais velha.

Depois de todos darmos uma volta no círculo e compartilharmos nossas ideias, perguntamos à minha filha mais nova qual delas ela achava que seria útil.

Para minha surpresa, ela não gostou de nenhuma delas. Então fiz a ela algumas perguntas curiosas, incluindo: "Por que você não gosta de ficar na cama de baixo?".

Ela disse que não gostava de olhar para as ripas de madeira.

Isso nos deu uma linha totalmente nova de soluções para o problema. Voltamos à mesa e compartilhamos mais sugestões.

Minha filha escolheu com alegria a solução de fazer um cartaz com colagem para cobrir as ripas de madeira. Ela fez o cartaz naquele dia e nunca mais ouvimos reclamação sobre isso!

— Julie Iraninejad, Trainer Certificada em Disciplina Positiva

DICAS DA FERRAMENTA

1. Espere até que você e seu filho estejam calmos antes de fazer perguntas curiosas.
2. Certifique-se de que uma conexão amorosa com seu filho seja seu objetivo principal.
3. Seja verdadeiramente curioso sobre o que seu filho está pensando e sentindo.
4. As crianças sabem quando você está realmente curioso e quando você tem uma expectativa sobre como elas devem responder. A primeira situação os convida a pensar. Esta última os convida a se calar.
5. Faça perguntas curiosas de coração e sabedoria interior que se ajustem à situação.
6. Acredite em seus filhos para descobrirem as coisas com sua orientação sutil.

ESCOLHAS LIMITADAS

Gentileza implica um respeito genuíno por outro indivíduo. Não requer submissão.

— Rudolf Dreikurs

Escolhas limitadas proporcionam pequenos passos no poder compartilhado.

1. Diga: "É hora de partir. Você gostaria de ir pulando como um coelho ou andando como um elefante até o carro?".
2. Se o seu filho não quiser ir embora, diga com gentileza e firmeza: "Ficar não é uma escolha", e repita as duas opções.
3. Pode ser encorajador adicionar "Você decide" depois de dar duas opções.

Jane

As crianças muitas vezes respondem às escolhas quando não respondem às exigências, especialmente se você seguir a escolha com "Você decide". As escolhas limitadas devem ser respeitosas e concentrar a atenção nas necessidades da situação. Por exemplo, as necessidades da situação podem ser escovar os dentes. As crianças podem não ter a opção de escovar ou não os dentes, mas podem escolher qual escova de dentes usar. Eles podem não ter a opção de fazer ou não fazer a lição de casa, mas podem escolher quando gostariam de fazê-la – logo depois da escola, antes ou após o jantar.

As escolhas estão diretamente relacionadas à responsabilidade. Crianças mais novas são menos capazes de assumir grandes responsabilidades, por isso as suas escolhas são mais limitadas. As crianças mais velhas são capazes de escolhas mais amplas, porque podem assumir a responsabilidade pelas consequências da sua escolha. Por exemplo, as crianças mais novas podem ter a opção de ir para a cama agora ou dentro de cinco minutos. As crianças mais velhas podem ter total responsabilidade pela escolha da hora de dormir, porque também assumem total responsabilidade por se levantarem de manhã e irem para a escola sem complicações.

As escolhas também estão diretamente relacionadas ao respeito e à conveniência dos outros. Ao se prepararem para a escola, as crianças mais novas podem ter a opção de calçar os sapatos antes de sairmos em cinco minutos ou colocá-los no carro. As crianças mais velhas podem ter a opção de estar prontas em cinco minutos ou ir para a escola de bicicleta. De qualquer forma, mamãe tem que sair em cinco minutos.

Sempre que for dada uma escolha, ambas as alternativas devem ser aceitáveis para o adulto. Minha primeira tentativa de escolha foi perguntar à minha filha de 3 anos: "Você quer se preparar para dormir?". Ela não quis. Obviamente, a escolha que ofereci não incluía a necessidade de ela ir para a cama, e a escolha que ofereci não incluía uma alternativa.

Esperei cinco minutos e comecei novamente perguntando: "Você gostaria de usar seu pijama rosa ou azul? Você decide". Ela escolheu o pijama azul e começou a vesti-lo. Adicionar "Você decide" após uma escolha é muito encorajador para a criança, acrescentando ênfase ao fato de que ela tem uma escolha.

E se a criança não quiser nenhuma das opções e quiser fazer outra coisa? Se a outra coisa for aceitável para você, tudo bem. Se não for, diga: "Essa não é uma das escolhas" e depois repita as escolhas e "Você decide".

Escolhas limitadas fornecem um excelente exemplo de comportamento parental gentil e firme. Há firmeza em garantir que certas coisas sejam feitas e gentileza em oferecer algumas escolhas, mesmo que sejam limitadas.

Mary

Eu uso a ferramenta de escolhas limitadas diariamente, sobretudo com meu filho mais novo, Parker. Descobri que escolhas ilimitadas podem ser difíceis para meus filhos, como acontece com a maioria dos adultos. Menos é mais ao usar esta ferramenta. Quando ofereço escolhas ilimitadas – por exemplo: "O que você gostaria de vestir hoje?" –, estou preparando meu filho para mudar de ideia várias vezes. Outras vezes, ele se diverte tanto sendo o centro das atenções que explora tudo o que vale a pena, então uma decisão não é tomada – pelo menos não em tempo hábil.

Ofereço opções limitadas, como: "Você gostaria de usar seus Crocs ou Vans?". Ou "Esse short ou essa calça?". Isso acelera o processo de vestir-se, que acontece de forma rápida e sem disputa por poder. Também nos ajuda a sair na hora certa.

Também percebi que há três coisas que você não pode obrigar seu filho pequeno a fazer: comer, dormir e ir ao banheiro. Oferecer escolhas limitadas durante esses tempos normalmente diminuirá, se não eliminar, quaisquer potenciais disputas por poder.

Para comer: maçã ou uva, sanduíche de presunto ou pasta de amendoim, ovos fritos ou ovos mexidos. Na hora de dormir: ler a história de um ou dois livros. Para ir ao banheiro: ir como um pato ou como um elefante até o banheiro.

Na próxima vez que você se sentir sobrecarregado ou irritado com seu filho, tente oferecer-lhe uma escolha limitada. Se ele não escolher uma das duas, você pode prosseguir dizendo: "Essa não é uma das opções". Se meu filho continua a resistir, eu digo com gentileza e firmeza: "Você pode decidir ou eu posso decidir por você".

Um último ponto importante a lembrar é a energia que você coloca ao usar a ferramenta de escolhas limitadas. Tenho certeza de que quando estou frustrada, irritada e oferecendo escolhas limitadas não recebo o mesmo entusiasmo e cooperação que recebo quando meu tom e energia são calmos e convidativos. Quando estou calma e convidativa, as escolhas limitadas convidam não apenas à cooperação, mas também a mais conexão em nosso relacionamento.

História de sucesso de Chino, Califórnia

Como mãe de três filhos com menos de 6 anos, um dos quais tem TDAH, preciso de todas as técnicas que puder para encorajar a cooperação. Assim que meu primeiro (e mais desafiador) filho completou 2 anos, eu perdi o juízo. A passagem de uma atividade para outra virou um momento de birra. A pior experiência sempre ocorria na hora de sair do parque. Foi então que me deparei com a *Disciplina Positiva para crianças de 0 a 3 anos* da Dra. Jane Nelsen. De repente, tive uma série de estratégias para usar e, nos últimos anos, usei praticamente todas elas.

A técnica mais utilizada, e que me rende muitos elogios de outras mães do parque, são as escolhas limitadas. À medida que se aproxima a hora de sair, pergunto aos meus filhos se gostariam de sair em cinco ou dez minutos. É claro que o tempo mais longo é selecionado e raramente me falta um consenso. Defino o alarme do meu telefone com uma música dançante divertida e faço anúncios atualizados do tipo "tempo que falta até a partida". Após cada anúncio, pergunto a cada filho: "O que acontece depois que o alarme dispara?".

Meus filhos agora dizem em coro: "Vamos embora".

Quando o alarme toca, anuncio: "Dancinha". Dançamos por um segundo e então pergunto: "Que animal você vai ser?". No início, dei-lhes uma escolha limitada de dois tipos diferentes de animais, mas agora os meus filhos adoram escolher os seus próprios animais. Lá vamos nós, sem birra, minha filha como uma onça, meu filho mais velho como um trem (quem sou eu para limitar a imaginação dele para que os trens estejam vivos?), e meu filho mais novo como um cachorro.

Isso tem funcionado de forma brilhante repetidamente. Agora que uso essa técnica há tantos anos, inúmeras outras mães me perguntam onde consegui essas estratégias. Animadamente lhes conto meu maior segredo: os livros de Disciplina Positiva.

— Kari Franco

DICAS DA FERRAMENTA

1. Lembre-se de que oferecer uma escolha convida seu filho a se sentir capaz em suas habilidades cognitivas.

2. Quando uma criança quiser algo diferente das opções oferecidas, diga: "Essa não é uma das opções", e repita as opções. Lembre-se da importância de adicionar "Você decide".

3. Se a criança ainda não aceitar uma das opções, diga: "Terei que decidir até que você esteja pronto". Em seguida, decida o que você fará e permita que seu filho expresse seus sentimentos.

4. O segredo é manter um tom de voz gentil e firme, mesmo no meio de um ataque de raiva. Não envolva seu filho no seu próprio ataque de raiva.

7
HABILIDADES PRÁTICAS

MESADAS

Muitas vezes vale a pena apoiar as crianças em uma sugestão falha (suposição) e deixá-las experimentar o resultado.

— Rudolf Dreikurs

Mesadas podem ser uma ótima maneira de ensinar as crianças sobre dinheiro.

1. Evite conectar mesadas a tarefas domésticas (embora as crianças possam escolher ganhar dinheiro com trabalhos especiais selecionados).
2. O valor da mesada depende do seu orçamento e do que você espera que as crianças façam com o dinheiro.
3. Deixe as crianças aprenderem com seus erros ao gastar o dinheiro. Mostre empatia e evite resgatá-las.

Jane

Você entendeu o que Dreikurs quis dizer na citação no início do capítulo sobre apoiar as crianças em uma suposição errada? Deixe-me explicar.

Assim que meus filhos completaram idade suficiente para se interessar mais por colocar moedas em um cofrinho do que em suas bocas, eles receberam uma mesada de uma moeda de vinte e cinco centavos, uma de dez, uma de cinco e uma de um centavo. Sua primeira lição em gestão financeira envolveu o caminhão de sorvete que tocava música e passava pela nossa casa todos os dias no verão. Explicamos que eles tinham mesada suficiente para comprar três sorvetes por semana – um conceito que eles só poderiam entender por meio da experiência.

Tenho certeza de que eles presumiram que poderiam comprar um sorvete por dia. No entanto, até quinta-feira o dinheiro deles havia acabado e as lágrimas surgiram.

A única maneira de permitir que eles aprendessem com os resultados de sua suposição errada era validar seus sentimentos, esperar que se acalmassem e, então, fazer algumas perguntas para ajudá-los a entender o que acontece quando há sete dias na semana e eles têm dinheiro suficiente para apenas três dias.

O próximo passo foi encontrar algumas soluções. Demos um grande calendário a cada um deles, mostramos quantos quadrados representavam uma semana e os convidamos a escolher três dias em cada semana em que comprariam um sorvete e quais dias eles ficariam sem.

Eles não ficaram muito felizes com os dias em que ficariam sem sorvete, então encontramos uma solução: poderíamos fazer picolés de suco de frutas no congelador para os outros dias.

Conforme nossos filhos cresciam, o valor da mesada aumentava. No entanto, sempre usamos as mesadas para ensinar sobre gestão financeira. Uma ou duas vezes por ano discutíamos o valor da mesada que eles receberiam, com base em se esperava que usassem o dinheiro. Ensinamos o "sistema de envelopes" que Mary ainda usa. Eles teriam um envelope para caridade (10 por cento), um envelope para despesas semanais, como cinema e alguns imprevistos, e um envelope para poupança. Concordávamos em pagar metade se eles quisessem comprar itens grandes como um carro. Uma vez que tivessem economizado a metade, pagaríamos a outra metade.

Duas vezes por ano eles recebiam uma mesada para roupas. Se gastassem tudo de uma vez, teriam que ser criativos até a próxima mesada de roupas. Um ano, Mary criou um sistema de "trocas" com suas amigas para variar seu guarda-roupa.

Uma das minhas coisas favoritas sobre nosso sistema de mesada eram as discussões e birras que eram evitadas. Quando estávamos comprando e meus filhos queriam algum brinquedo frívolo, eu dizia: "Você tem dinheiro suficiente guardado para comprá-lo? Se não, quanto tempo você acha que levará para economizar o suficiente?". Eles quase nunca querem o brinquedo o suficiente para gastar seu próprio dinheiro. Mesmo que pensassem que queriam algo o suficiente para economizar por isso, geralmente mudavam de ideia em dias ou em horas.

Brad

Temos um sistema em vigor para meus filhos ganharem dinheiro. Quando meu filho fez 13 anos, parei de pagar por uma babá e, em vez disso, passei a pagar meu filho para "cuidar" e minha filha para "se comportar bem". Ainda assim, não é incomum meus filhos virem até mim e perguntarem: "Pai... quando você vai sair de novo? Preciso de um novo *videogame*".

Eu gosto da ideia de mesadas por algumas razões:

1. Minha filha começou a se interessar por moda, e aquelas adoráveis peças da moda na Justice Just for Girls* podem ser caras. Eu gosto da ideia de permitir que minha filha comece a planejar seu guarda-roupa usando uma mesada.
2. Quando as crianças têm seu próprio dinheiro, você pode começar a ensiná-las sobre investimentos. Queria que alguém tivesse me ensinado sobre investimentos quando eu era jovem. Eu teria comprado cinco mil ações da Apple em 1980 e estaria comemorando minha aposentadoria antecipada agora.
3. Pagar uma mesada aos meus filhos me poupou da experiência de ter uma barraca de limonada. Qualquer um de vocês que já teve seus filhos implorando para ajudá-los com uma barraca de limonada sabe do que estou falando. É algo como brincar de massinha. É divertido para as crianças, mas os pais têm que fazer todo o trabalho de limpeza.
4. Fundo de reserva para a faculdade!
5. Carro. Quando meus filhos tirarem a carteira de motorista, eles estarão acostumados a planejar e pagar as coisas por conta própria. Então, provavelmente vão querer começar a trabalhar para ganhar seu próprio dinheiro.

---

* N. T.: Rede de lojas norte-americanas de roupas para meninas.

Mary

Não me lembro exatamente quantos anos eu tinha quando recebi minha primeira mesada, mas o que me lembro é que era uma moeda de vinte e cinco centavos, uma de dez, uma de cinco e uma de um centavo e o quanto eu amava colocá-las no meu cofrinho, tirá-las e depois colocá-las de volta.

À medida que crescíamos, meus pais nos davam nossa mesada uma vez por semana. Eu sempre esperava pelo dia – geralmente sexta-feira. Também me lembro que eu era a única entre meus amigos que tinha uma mesada, e eles achavam que eu tinha muita sorte.

Também achava que tinha sorte, até perceber que, toda vez que queria que meus pais me comprassem algo, eles diziam: "Você trouxe sua mesada?" ou: "Quanto tempo você precisa economizar até poder comprar?". Não percebi até ter meus próprios filhos como isso facilitava para meus pais dizerem não sem ter que dizer não de fato.

Comecei a dar mesada ao meu filho mais velho, Greyson, quando ele tinha 4 anos. Comecei alguns meses antes com meu segundo filho, Reid, porque ele entendeu rápido sobre a mesada de Greyson e naturalmente queria ser como seu irmão mais velho, e a mamãe queria ser justa.

Meu marido não tinha certeza sobre se deveria dar quatro dólares por semana para um garoto de 4 anos. Ele acreditava que era muito dinheiro para um garoto de 4 anos. Lembrei-lhe de quanto gastamos com todas as pequenas coisas toda vez que saíamos, e que ao dar-lhe uma mesada pouparíamos dinheiro. Além disso, expliquei a ele sobre todos os valores de receber uma mesada.

1. Ensina as crianças a economizarem seu dinheiro.
2. Gratificação adiada.
3. O valor do dinheiro.
4. Que você recebe uma mesada porque é parte da família (você sempre pode ter um ganho extra fazendo trabalhos específicos pela casa).
5. Contas: adição e subtração.
6. Empréstimos (se seus filhos esquecerem suas carteiras) – valores que têm que ser pagos.

Há alguns dias, estávamos na Legoland e Greyson pediu um conjunto de Lego de Star Wars. Perguntei se ele tinha dinheiro suficiente. Depois de calcular quanto custava, ele conseguiu entender que, se economizasse a mesada da semana anterior e a desta semana, então ele teria dinheiro suficiente na próxima vez que voltássemos, em algumas semanas.

Alguns dias depois, ele viu um brinquedo que queria na Target,* e perguntei se ele preferia ter isso em vez de seus Legos de Star Wars. Ele pensou sobre isso e decidiu que preferia economizar seu dinheiro. O momento mais incrível dessa história foi que, quando estávamos nos dois lugares, ele conseguiu rapidamente concordar que poderia esperar até a semana seguinte. Adorei vê-lo praticar a paciência, e adorei ainda mais não ter que enfrentar um ataque de birra como eu achei que ele teria.

A ferramenta de Disciplina Positiva sobre mesadas é benéfica não apenas para a criança, mas também para os pais.

História de sucesso de San Diego, Califórnia

A história dos pais

Tivemos uma reunião de família em que discutimos mesadas para nossas duas filhas. Chegamos a um valor após olhar nossas despesas com roupas, presentes e muitas outras coisas que elas precisariam comprar.

Elas agora estavam empoderadas para comprar suas próprias roupas e comprar presentes ou coisas fofas da loja. Se elas gastassem sua mesada antes de receberem a próxima, então poderiam esperar ou pegar mais dinheiro emprestado com uma taxa de juros.

Uma das minhas filhas decidiu abrir uma conta bancária e começar a colocar parte do dinheiro no banco, depois que oferecemos dobrar o dinheiro que elas tinham para comprar um carro quando fossem mais velhas. Minha filha mais nova escolheu nos dar presentes feitos por ela, como pedras pintadas de vermelho e verde para nosso aniversário de casamento, em vez de nos comprar um presente. Quando perguntada sobre o que as cores representavam, ela respondeu: "A pedra vermelha na porta da frente significa que não estamos em casa e a pedra verde significa que estamos em casa". Quando perguntamos

---

* N. T.: Loja de departamentos norte-americana.

sobre a mesada que havíamos estabelecido, que incluía um valor para presentes, ela disse: "Eu coloquei no banco porque vocês sempre dizem que presentes feitos em casa valem mais". Cada uma das meninas conseguiu comprar um carro com o dinheiro que economizaram ao longo dos anos.

A história das crianças

Meus pais realmente conseguiram me ensinar o valor do dinheiro. Desde os 6 anos, eu recebia uma mesada semanal que, por fim, parei de receber no ensino médio. Começou com $ 5 e depois de um tempo aumentou para $ 25 ao longo dos anos.

Eu tinha permissão para gastá-la em qualquer coisa que eu quisesse, dentro do razoável. Doces, por exemplo, eram permitidos apenas aos sábados quando meu pai nos levava à loja para escolher qualquer doce que quiséssemos! Foi assim também que eles começaram a nos ensinar sobre nossa saúde e o que entra em nossos corpos. Qualquer coisa que não fosse uma "necessidade da vida" tinha que sair da nossa mesada.

Eu economizei quando quis uma calça jeans melhor e tive que planejar o que queria comprar. Aprendi muito sobre orçamento e controle de gastos. Meus pais também abriram uma conta bancária para mim. Eu amava (e ainda amo) depositar dinheiro na conta e ver ele render.

Em algumas ocasiões, meus pais viam que minha irmã e eu realmente queríamos algo e nos davam o dinheiro "só porque achavam que deveriam". Reconhecíamos o gesto e o quanto eles tinham que trabalhar para nos dar aquele dinheiro. Minha irmã e eu nunca nos sentimos privadas e nos sentimos mais adultas quando podíamos fazer essas coisas e tomar nossas próprias decisões. Hoje estou na faculdade e posso definitivamente dizer que sou muito grata pelas habilidades que eles me ensinaram.

— Nikita Patel

DICAS DA FERRAMENTA

1. Cabe aos pais decidirem o valor da mesada com base no que podem pagar e no que esperam que seus filhos comprem por conta própria.
2. Valide os sentimentos quando seus filhos ficarem sem dinheiro, mas não os resgate. Tenha em mente que existem exceções para toda regra. Apenas esteja ciente do que seus filhos podem estar aprendendo com cada resgate financeiro.
3. Não combine mesadas e tarefas domésticas (trabalhos). As crianças fazem tarefas domésticas porque fazem parte da família e recebem mesadas pela mesma razão.
4. Tenha uma lista de trabalhos pagos, como lavar o carro, remover ervas daninhas do jardim ou qualquer coisa que não faça parte das tarefas regulares.
5. Quando seus filhos quiserem um aumento, encoraje-os a apresentar seus argumentos sobre quanto precisam e para quais propósitos.

TAREFAS DOMÉSTICAS

Nunca faça por uma criança o que ela pode fazer por si mesma.

— Rudolf Dreikurs

As crianças aprendem habilidades de vida, desenvolvem interesse social e se sentem capazes ajudando em casa.

1. Façam juntos uma lista de tarefas em família.
2. Crie maneiras divertidas de fazer rodízio nas tarefas, como: uma roda de tarefas com uma seta para girar, tabelas de tarefas ou um pote de tarefas para pescar duas para serem realizadas por semana.
3. Dedique tempo para o treinamento de trabalho – faça tarefas com eles nos primeiros seis anos.
4. Discuta todos os problemas em uma reunião de família e concentre-se nas soluções.

Jane

Quantas vezes você disse: "É mais fácil fazer eu mesmo" ou "Eu vou fazer apenas para que fique bem-feito"? Talvez você tenha dito a si mesmo: "Vou esperar até meu filho ser mais velho, e então envolvê-lo nas tarefas". Os dois primeiros comentários são verdadeiros. É mais fácil fazer você mesmo. Será feito melhor e mais rápido se você fizer. Mas, se você esperar até mais tarde para envolver seu filho em trabalhos, pode ser tarde demais.

Lembre-se do que dissemos na Introdução sobre as crianças formando "crenças" que são a motivação para o comportamento delas. Essas crenças podem se tornar profundamente enraizadas e difíceis de mudar, sobretudo quando são formadas em um estágio da vida pré-verbal e pré-racional. Essas crenças podem ter um efeito no resto da vida de seu filho. Que tipo de crenças você espera que seus filhos desenvolvam sobre contribuir com trabalhos domésticos? Que tipo de crenças eles podem estar criando sobre si mesmos e suas habilidades se tudo é feito para eles? Se você leu a maior parte deste livro, acho que sabe a resposta.

Agora, o desafio. Com exceção das crianças de 2 anos na fase do "eu faço", seus filhos resistirão a assumir a responsabilidade por tarefas. Por quê? Porque trabalhos (tarefas domésticas) não estão na lista dos 100 itens mais importantes para se fazer, e é por isso que eles ainda precisam dos pais para ensinar-lhes as habilidades que lhes serão úteis por toda a vida. Então, use tantas ferramentas de Disciplina Positiva quanto puder para mantê-los envolvidos, mesmo quando resistirem, e evite dar recompensas como um incentivo. Deixe claro que todos fazemos trabalhos porque somos parte da família, e todos recebemos uma mesada porque somos parte da família. Os dois não estão conectados.

O dano das recompensas é mencionado muitas vezes neste livro (com a pesquisa que ilustra os efeitos negativos nas crianças para desenvolver interesse social e arriscar-se). As crianças nascem com um desejo inato de contribuir. Felix Warneken e Michael Tomasello chamaram isso de altruísmo e demonstraram esse conceito. Os pesquisadores solicitaram que mães trouxessem seus filhos de 18 meses para uma sala. A criança observava enquanto o pesquisador pendurava coisas em um varal e então deliberadamente deixava cair um dos pregadores. A criança olhava para o pregador, e então para a expressão perplexa no rosto do pesquisador, e então pegava o pregador e "ajudava", entregando-o ao pesquisador.[19]

Sim, crianças amam recompensas (assim como amam doces, telas e elogios), mas recompensas são viciantes e levam à demanda por recompensas maiores e melhores, ou à recusa em fazer a tarefa se a recompensa não for grande o suficiente.

Isso destrói o desenvolvimento dessa característica inata das crianças – o desejo de contribuir.

Mary

Eu cresci fazendo *brainstorming* durante nossas reuniões de família sobre diferentes maneiras de decidir quem era responsável por quais tarefas. Eu realmente valorizei essa ferramenta com minhas primeiras colegas de quarto na faculdade. A maioria delas não estava acostumada a participar das tarefas domésticas (a menos que recebessem recompensas de seus pais), e isso começou a criar ressentimento entre aquelas que faziam e aquelas que não faziam. Quando tivemos nossa reunião de família/colegas de quarto, concordamos em criar uma roda de tarefas. Essa roda foi criada com dois pratos de papel. O prato menor tinha nossos nomes nele e o prato maior tinha as tarefas semanais básicas. Toda semana a roda era girada. Era uma ideia justa, com a qual todas concordamos e ficávamos animadas para participar. Ter essas descrições de trabalhos criou paz e cooperação, bem como satisfação com nossa casa limpa e apreço uma pela outra.

Como meus meninos são pequenos, em nossa casa as tarefas se tornaram algo que eles mais ou menos se voluntariaram para fazer com entusiasmo. Alguns exemplos incluem:

- Greyson ajudar Reid a entrar e sair da cadeirinha do carro.
- Quebrar os ovos e depois mexer a mistura para panqueca. (Eles revezam.)
- Colocar o sabão na máquina de lavar.
- Lavar o cabelo um do outro.
- Esvaziar a água da banheira enquanto o outro coloca todos os brinquedos de banho no balde.
- Abrir portas (especialmente para as senhoras).
- Certificar-se de que todas as luzes estão apagadas.

Essas tarefas são divertidas para meus meninos, e os ajudam a se sentirem capazes e a identificar diferentes partes de seu papel em nossa família. À medida que crescem, tenho certeza de que usarei alguns dos sistemas com os quais cresci.

Brad

No último dia de aula, envolvi meus filhos na criação de uma roda de tarefas para o verão. Gibson criou a roda e Emma coloriu as figuras. Decidimos ter uma tarefa diária e uma tarefa semanal, que variam toda semana.

Acho que todos concordamos que é importante ensinar às crianças o valor do trabalho. Contribuir para a família estimulará um senso de propósito e pertencimento nas crianças. Mas vamos assumir: quando as crianças ajudam, às vezes criam *mais* trabalho para os pais!

Por exemplo, alimentar o cachorro é uma das tarefas em nossa casa. Eu levaria apenas trinta segundos para alimentar o cachorro, mas estou tentando encontrar maneiras para meus filhos contribuírem. Então Emma teve a tarefa de alimentar o cachorro por uma semana. A ração do cachorro fica na garagem, o que significa que minha filha tinha que passar por duas portas no processo de alimentar o cachorro. Primeiro ela encheu um copo de ração e derramou metade no chão da garagem. Depois ela derramou mais um pouco ao abrir a porta para a lavanderia. Então ela derramou ainda mais ao abrir a porta para o quintal. E então novamente enquanto despejava a ração no prato da Gracie.

Então, agora, em vez de só ter um cachorro para alimentar, eu tenho formigas na garagem e uma bagunça para limpar na lavanderia. Sem mencionar um cachorro muito magro que só recebe uma pequena porção do copo original de ração.

Meu filho tinha como tarefa podar os arbustos com um aparador elétrico. Então ele começou a podar os arbustos relutantemente, mas falhou em perceber que um aparador elétrico tem um cabo de energia. Então, após cerca de cinco minutos realizando o trabalho, ele cortou o cabo de extensão junto com os arbustos, destruindo o cabo de extensão e deixando metade da casa sem eletricidade!

É sempre com um pouco de ansiedade que eu entro na cozinha para girar a roda de tarefas.

História de sucesso de Riyad, Arábia Saudita

Estou muito ocupada esses dias porque estou trabalhando em um artigo de pesquisa, que consome mais de quatro horas por dia. Minha filha de 4 anos tenta chamar minha atenção chorando, não comendo suas refeições, quebrando seus brinquedos e depois me pedindo para consertá-los.

Eu estava me sentindo culpada porque sinto que não estou dando tempo suficiente para ela e irritada porque não consigo terminar meu trabalho em silêncio.

Por estar tão ocupada, tendia a fazer coisas por ela, mesmo quando ela poderia fazer sozinha (como consertar seus brinquedos), apenas para acalmá-la. Ela parava seu comportamento irritante por um tempo, mas, quando eu começava a trabalhar novamente, ela encontrava novas maneiras de chamar minha atenção.

Foi muito útil aprender sobre o objetivo equivocado de atenção indevida e que a crença dela era "Eu pertenço (sou aceita) apenas quando estou sendo notada ou recebendo atenção especial. Eu sou importante apenas quando estou mantendo você ocupado comigo".

A mensagem em código no Quadro dos objetivos equivocados é: "Note-me. Envolva-me de maneira útil". Eu escolhi envolvê-la dando a ela a responsabilidade útil de me ajudar com meu trabalho, como organizar minhas canetas e arrumar meus papéis.

Sua resposta foi muito maior do que eu esperava. Ela está animada e feliz e não repetiu seu comportamento irritante nos últimos dias. Eu também estou feliz e não me sinto culpada. Além disso, acho que ela está mudando sua crença sobre como sentir pertencimento e importância – recebendo atenção de maneiras úteis.

— Khulod Muhammad Al Assaf, Educadora Parental Certificada em Disciplina Positiva

DICAS DA FERRAMENTA

1. Esteja constantemente ciente das crenças que seus filhos podem estar formando com base nas experiências que você proporciona a eles.
2. Não espere que as crianças amem fazer tarefas. Seja gentil, firme e criativo em seus métodos de treinamento e motivação.
3. Durante uma reunião de família, seus filhos podem decidir um plano de tarefas que funcionará por uma semana inteira. Em vez de se sentir desencorajado quando eles perderem o interesse pelo plano, coloque "tarefas" na pauta novamente e deixe que eles criem um novo plano.
4. Evite recompensas para que seus filhos possam desenvolver um sentimento de recompensa interna por sua contribuição.

LIMITAR O TEMPO DE TELA

O tempo de tela é viciante e interfere nos relacionamentos.

1. Para crianças pequenas, tenha cuidado ao usar a TV como babá.
2. Não permita computadores, TV ou celulares nos quartos das crianças.
3. Faça acordos com as crianças sobre quanto tempo de TV, jogos eletrônicos, mensagens de texto e internet é razoável.
4. Faça *brainstorming* de atividades alternativas e divertidas que podem unir os membros da família.

Jane

Havia um quadro no programa da Oprah no qual as famílias eram desafiadas a desistir de eletrônicos por uma semana, incluindo TV. Era interessante assistir como foi difícil para os pais, assim como para seus filhos, desistirem de todas as suas telas. Uma cena foi particularmente difícil de assistir. Um menino de 5 anos mal conseguia suportar desistir de jogar *videogame* e tinha ataques dramáticos de birra. Sua mãe compartilhou que ficou envergonhada quando percebeu que ele estava jogando *videogame* cinco horas por dia. A boa notícia foi que, depois de toda a família passar por uma "abstinência de mídia", eles descobriram como substituir o tempo de tela por atividades familiares que aumentaram a proximidade e o prazer familiar.

O uso excessivo de telas é um assunto polêmico. Muitos acreditam que as telas são viciantes. Existem centenas de centros de reabilitação na China e na Coreia para ajudar adolescentes viciados. Um estudo da Kaiser Family Foundation em 2010 descobriu que a média de crianças entre 8 e 10 anos passa quase oito horas por dia diante de uma tela, e para adolescentes são de mais de onze horas por dia.[20] Outros afirmam que não há prova por trás da alegação de que as telas são viciantes, e argumentam que as crianças têm que estar familiarizadas com a tecnologia para conseguir um bom emprego.

De qualquer forma, ouvimos repetidamente de pais que estão em disputas por poder diárias com seus filhos sobre o problema do uso excessivo de tela – enquanto admitem timidamente seu próprio uso excessivo de telefones e computadores. "O que fazer?"

A maioria das ferramentas de Disciplina Positiva discutidas neste livro pode ser aplicada ao lidar com o tempo de tela – com exceção da ferramenta de acreditar na capacidade de seus filhos de resolver isso por conta própria. Eles precisam de orientação dos pais (e do exemplo). Eles precisam de regras. Claro que é melhor se eles ajudarem a criar as regras, mas cabe aos pais garantirem que essas regras sejam seguidas. Esse é um caso em que os pais devem intervir com consequências lógicas: se as crianças não querem seguir as regras estabelecidas, elas perdem o privilégio de usar telas.

A American Academy of Pediatrics também reconhece o problema crescente do aumento do uso de mídias entre as crianças. Veja a seguir as recomendações que a AAP forneceu para os pais em relação ao uso regular de mídias eletrônicas em casa.

1. Limite o tempo de entretenimento com as telas de sua criança ou adolescente para uma a duas horas por dia.
2. Remova os televisores dos quartos dos seus filhos (de todas as idades).
3. Para crianças menores de 2 anos, renuncie a todo entretenimento digital em favor de atividades interativas que promovam o desenvolvimento cerebral saudável, como: conversar, brincar, cantar ou ler juntos.
4. Monitore os programas de TV do seu filho para garantir que sejam informativos, educacionais e não violentos.
5. Veja TV com seu filho e discuta o conteúdo.
6. Use tópicos controversos na mídia de entretenimento para iniciar discussões sobre valores familiares, violência, sexo, sexualidade e drogas.
7. Grave os programas do seu filho para encorajar hábitos conscientes de uso das telas.
8. Apoie esforços para a educação sobre uso de telas nas escolas.
9. Encoraje uma variedade de entretenimentos para seus filhos, incluindo: leitura, esportes, *hobbies* e brincadeira criativa.
10. Estabeleça áreas livres de tela em casa.
11. Aplique uma proibição de telas durante as refeições e após a hora de dormir.

Habilidades práticas

12. Crie um plano de uso de mídias familiar abrangente que inclua o uso da internet, redes sociais, celulares e mensagens de texto.

Lembre-se da importância da gentileza e firmeza ao mesmo tempo. Colocar gentileza e *firmeza* juntos pode ser um desafio para o pai/mãe que tem o hábito de ir de um extremo a outro, mas, especialmente quando você está estabelecendo limites em relação ao tempo de tela, torna-se importante focar o "e" da gentileza e firmeza.

- [*Faça uma conexão.*] Eu te amo **e** a resposta é não para usar o iPad agora.
- [*Demonstre empatia e estabeleça um limite.*] Eu sei que você não quer parar de jogar *videogame*, **e** é hora de desligá-lo.
- [*Mostre compreensão.*] Eu sei que você prefere ver TV em vez de fazer sua lição de casa, **e** a lição de casa precisa ser feita primeiro.
- [*Coloque todos no mesmo barco.*] Você não quer desligar seu celular para o jantar, **e** é hora de comer. Nós todos vamos desligar nossos celulares.
- [*Demonstre empatia e faça perguntas curiosas.*] Eu sei que você quer ver TV, **e** qual foi nosso acordo? (Aguarde com gentileza e silenciosamente pela resposta – assumindo que vocês decidiram juntos um acordo com antecedência.)
- [*Ofereça uma escolha.*] Você quer ver um filme, **e** está quase na hora de dormir. Você quer ver apenas trinta minutos hoje à noite ou o filme inteiro amanhã?
- [*Uma escolha, e então decida o que você vai fazer.*] Eu sei que você quer continuar jogando, **e** seu tempo no computador acabou. Você pode desligá-lo agora, ou eu o farei.

Às vezes, a energia da firmeza precisa ser um pouco mais forte. E ainda pode ser respeitosa. Lembre-se de que seus filhos sabem quando você está falando sério e quando não está. Note que não há "acréscimos" (adicionar sermões de culpa e vergonha) nessas frases.

Quando as crianças se comportam de forma provocativa, imagine um anzol pendurado na sua frente. Não morda a isca. Seja inteligente o suficiente para evitar morder e nade em uma direção diferente. Você estabeleceu o limite gentilmente, agora mantenha-o com firmeza. Gentileza e firmeza juntas fornecem o ambiente de suporte necessário para estabelecer limites eficazes.

Brad

Você ouviu isso? Fui eu, tendo um ataque de pânico depois de ler esta ferramenta!

Não é que eu discorde do conceito. Pelo contrário, eu concordo plenamente que limitar o tempo de tela para meus filhos seria melhor para a saúde mental e física deles. Mas é a *minha* saúde mental e física que me preocupa!

Deixe-me explicar a situação em nossa casa. Quando meus filhos não estão fazendo sua lição de casa ou praticando tocar seus instrumentos, eles estão em frente a uma tela, seja uma tela de TV, uma tela de computador ou uma tela de *videogame*. Mesmo quando saímos de casa, eles entram no banco traseiro da minivan e assistem a um filme.

Para aumentar a dificuldade, meu trabalho exige que eu passe uma quantidade razoável de tempo na frente da *minha* tela de computador. Então, é difícil para mim dar um bom exemplo para meus filhos. Você consegue ver por que eu tive um ataque de pânico?

Não estou orgulhoso desse fato. Mas você tem que entender que, quando meus filhos não estão olhando para uma tela, eles estão olhando um para o outro... e discutindo, incomodando um ao outro e gritando: "Paaaaaai!". Então eu tenho que interferir na briga do momento. Assim, no interesse da paz e do silêncio, eu não só permito que meus filhos tenham seu tempo de tela, eu incentivo. Ai!

Mas, como acredito no conceito de limitar o tempo de tela e estou comprometido em melhorar minhas habilidades parentais a cada semana, eu resolvi me esforçar para implementar os conceitos desta ferramenta.

Quando tivemos nossa reunião de família sobre limitar o tempo de tela, meus filhos decidiram que, durante a semana, uma hora de TV por dia seria suficiente. Também concordamos que não haveria TV até que a lição de casa estivesse feita e a prática de música completa. Meia hora de lazer no computador e meia hora de *videogame* seriam suficientes a cada dia. E, se as crianças precisassem do computador para a lição de casa, isso não contaria.

Então, se você somar tudo, seriam duas horas de tempo de tela por dia durante a semana escolar. Decidimos deixar os finais de semana abertos porque é melhor dar pequenos passos... e a temporada de futebol ainda não tinha acabado.

Minha maior preocupação era como eu monitoraria o tempo de tela deles. Para começar, eu teria que usar o sistema de honra porque não tinha tempo para correr por aí com um cronômetro. Eu estava certo de que eles ajudariam, contando um sobre o outro se um deles visse TV demais. Especialmente se esse filho estivesse esperando sua vez. E eu teria apenas que tirar os dispositivos portáteis se eles se tornassem um problema.

Limitar o tempo de tela: primeiro dia

O primeiro dia de limitação do tempo de tela foi levemente bem-sucedido. Como previsto, não havia como eu monitorar a quantidade de tempo que as crianças passavam vendo televisão ou jogando *videogame*. Meus filhos chegam em casa da escola por volta das 15h e eu preciso estar trabalhando até pelo menos 17h. As crianças fizeram sua lição de casa antes de ligar qualquer tela, então isso foi bom.

No entanto, eu estava começando a perceber que é quase impossível limitar o tempo de tela para qualquer quantidade específica de tempo. O único método realmente eficaz é desligar o interruptor de energia. Então, para o segundo dia, tentamos ter um horário do dia quando tudo seria desligado... TV, computador, *videogames* e celulares. Das seis às oito da noite, estávamos livres de telas.

Meu filho adolescente estava cético no início. Ele estava convencido de que manter o controle do tempo de tela estava funcionando muito bem. Mas, quando discutimos nosso tempo de tela na segunda-feira, ele logo percebeu que estávamos muito acima dos limites que tínhamos estabelecido para nós mesmos. E minha filha provavelmente quadruplicou seu tempo de tela combinado.

Às 17h45, estávamos jantando e meu filho disse: "Mas isso não é justo. Até terminarmos o jantar, serão 18h e teremos que desligar tudo".

Eu disse: "E daí?".

Ele respondeu: "Então eu deveria poder usar o computador agora".

Eu disse: "Mas estamos jantando".

Ele disse: "Exatamente".

Então tentei explicar-lhe que ele estava perdendo completamente o objetivo. O objetivo não era sentar na frente de uma tela por cada segundo possível até ser hora de desligar tudo. O objetivo era reduzir nosso tempo de tela, então tentar compensar o tempo de tela perdido era completamente contraproducente. Ele ainda não estava convencido, mas eu persisti.

Quando o relógio marcou 18h eu desliguei todas as telas da casa. Após um momento de silêncio desconfortável, nós nos olhamos e meu filho disse: "E aí, o que fazemos agora?".

Eu disse: "Bom, quais são algumas das coisas na nossa lista?". (Temos uma lista de atividades "fora da tela" na geladeira.) "Que tal se levarmos o cachorro para passear?"

Minha filha não se sentia bem naquele dia, então ela ficou em casa e leu um livro enquanto meu filho e eu levamos o cachorro para passear. Nós dois realmente gostamos do tempo juntos e da chance de sair de casa para respirar um pouco de ar fresco.

Quando voltamos, decidimos jogar um jogo de cartas, e então meu filho mostrou para minha filha e para mim alguns truques de cartas. Depois, sentamos e jogamos um jogo de Pictionary com muitas risadas e diversão. Nesse momento eram 19h30 e eu disse à minha filha que era hora de tomar um banho. Enquanto ela tomava banho, eu sentei e toquei meu violão, algo que eu não fazia havia meses.

Quando deu 20h, todos nós nos sentamos juntos e assistimos a *American Idol*. E conseguimos assistir sem comerciais porque meu filho tinha gravado o programa durante nosso tempo livre de telas.

Então, no geral, o plano funcionou muito bem. E eu não imaginava o quanto iria gostar de desligar tudo por duas horas. Como eu administro um negócio de casa, estou constantemente usando cada momento livre para recuperar algum projeto. A razão pela qual chamam isso de "administrar um negócio" é porque você está sempre correndo, e nunca alcança, então sempre há algo a fazer. Desligar o computador e o celular me permitiu relaxar e desacelerar um pouco.

Mary

Graças a Deus eu não testei a ferramenta de limitar o tempo de tela durante as férias de primavera dos meus meninos. Nossa, teria sido uma longa semana! Sem TV significa menos tempo livre para mim. Se eu tento sair do quarto onde eles estão brincando, não demora muito até que eu seja chamada para arbitrar alguma discussão.

Não me entenda mal. Somos uma família muito ativa e participamos de muitas atividades ao ar livre, então meus filhos não estão constantemente grudados em uma tela. No entanto, há momentos em que dependo da TV para entreter meus filhos e me dar algum tempo para limpar a casa, lavar roupa ou ter algum tempo no computador. Admito que uso a TV como minha babá. Embora eu sempre tenha sido consciente de que a TV não é boa para as crianças, já me flagrei justificando o tempo de tela, dizendo que o programa que eles estavam vendo era educativo ou que era apenas por uma hora.

Esta ferramenta me encorajou a desafiar meus filhos e a mim mesma a passar um dia sem TV. O dia seguinte era uma terça-feira, dia em que meu filho mais velho ficaria na escola até as 15h. Meu filho de 3 anos e meio estaria em casa comigo o dia todo, mas ele não se abalou por um momento sequer – ele nunca notou ou se importou. Ele se entreteve facilmente brincando com seus brinquedos e ficou imerso por completo em seu mundo imaginário.

Meu filho mais velho, por outro lado, sentiu-se desafiado cinco minutos depois de entrar em casa. Sua atividade favorita depois de ficar na escola o dia todo é assistir a um programa de TV. Eu o entendo completamente! Depois de um dia longo – em especial depois da escola ou de aprender – eu também só quero "desligar". Eu também me sinto mais merecedora da recompensa da TV. Embora ele estivesse se sentindo bravo e ressentido e não entendesse completamente o porquê, eu sei que ele apreciou o tempo de qualidade que passamos juntos.

Meus meninos e eu nos divertimos, mas no final do dia estávamos todos exaustos por causa da interação ininterrupta. Embora isso nos tenha forçado a ser criativos, também me fez sentir gratidão por não ser completamente contra a TV. Sempre acreditei que a maioria das coisas deve ser desfrutada com moderação. Para mim, "limitado" significa equilíbrio em vez de abstinência.

Ainda assim, fui lembrada de que limitar o tempo de tela é bom para todos. Passamos mais tempo ativo e de qualidade juntos. Só tenho que lembrar de equilibrar o tempo de tela com bastante tempo ativo juntos.

História de sucesso de Xiamen, China

Niuniu é um pianista concertista que estuda na Juilliard. Muitas pessoas já me perguntaram se eu o encorajei a praticar piano.

Ele sempre gostou de ver desenhos animados, especialmente antes dos 4 anos, quando seu avô e avó moravam conosco. Ele até via TV enquanto comia.

Todos nós achávamos que ver muita TV era ruim para ele, então eu disse: "Eu sei que você gosta de ver Altman. Vou comprar uma temporada de DVD do Altman para você, mas você só poderá assistir no sábado à noite. Você consegue fazer isso?".

Ele ficou feliz por ter uma temporada do Altman, mas não prometeu imediatamente.

Continuei: "Você ainda pode escolher qualquer episódio que gostar da temporada e ver quantas vezes quiser aos sábados. O que você acha?".

Ele concordou alegremente.

Depois disso, comprei os desenhos animados de que ele gostava e cumpri nosso acordo verbal de que ele poderia ver aos sábados.

Após entrar na escola, Niuniu passou a gostar de jogar *videogame* – assim como seus colegas.

Novamente estabelecemos um acordo de que ele só poderia jogar uma vez por semana. Quando estávamos fazendo o acordo, perguntei-lhe quanto tempo ele queria jogar *videogame*. Sua resposta: "Meia hora".

Perguntei novamente e ofereci mais tempo. "Quarenta minutos são suficientes?"

Ele gostou disso. Então ele se divertiu fazendo outras coisas quando o tempo acabou. Acho que ele aprendeu a praticar piano consistentemente porque limitamos seu tempo de tela desde cedo em seu desenvolvimento.

— Zhili Shi, Educador Parental Certificado em Disciplina Positiva

História de sucesso de Sydney, Austrália

Como um viciado confesso em tecnologia, tenho que ter muito cuidado com este assunto. Muitas vezes eu quebrei as "regras" do tempo de tela – não enviando coisas inapropriadas, eu me apresso em esclarecer, mas certamente verificando mensagens e e-mails com frequência quando estou com minha família (sim, até em restaurantes), o que eu sei que envia a mensagem errada. É algo em que estou constantemente tentando melhorar. Então, como posso esperar que meu filho de 12 anos faça melhor do que um adulto de 50 anos?

Preciso refletir sobre isso. Mas, de novo, eu sempre posso pedir desculpas e usar meus erros como ótimas oportunidades de aprendizado!

Estamos na metade das nossas longas férias de verão aqui, e, em uma reunião de família que tivemos antes do início, todos concordamos, inclusive eu, em ter noites livres de telas às segundas, quartas e sextas-feiras. Sem telefones, TV ou internet. Devo dizer que tem sido fantástico. Jogamos jogos de tabuleiro e de cartas (incluindo Cards Against Humanity,* que sempre nos deixa superanimados). Essas noites sem telas, eu acho, foram a melhor coisa que fizemos para fortalecer nossos valores familiares e conexão nestas férias.

— Freddie Liger, Educador Parental Certificado em Disciplina Positiva

DICAS DA FERRAMENTA

1. As telas vieram para ficar e elas são viciantes. Diretrizes são imprescindíveis para o desenvolvimento de mentes e hábitos saudáveis.
2. A ferramenta é limitar, não eliminar. Reserve um tempo para criar planos que limitem o tempo de tela.
3. Uma das melhores maneiras de limitar o tempo de tela é planejar muitas atividades que não incluam telas.
4. Mantenha-se firme nos planos mesmo quando as crianças chorarem e gritarem em protesto. Deixe todos expressarem seus sentimentos e então cumpra o combinado de qualquer maneira.
5. Seja um bom exemplo, limitando seu próprio tempo de tela.

---

* N. T.: Jogo de cartas para adultos e famílias.

ROTINAS

Usamos nossas mentes e nossos corpos, nossos pensamentos e nossas emoções, cada parte do nosso ser, para os propósitos que definimos para nós mesmos.

— Rudolf Dreikurs

Ajude as crianças a criarem quadros de rotina para encorajar a autodisciplina.

1. Crie quadros de rotina *com* seu filho.
2. Faça um *brainstorming* de tarefas que precisam ser feitas (na hora de dormir, de manhã, na hora da lição de casa, e assim por diante).
3. Tire fotos da criança realizando cada tarefa.
4. Deixe o quadro de rotina ser o chefe: "O que vem a seguir no seu quadro de rotina?".
5. Não diminua os sentimentos de capacidade adicionando recompensas.

Jane

Durante um dos meus *workshops*, uma mãe fez uma pergunta sobre sua filha de 6 anos que se recusava a dormir a menos que a mãe ficasse no quarto com ela. Se a mãe saísse, sua filha a encontraria e insistiria que não conseguia dormir sozinha. Agora seu filho de 3 anos está começando a imitar esse comportamento, e a mãe está exausta e não tem tempo para si mesma. Como muitos pais enfrentam esse desafio, compartilho aqui o conselho que dei a ela:

Na sua tentativa de desmamar sua filha de ter você no quarto enquanto ela adormece, ela aprendeu habilidades de manipulação, e seu filho é um aprendiz rápido. Você provavelmente tem um botão de culpa sensível que eles podem apertar com regularidade. Acreditar em si mesma que mudar esse hábito é, em última análise, tão bom para seus filhos quanto para você. Pense nos resultados em longo prazo de ensiná-los a contar com eles mesmos em vez de manipulação.

Eu tive o mesmo problema com meus primeiros cinco filhos porque permiti que hábitos frustrantes na hora de dormir se desenvolvessem. Eu adormecia com eles, e minha noite de repente acabava. Sem tempo para mim.

Felizmente, aprendi novos métodos e escrevi *Disciplina Positiva* antes de meus dois últimos filhos nascerem, então eles experimentaram uma rotina consistente na hora de dormir desde o início. Aqui estão algumas sugestões baseadas no que me ajudou.

Primeiro, sente-se com sua filha de 6 anos e admita que cometeu um erro. Diga à sua filha que você permitiu que ela formasse alguns hábitos na hora de dormir que não são respeitosos para nenhuma de vocês, e que você acredita na capacidade dela de dormir sozinha. Esse é um bom momento para começar a ensinar que erros são oportunidades maravilhosas para aprender.

Envolva-a na criação de um quadro de rotina para a hora de dormir. Seu filho de 3 anos pode observar. Mais tarde, vocês duas podem ajudar seu filho a criar seu próprio quadro de rotina para a hora de dormir. É muito importante que seus filhos façam o máximo que puderem para que sejam os quadros de rotina *deles*. Eles são motivados a seguir os quadros de rotina quando estão envolvidos em criá-los.

Peça à sua filha para fazer uma lista de todas as coisas que ela precisa fazer antes de ir para a cama. Deixe-a escrever, ou ela pode ditar as coisas para você. A lista dela pode incluir um banho, colocar o pijama, fazer um lanche saudável e a hora da história. Se ela não mencionar algumas coisas importantes, você pode perguntar: "E sobre escovar os dentes e escolher suas roupas para o dia seguinte?". Você pode querer adicionar a tradição de pedir para ela contar o momento mais triste e o mais feliz do dia. Deixe-a fazer a maior parte do trabalho durante a criação desse quadro com imagens para cada tarefa. Quando for a hora de dormir, deixe ela verificar o quadro de rotina dela para ver o que vem a seguir. Dessa forma, o quadro se torna o chefe em vez de você.

Permitir que ela crie o quadro de rotina dela é o primeiro passo. O segundo passo é decidir o que você vai fazer e avisá-la com antecedência. Avise-a de que, se ela sair da cama depois que a rotina dela estiver completa, você a levará de volta para a cama de maneira gentil e firme – não importa quantas vezes seja necessário.

Uma maneira de ser gentil e firme é levá-la de volta para a cama e dar um beijo sem dizer uma palavra. Outra maneira é dizer bem poucas palavras, como: "É hora de dormir. Eu acredito na sua capacidade de lidar com isso". Você pode ter que fazer isso várias vezes, e é importante permanecer gentil E firme.

As crianças sabem quando você está falando sério e quando não está. Se você é gentil, firme e consistente, geralmente leva cerca de três dias para elas saberem que você está falando sério e pararem de testá-lo. Rudolf Dreikurs ensinou que crianças que "se comportam mal" à noite são mais propensas a se comportar mal durante o dia. Muitos pais não entendem que seus filhos na verdade se sentem mais capazes e confiantes quando aprendem a confiar neles mesmos em vez de manipular os outros, então, quando as dificuldades na hora de dormir são eliminadas, o comportamento diurno melhora.

Se seu filho de 3 anos for capaz de participar na criação do quadro de rotina dele, siga o mesmo procedimento. Se não, está bem simplesmente mudar sua energia de irritação para gentileza e firmeza enquanto o leva de volta para a cama toda vez que ele se levantar.

Não estou dizendo que será fácil (desmamar é tão difícil para o "desmamador" quanto para o "desmamado"), mas, se você for consistente, não demorará muito para seus filhos saberem que você cumpre o que diz. Uma das minhas filhas tinha 3 anos quando aprendi essas ferramentas da Disciplina Positiva. Ela tinha o hábito de sair com frequência do quarto na hora de dormir. Eu a levava de volta, chutando e gritando, por várias noites. Levou uma hora na primeira noite até ela adormecer exausta na porta do quarto. Na segunda noite, ela chorou por meia hora. Na terceira e quarta noites, o choro durou apenas dez minutos. Depois disso, a hora de dormir se tornou agradável. Tenho certeza de que o processo teria sido mais fácil se eu soubesse na época como ajudá-la a criar um quadro de rotina.

Recentemente me perguntaram por que as crianças precisam de quadros de rotina quando os adultos não precisam deles. Eu apontei que muitos adultos criam listas para ajudá-los a acompanhar o que querem fazer durante o dia, semana ou mês – e experimentam um grande senso de realização ao riscar coisas de suas listas. Muitos criam metas e as escrevem para aumentar a eficácia de sua resolução. Outros carregam agendas para acompanhar seus compromissos (e listas e metas).

Criar quadros de rotina é um ótimo treinamento para as crianças aprenderem habilidades de gerenciamento de tempo e de vida. Os pais ajudam seus filhos, orientando-os na criação de seus próprios quadros de rotina em vez de criá-los por eles. Os pais aumentam a eficácia dos quadros de rotina quando permitem que seus filhos experimentem a satisfação de seguir seus quadros porque se sentem bem (um senso de realização) em vez de dar a eles adesivos e recompensas (o que tira o senso interno de realização). Além disso, temos que nos perguntar se recompensar as crianças com brinquedos e guloseimas fomenta um comportamento mais materialista.

Muitos pais perguntam por que nós desencorajamos recompensas se as crianças as amam tanto. As crianças amam muitas coisas que não são boas para sua saúde mental e física em longo prazo, como açúcar e *videogame*. Um pouco dessas coisas não é prejudicial, mas muito cria dependência e incentiva o vício.

Recompensas ensinam as crianças a fazerem coisas pela recompensa em vez de valorizar o sentimento bom de contribuição. Afinal, elas podem não fazer coisas que são boas para elas porque não se importam com a recompensa, ou podem barganhar por uma recompensa maior. Isso é um lócus de controle externo – dependência de motivadores externos para controlar seu comportamento.

Em vez disso, convide seus filhos a compartilharem com você como se sentiram ao realizar algo, como atingir uma meta que estabeleceram para si mesmos. Isso os ensina a entender e confiar em seus próprios sentimentos e a desfrutar de suas próprias capacidades. Isso é um lócus de controle interno – fazer a coisa certa quando ninguém está olhando.

Alguns pais esquecem que sua tarefa mais importante é tornar seu trabalho obsoleto. Seu trabalho é ajudar seus filhos a serem autossuficientes em vez de dependentes. Ensinar as crianças a criarem quadros de rotina é um grande passo em direção a esse fim. Isso significa que os quadros de rotina são mágicos e evitarão toda resistência futura e desafios das crianças? Não. Testar seu poder é parte do processo de individuação delas. No entanto, trabalhar *com* as crianças para ajudá-las a aprender habilidades tornará seu trabalho mais fácil muito mais rápido e eficazmente do que pensar que é seu trabalho estar no controle de tudo que elas fazem.

Lembre-se de que o objetivo das rotinas é ajudar as crianças a se sentirem capazes e encorajadas. Um benefício adicional é que você poderá parar de insistir e experimentará manhãs e horários de dormir mais pacíficos quando as crianças seguirem seus quadros de rotina.

Brad

Tenho que confessar que já tentei esse processo de criar quadros de rotina no passado sem muito sucesso. A maior parte disso, no entanto, deve-se à minha falta de acompanhamento. Quando as crianças eram bem mais jovens, tirei fotos de todas as suas rotinas matinais. Criamos os quadros de rotina, colocamos em suas paredes do quarto e depois esquecemos completamente deles. Sem perceber, eu estava de volta à minha rotina matinal usual de lembrá-los de fazer cada pequena tarefa: "Você escovou os dentes? Você preparou seu lanche? E o livro da biblioteca?". Não só eu estava lembrando-os de fazer cada pequena coisa como também várias vezes por semana eu recebia uma ligação da escola: "Pai, esqueci meu lanche".

À medida que meus filhos e eu nos sentamos para discutir essa ferramenta, o passo mais importante parecia ser fazer um *brainstorming* de ideias sobre as tarefas que precisavam ser feitas. Isso realmente os fez pensar sobre o que precisavam fazer todos os dias. Eles surgiram com coisas que eu nem tinha pensado.

Então, após o *brainstorming*, eu os liberei para criar seus próprios quadros de rotina. Eu não interferi muito nesse processo. Eles pareciam estar empolgados em assumir a responsabilidade por seus próprios quadros de rotina. Minha filha estava muito interessada em escrever, então ela decidiu digitar seu quadro de rotina. Meu filho abriu o Microsoft Word e começou a criar seu quadro de rotina usando *cliparts*. Eu nem sabia que o Word tinha *cliparts*, então eu aprendi algo.

Após alguns minutos, ambos terminaram e penduraram seus novos quadros de rotina em suas portas.

Quadro de rotina da Emma

6h30: acordar, vestir-se e tomar café da manhã, escovar os dentes
7h00: preparar o lanche, certificar-se de que a mochila está pronta
7h45: estar pronta/ir para a escola
14h30: voltar para casa/fazer a lição de casa
15h30: limpar o quarto/arrumar a cama
16h00: tempo livre/praticar violino
17h30: jantar
18h30: banho ou ducha
19h00: vestir o pijama/escovar os dentes e ler
21h00: dormir

Quadro de rotina do Gibson

Tomar banho
Limpar o banheiro/quarto
Escovar os dentes
Fazer a lição de casa
Piano
Alimentar Sally (o peixe)
Relaxar

Minha filha, que tinha 10 anos na época, amadureceu com esse novo sistema de quadro de rotina. Ela foi responsável em seguir sua rotina e teve uma atitude muito positiva. Ela não esqueceu de fazer seu lanche ou perdeu qualquer tarefa escolar. Emma até foi além e começou a focar mais em nutrição e atividade física. Eu nem mesmo discuti essas coisas com ela, mas ela adicionou flexões e abdominais à sua rotina diária. Ela também começou a me pedir para cortar algumas cenouras e brócolis para seu lanche após a escola. Tudo isso pareceu muito empoderador para ela.

Meu filho de 13 anos não ficou tão entusiasmado com todo o processo, embora tenha havido melhoria, e eu acho que quando se trata de adolescentes qualquer melhoria é um grande passo. O que eu percebi é que os adolescentes estão no meio desse processo de individuação e realmente odeiam que seus pais digam o que eles têm que fazer. Então, com o Gibson, eu nem mesmo podia lembrá-lo de verificar seu quadro de rotina. Assim que eu me envolvia, ele se tornava um pouco passivo-agressivo e começava a deixar coisas de fora de sua rotina matinal. Por exemplo, ele pegava seu pijama no banheiro, mas não pendurava a toalha. Um dia sugeri que ele talvez pudesse acrescentar "desligar todas as luzes do térreo" ao seu quadro de rotina porque isso seria uma grande ajuda para mim. Depois de deixar as crianças na escola, desci e encontrei todas as luzes acesas como um gesto passivo-agressivo. Eu percebi que provavelmente seria melhor esperar até termos nossa reunião de família semanal antes de fazer novas sugestões.

Mary

Muitas pessoas não entendem o ponto desta ferramenta. A palavra importante é "com" – temos que trabalhar *com* nossos filhos para ajudá-los a se sentirem capazes, para ensinar-lhes habilidades e para convidar mais cooperação. Eles se sentem empoderados ao serem respeitosamente envolvidos.

Uma das minhas histórias favoritas sobre quadros de rotina é o quadro de rotina da hora de dormir criado com meu filho Greyson quando ele tinha 3 anos. Eu o preparei com alguns dias de antecedência simplesmente discutindo e contando a ele sobre isso. Ele ficou empolgado quando eu disse que iríamos à loja de artesanato Michael's para pegar alguns itens, e então tiraríamos fotos dele fazendo todas as tarefas que ele faz antes de dormir. Ele estava mais do que pronto quando finalmente nos sentamos à mesa com todos os nossos suprimentos.

Primeiro, pedi que ele me contasse todas as coisas que precisava fazer antes de ir para a cama. Expliquei que escreveria tudo e depois ele poderia escolher em que ordem queria fazer. Felizmente para seu pai e para mim, ele escolheu a ordem a que estava acostumado – banho antes do pijama e dentes antes dos livros.

Depois de fazermos nossa lista, eu disse que íamos tirar fotos dele fazendo tudo. Ele estava muito entusiasmado e feliz em posar para uma foto fazendo cada tarefa. Então Greyson (com apenas um pouco de ajuda minha) grampeou cada foto na fita que compramos na loja de artesanato. Eu fiz um número para cada foto. Greyson estava aprendendo os números e os colou nas fotos.

Ele adorava correr até seu quadro para verificar o que fazer a seguir. Se e quando se distraía, eu simplesmente dizia: "Greyson, o que vem a seguir no seu quadro de rotina?". Ele corria até a porta de seu quarto onde estava pendurado o quadro e depois corria para fazer a próxima tarefa.

Agora a hora de dormir é tranquila e sem estresse, e posso dizer que gosto da nossa rotina de hora de dormir!

História de sucesso de Burnaby, Colúmbia Britânica, Canadá

Minha filha tinha acabado de começar o jardim de infância e estava tendo dificuldade nas manhãs. Ela era realmente lenta e isso nos deixava loucos, meu marido e eu, tentando persuadi-la a fazer cada atividade.

Li um dos livros de Disciplina Positiva e decidimos que tentaríamos fazer um quadro de rotina matinal a fim de ajudar nossa filha a saber o que fazer para sair de casa pela manhã.

Nós nos divertimos muito juntos fazendo a sessão de fotos. Conversamos sobre a ordem em que cada atividade deveria ser feita, depois imprimimos as fotos e as colamos em um pedaço de papelão. Ela me ajudou com a numeração e eu escrevi as atividades.

Funcionou imediatamente! Ela corria para o quadro de rotina sem qualquer persuasão e saía correndo para fazer a próxima atividade. Depois de cerca de duas semanas, ela tinha a rotina na ponta da língua, então ela nem precisava mais consultar o quadro. (Meu filho de 3 anos achou útil e quis seu próprio quadro!) E, se ela se desviava do curso, em vez de dar ordens sobre o que ela deveria estar fazendo, nós perguntávamos positivamente: "O que vem a seguir no seu quadro de rotina?".

Consegui implementar muitas ferramentas de Disciplina Positiva em casa, e não consigo acreditar no quanto nossa família está mais feliz. As crianças adoram nossas reuniões de família, que são seguidas por assistir um episódio de *America's Funniest Home Videos*.* E meus dois filhos quase não brigam mais (não está 100% resolvido, mas muito melhor!), e eles são muito mais propensos

---

*   N. T.: *America's Funniest Home Videos* apresenta vídeos caseiros humorísticos enviados pelos telespectadores.

a trabalharem em coisas juntos, o que tem sido a maior melhoria para mim. Agora nossas interações são muito mais positivas e meu marido e eu podemos ajudar a treinar as crianças a resolverem seus próprios problemas em vez de apenas dizer-lhes o que fazer.

— Shelley Buchi

História de sucesso de San Diego, Califórnia

Lembro-me de ter dificuldade em levar meu filho mais novo para fora de casa pela manhã. Nós sempre estávamos atrasados, esquecíamos algo e saíamos de casa frustrados. *Não* era uma boa maneira de começar o dia!

Decidi tentar uma das ferramentas de Disciplina Positiva que havia aprendido recentemente. Meu filho e eu criamos um pequeno quadro de rotina para que ele pudesse estar no controle de sua própria agenda e eu pudesse parar de controlá-lo. Que alívio foi deixar de ter que persuadi-lo!

Quando feito corretamente, até crianças pequenas podem aprender a ser responsáveis e se sentir bem-sucedidas.

— Jeanne-Marie Paynel, Educadora Parental Certificada em Disciplina Positiva

DICAS DA FERRAMENTA

1. Lembre-se de que é o quadro de rotinas do seu filho, não o seu.
2. Não faça nenhuma parte do quadro de rotina que seu filho possa fazer. O senso de "propriedade" aumenta a eficácia.
3. Se a novidade passar, faça novamente — talvez com novas fotos.

8
MENOS É MAIS

OUVIR

Nunca se deve falar com uma criança a menos que se tenha certeza de que ela quer ouvir. Isso elimina 90% de todas as "conversas" dos pais.

— Rudolf Dreikurs

As crianças ouvirão você *depois* que se sentirem ouvidas.

1. Observe quantas vezes você interrompe, explica, defende sua posição, faz um sermão ou dá uma ordem quando seu filho tenta falar com você.
2. Pare e apenas ouça. Não há problema em fazer perguntas como: "Você pode me dar um exemplo? Mais alguma coisa?".
3. Quando seu filho terminar, pergunte se ele deseja ouvi-lo.
4. Após compartilhar, concentre-se em uma solução que funcione para vocês dois.

Jane

Muitos pais reclamam que seus filhos não ouvem, mas poucos pais realmente ouvem seus filhos. Em vez disso, eles tendem a:

- **Reagir e corrigir.** "Não fale comigo desse jeito." "Por que você não pode ser mais positivo [ou grato ou respeitoso]?" "Você não deveria se sentir assim." "Por que você não pode ser diferente – mais parecido com sua irmã ou irmão?"
- **Resolver ou resgatar.** "Talvez se você fizesse/fosse _____, então _____." (por exemplo, "Talvez se você fosse mais amigável, então você teria mais amigos"). "Vou falar com sua professora [ou com a mãe do seu amigo]." "Não se sinta mal."

Em um nível ainda mais profundo, muitos pais não ouvem nas entrelinhas a crença por trás do comportamento. Por exemplo, talvez uma criança esteja se sentindo "destronada" pelo nascimento de um novo bebê. Os pais não se dispõem a ouvir se seus filhos estão se sentindo impotentes ou desencorajados. As crianças reagirão a demasiado controle rebelando-se para recuperar parte do seu poder.

Elas não ouvem com base na compreensão da adequação à idade ou do desenvolvimento do cérebro. Por exemplo, as crianças pequenas não entendem o "Não" da maneira que a maioria dos pais supõe que entendam. Eles presumem que seus filhos sabem que não devem tocar em algo (ou correr para a rua) porque lhes foi dito para não fazê-lo. A verdade é que eles são programados em termos de desenvolvimento para explorar e experimentar mais do que para obedecer a comandos. Além disso, não têm maturidade e julgamento para lidar com a responsabilidade de não correr para a rua. É por isso que eles precisam de pais.

O exemplo é o melhor professor. Aprenda a ser um ouvinte melhor e, um dia, quando crescerem totalmente, seus filhos aprenderão o que vivem: ouvir porque foram ouvidos.

Brad

Em primeiro lugar, deixe-me dizer que sempre pensei que era um bom ouvinte. Mas então perguntei aos meus filhos e eles disseram: "De jeito nenhum, pai. Você é um péssimo ouvinte!".

O quê? Então perguntei à minha mãe e ela confirmou o fato de que sou um péssimo ouvinte. Aparentemente, eu preciso mesmo dessa ferramenta parental.

Tenho dois adolescentes muito diferentes. Minha filha gosta de conversar muito! Meu filho pode passar o dia todo sem me dizer mais do que duas palavras. Não considero grunhidos como palavras. Portanto, ouvir minha filha envolve grande foco, enquanto ouvir meu filho envolve um pouco de leitura e interpretação da mente.

Com minha filha, tenho praticado fechar meu *laptop* e dar-lhe toda a atenção. Aprendi muito ouvindo-a. Fiquei sabendo que ela obteve nota máxima no teste de história. Aprendi que o YouTube tem muitos vídeos hilariantes. Aprendi um novo truque de mágica. Aprendi que ela não gosta de *Chick-fil-A**no jantar. Aprendi que as crianças da escola dela xingam muito e ela não gosta disso. Aprendi uma piada sobre um estrangeiro que praticava inglês assistindo a comerciais.

Não aprendi tanto com meu filho. Mas tentei observá-lo um pouco mais de perto esta semana. Você pode aprender muito com os adolescentes observando sua linguagem corporal. Por exemplo, se meu filho suspira, abaixa os ombros e começa a fazer um cachorro-quente, isso significa que ele não está satisfeito com a nossa escolha de jantar. Se ele entrar na sala e se sentar no sofá, significa que precisa de um tempinho com o pai. Se ele chega em casa e desce sem dizer uma palavra, foi um longo dia na escola e ele precisa relaxar. E se ele lavar o cabelo três vezes, isso significa que ele precisa cortar o cabelo.

Mary

Enquanto praticava a ferramenta de escuta, descobri rapidamente que não sou tão boa em ouvir quanto pensava. Muitas vezes, quando um dos meus meninos fala alto (gritando, fazendo beicinho, respondendo, choramingando) ou me sinto desrespeitada ou ignorada, perco o controle e reajo irracionalmente em vez de agir de forma ponderada apenas ouvindo.

---

* N. T.: *Chick-fil-A* (/tʃɪkfɪ'leɪ/chik-fil-AY), um trocadilho com a pronúncia em inglês americano de *fillet*, é uma das maiores redes de *fast-food* norte-americanas e a maior em sua especialidade, os sanduíches de frango.

Certa vez, eu estava dirigindo com minha mãe quando Greyson estava agindo de forma desagradável – ou, em outras palavras, como uma criança típica de 5 anos. Ele estava exigindo que seu irmão de 3 anos, Reid, compartilhasse o brinquedo com o qual ele estava brincando. Eles gritavam e diziam coisas maldosas um para o outro. Olhei para minha mãe e disse: "Estou muito irritada agora. O que devo fazer?".

Ela disse: "Fique fora disso".

Eu ouvi o conselho dela? Claro que não! Antes que eu pudesse pensar nisso, reagi e disse: "Se você não compartilhar com seu irmão e devolver o brinquedo para ele, vou tirá-lo de vocês dois e nenhum de vocês terá o brinquedo".

Naturalmente, Greyson me mostrou a língua e revirou os olhos. Hummm, eu me pergunto o porquê. Será que ele estava espelhando meu modelo de comportamento desrespeitoso?

Depois de deixar minha mãe, saí do carro para respirar fundo e confrontar meus erros. Naquele instante tive meu momento de descoberta, quando aprendemos com a situação. Greyson não estava me ouvindo porque eu não estava ouvindo ele. Eu me pergunto o que teria acontecido se eu tivesse simplesmente validado seus sentimentos e depois ouvido.

O bom da minha mãe é que ela sempre me apoia e não faz julgamentos. Ela está constantemente me lembrando que tudo que estou sentindo e fazendo (com erros e tudo) também fez parte de seu processo de aprendizagem. Ela continuou me encorajando, lembrando-me de que as vezes que ouço meus filhos superam as vezes que perco o controle.

Mas, quando escorrego e caio (o que acontece com frequência), continuo aprendendo que os erros são oportunidades de aprendizagem.

História de sucesso de Seattle, Washington

Ainda hoje, J. estava tendo um chilique depois da escola porque uma babá estava vindo para ficar com ele enquanto participo da reunião sobre o currículo.*
Normalmente eu teria apenas dito algo como: "Esta é a babá que fica com você

---

* N. T.: A reunião sobre o currículo é uma reunião educacional por série, que acontece no início do ano letivo para que os pais recebam informações que beneficiarão o aprendizado de seu filho ao longo do ano.

há três anos. Você ficará bem quando ela chegar aqui... temos que ir para a reunião sobre o currículo, é importante, blá-blá-blá...".

Em vez disso, segui o que aprendemos na aula e tentei me conectar com ele com um abraço. Então eu disse a ele que poderíamos conversar sobre isso depois que saíssemos do carro.

Ele ainda estava agitado quando entramos. Convidei-o para sentar no sofá e abracei-o por alguns minutos até que ele começou a relaxar um pouco.

Ele disse: "L. é a pior. Eu odeio L.".

Em vez de dizer: "Isso não é uma coisa muito agradável de se dizer; ela é uma pessoa legal", eu disse: "Você pode me contar mais sobre isso?".

Ele disse: "Ela nunca nos dá lanches suficientes".

Eu pensei: "Ah! Eu posso fazer algo sobre isso!". Então eu disse: "Que tal se eu deixar lanches extras para vocês antes de ir?".

Ele disse: "Sim, boa ideia".

Ele se animou. Inacreditável! Sem drama!

— Aluna de Julietta Skoog, Educadora Parental Certificada em Disciplina Positiva

DICAS DA FERRAMENTA

1. Faça perguntas curiosas: "O que aconteceu? Você quer falar sobre isso?".
2. Convide para um compartilhamento mais profundo: "Mais alguma coisa? Algo mais?".
3. Ouça com os lábios fechados: "Hummm".
4. Acredite em seu filho. Saiba que, na maioria dos casos, seu filho simplesmente precisa de um ouvido atento e que o apoie como parte do processo de desabafar antes de encontrar uma solução. Por meio desse processo, seu filho aprende sobre resiliência e capacidade.

PRESTE ATENÇÃO

Se quisermos ter filhos melhores, os pais devem se tornar melhores educadores.

— Rudolf Dreikurs

Seus filhos estão tendo a impressão de que não são importantes?

1. Deixe de lado tudo o que você está fazendo e concentre-se em seu filho como se ele fosse mais importante do que qualquer outra coisa que você poderia fazer.
2. Não se esqueça de agendar um tempo especial (Capítulo 4).
3. Lembre-se do que Toni Morrison disse: "Seus olhos brilham quando eles entram na sala?".

Jane

Desde a Revolução Industrial, nos tornamos um mundo acelerado – e estamos nos tornando cada vez mais rápidos. Todos afirmamos que nossos filhos são mais importantes do que qualquer coisa no mundo. Uma maneira de testar a veracidade dessa afirmação seria observar o que ocupa mais sua atenção durante cada dia.

Afirmamos: "Mas estou tão ocupado", como se não tivéssemos escolha.

Como Dreikurs alerta em sua citação que inicia esta seção, temos escolhas. O primeiro passo é a conscientização.

A ferramenta de prestar atenção diz: "Deixe tudo o que você está fazendo e concentre-se em seu filho como se ele fosse mais importante do que qualquer outra coisa que você pudesse fazer". Mas e aqueles momentos em que realmente há algo que precisa de toda a sua atenção? É aí que você pode combinar essa ferramenta com um momento especial. Quando você e seu filho tiverem trabalhado juntos para criar o tempo e o ritmo para o seu momento especial, e seu filho exigir tempo quando você estiver muito ocupado, você poderá dizer: "Não posso agora, mas estou ansioso pelo nosso momento especial".

Ou você pode combinar isso com um pedido de ajuda. "Veja como estou ocupado estou agora. Você estaria disposto a me ajudar nesta tarefa para que eu possa então lhe dar toda a atenção?".

Esta ferramenta não pretende fazer você se sentir culpado e pensar que deve sempre dar toda a atenção que for exigida. Na verdade, existe um nome para os pais que dão muita atenção aos filhos: "pais helicóptero". A atenção constante pode ser sufocante ou pode levar as crianças a acreditarem que devem ser sempre o centro das atenções. As crianças precisam de atenção de qualidade suficiente para ajudá-las a ter um forte sentimento de pertencimento (aceitação), mas não tanta atenção a ponto de perderem a capacidade de serem autoconfiantes e autossuficientes.

Brad

Todas essas ferramentas da Disciplina Positiva são valiosas, mas algumas delas parecem ressoar um pouco mais em mim. Quando li sobre prestar atenção, isso teve um impacto profundo em mim. Talvez seja porque me vejo na figura acima. Em vez de ler o jornal, normalmente estou trabalhando no meu computador. Meus filhos podem não ter uma lágrima escorrendo pelo rosto, mas sei que eles estão sofrendo por dentro quando continuo trabalhando enquanto eles falam comigo.

Essa situação ocorre com mais frequência no verão, quando meus filhos estão em casa todos os dias. Tento mantê-los ocupados para que não passem o dia todo olhando para as telas. Mas também tenho que ganhar a vida, por isso geralmente estou ocupado com o trabalho quando eles vêm até mim e precisam da minha atenção.

Outro dia, meu filho entrou em meu escritório e sentou-se. Ele começou a falar comigo enquanto eu continuava digitando no meu computador. Eu estava ouvindo o que ele estava dizendo, mas não estava prestando atenção nele. Acho que ele nem sabia sobre o que queria falar. Eu acredito que ele precisava de algum tempo e atenção. Mas eu tinha prazos e uma centena de outras coisas para fazer, então continuei em um ritmo frenético e o deixei sentado em meu escritório com uma expressão desanimada no rosto.

Bem, não estou defendendo que todos deixemos nossos empregos e prestemos atenção aos nossos filhos 24 horas por dia, 7 dias por semana. Nossos filhos não iriam querer isso de qualquer maneira. Mas, quando seu filho se aproxima de você, geralmente é um sinal de que ele precisa de sua atenção. Meus filhos me evitam na maior parte do tempo porque têm medo de que eu lhes dê uma tarefa. Portanto, o fato de meu filho ter entrado em meu escritório e se sentado comigo foi um sinal claro de que ele precisava de atenção.

Mesmo estando ocupado, eu poderia ter parado um minuto para interromper o que estava fazendo e prestar atenção nele. Então, se ele precisasse de mais tempo do que eu poderia lhe dar, eu poderia ter explicado que estava muito ocupado no momento e poderia ter perguntado se poderíamos planejar algum momento depois do trabalho para conversar. Então eu poderia ter encerrado a conversa dando um abraço nele e dizendo que o amo. Ele teria saído se sentindo muito melhor consigo mesmo e com nosso relacionamento. Provavelmente ele nem precisaria conversar mais tarde, porque tudo o que ele de fato queria era um pouco de amor e atenção.

Mary

Perguntei aos meus meninos: "A mamãe presta atenção em vocês quando vocês estão conversando ou tentando me mostrar alguma coisa?".

Reid, que tinha 7 anos na época, disse rapidamente: "Não".

Eu achei que era muito boa em prestar atenção, porque sei quão desrespeitoso pode ser quando você está tentando falar com alguém e essa pessoa está ao telefone, assistindo à TV, trabalhando no computador ou tentando realizar várias tarefas ao mesmo tempo. Mesmo que esse indivíduo distraído ouça o que você está dizendo, ele não está realmente engajado. Posso imaginar como isso pode ser desencorajador para as crianças.

Outra noite eu estava deitada na cama com dois dos meus meninos. Reid estava lendo para mim, e Greyson e eu estávamos silenciosamente jogando um jogo de palavras embaralhadas.

Reid fechou o livro e disse: "Você nem está prestando atenção na história".

Fui pega! Aqui eu pensei que estivesse sendo uma mãe atenciosa ao realizar várias tarefas ao mesmo tempo e dar atenção a ambos. Opa, nem tanto.

Greyson, por outro lado, ficou animado por ter minha atenção e por não ter que ouvir histórias dos livros "chatos" de Reid. Reid estava obviamente irritado e percebeu rápido que eu não estava envolvida por completo em sua história.

Passamos pelo processo de resolução de problemas juntos e encontramos uma solução. Decidimos que cada um dos meus meninos teria dez minutos ininterruptos e com a mãe totalmente presente. Cada um concordou em ler silenciosamente enquanto o outro recebia 100% de atenção.

Eu entendo, porque meu marido Mark e eu concordamos que, quando um de nós está no celular verificando as redes sociais, parece uma desconexão total. Assumi um compromisso com meus filhos de manter meu telefone no carregador do quarto quando estivermos em casa, a menos que eu realmente precise fazer uma ligação. Eu tenho esperança de que isso seja um bom exemplo para eles do bom comportamento que espero que imitem quando forem adolescentes.

História de sucesso de Shenzhen, China

Eu precisava levar minha filha de 4 anos, Serenity, comigo para minha aula de Disciplina Positiva para pais pela manhã. Não havia babá disponível. Isso significava que ela precisaria brincar sozinha por três horas.

Perguntei a ela: "Três horas? Você acha que vai ficar entediada?". Ela balançou a cabeça dizendo que sim.

"Então, o que você pode fazer quando fica entediada?".

"Eu posso brincar com isso!" Ela apontou para seu jogo da Dora aventureira.

"Ótimo! Vamos anotar todas as ideias. Vou pegar um pedaço de papel." Já fizemos essa versão revisada da roda da escolha: as cartas com opções.

Ela teve oito ideias do que poderia fazer nessas três horas, incluindo ouvir música com seus fones de ouvido, desenhar, brincar com seus brinquedos de animais, aprender piano, deitar no sofá, sentar com a mamãe, brincar com seu jogo da Dora e comer sementes de girassol.

De manhã, com aquelas oito cartas à sua escolha, Serenity jogou sozinha durante duas horas na minha aula. Isso é muito tempo para uma criança de 4 anos. Ela começou a se sentir "entediada" quando faltava cerca de uma hora, "porque a mamãe não brincou comigo".

Apontei para o relógio na parede: "Quando o ponteiro longo chegar ao doze, vou brincar com você".

Depois de trinta minutos ela veio até mim novamente. Perguntei se ela gostaria de sentar no meu colo ou na cadeira ao meu lado. Eu podia sentir todas as mães estudantes olhando para mim atentamente. Eu mantive a calma. Ela sentou no meu colo, mas apenas por um minuto antes de começar a soluçar e cobrir minha boca com sua mão.

Parei a aula por um momento e a abracei com força, coloquei a cabeça dela no meu peito, beijei-a e disse: "Eu sei que você está entediada e triste, porque já faz muito tempo e a mamãe ainda não está brincando com você. Você gostaria que eu parasse a aula agora mesmo e brincasse com você". Ela assentiu. "Eu posso jogar pedra, papel e tesoura com você. Duas ou três vezes?"

"Cinco vezes!"

"Hummm, que tal não três, nem cinco, mas quatro vezes?"

"Certo."

"Depois do jogo, você tem alguma boa ideia para não ficar entediada e a mamãe poder continuar a aula?"

Ela disse: "Posso sair e jogar o jogo da Dora sem fones de ouvido".

"Você gostaria de jogar pedra, papel e tesoura antes de sair ou depois que a aula terminar?"

"Depois que a aula terminar."

Depois da nossa conversa, ela conseguiu se divertir pelo resto da aula. Não há dramatização melhor do que uma experiência da vida real em sala de aula. Mais tarde, todos os alunos me contaram o quanto aprenderam ao nos observar em ação.

— Elly Zhen, Trainer Certificada em Disciplina Positiva

DICAS DA FERRAMENTA

1. Prestar atenção é um dos maiores presentes que você pode dar aos seus filhos.

2. Pergunte a si mesmo: "Do que vou me lembrar daqui a dez anos? Fazer essas coisas importantes ou as vezes em que dei toda a atenção ao meu filho?".

3. Não exagere. A atenção em tempo integral convida as crianças a desenvolverem a crença de que não estão bem a menos que alguém as torne o centro do seu universo.

4. Alguns momentos de atenção de qualidade evitam que as crianças procurem por "atenção indevida".

AGIR SEM PALAVRAS

A vida acontece no nível dos acontecimentos, não das palavras.

— Alfred Adler

Muitas vezes a coisa mais eficaz a fazer é manter a boca fechada e agir.

1. Avise com antecedência às crianças o que você vai fazer.
2. Verifique se elas entenderam perguntando: "Qual é o seu entendimento sobre o que vou fazer?".
3. Prossiga agindo com gentileza e firmeza, sem dizer uma palavra. Por exemplo, pare se as crianças brigarem enquanto você dirige e leia um livro até que elas avisem que estão prontas para você voltar a dirigir.

Jane

Você já levantou a voz e se sentiu culpado porque esse não é o tipo de pai que você deseja ser? Você já se sentiu extremamente frustrado quando seus filhos parecem não ouvir uma palavra do que você diz até que você levante a voz? Você já percebeu como parece horrível quando você ouve outros pais gritando com seus filhos?

Diane prometeu que nunca seria como sua amiga Sara, que estava sempre gritando (muitas vezes berrando) com os filhos: "Não façam isso! Façam isso! Já cansei de falar pra vocês!". E assim por diante! Era difícil para Diane ficar perto de Sara, e ela sentia muita pena das crianças.

Um dia, Diane se viu dizendo a Seth, de 3 anos: "Não faça isso! Venha aqui agora mesmo! Pegue seus brinquedos! Vista-se!". Felizmente ela se ouviu e disse ao marido: "Meu Deus – pareço a Sara". Gentilmente ele disse: "Eu não queria dizer nada, mas sim, você parece".

Diane lembrou-se da ferramenta da Disciplina Positiva, agir sem palavras, e decidiu experimentá-la por um dia inteiro. Quando Diane queria que Seth parasse de fazer alguma coisa, ela ia até ele, segurava sua mão e o fazia parar.

Quando ela queria que ele fosse até ela, ela saía do sofá e ia até ele para mostrar o que precisava ser feito. Quando ele começou a bater no irmão mais novo, Diane os separou gentilmente, sem dizer uma palavra.

Durante um momento de calma, Diane sentou-se com Seth e disse: "Vamos brincar de um jogo. Quando eu quiser que você faça algo, manterei meus lábios bem fechados e apontarei o que precisa ser feito e você poderá ver se sabe o que quero sem que eu diga uma palavra. Está bem?". Seth sorriu e concordou.

Na hora de pegar seus brinquedos, Diane foi até ele, sorriu e apontou para os brinquedos enquanto fazia um sinal com as mãos para ele pegá-los, e então o ajudou, sabendo que é encorajador e eficaz ajudar crianças com tarefas até que tenham pelo menos 6 anos de idade e possam "graduar-se" para realizar tarefas sozinhas. Quando chegou a hora de ele se vestir, ela o pegou pela mão, fez um sinal de fechar o zíper da boca e apontou para as roupas dele. Seth sorriu e deixou Diane ajudá-lo a se vestir sem esforço – fazendo a maior parte sozinho.

Mais tarde, Diane compartilhou com o marido como seu dia havia sido muito mais tranquilo e como ela gostou de suas interações com Seth. Diane acrescentou: "Sei que ações sem palavras não funcionarão o tempo todo, mas este dia certamente me ajudou a perceber como é importante pelo menos chegar perto o suficiente para ver o branco nos olhos dele antes de falar, e então usar mais ação e menos palavras".

Colocar um desafio na pauta da reunião de família é uma forma de agir sem palavras. As palavras podem vir mais tarde, durante a reunião de família, quando todos estão focados em soluções. Certifique-se de que suas ações sejam gentis e firmes ao mesmo tempo. O silêncio cruel pode ser devastador para as crianças. Se você não consegue ser silenciosamente gentil e firme, tente outra ferramenta como "Uma palavra".

Brad

Agir sem palavras é uma ferramenta que uso frequentemente quando meus filhos discutem sobre o que assistir na TV. Decidimos antecipadamente durante nossas reuniões de família que, quando as crianças estiverem discutindo sobre o que assistir, desligarei a televisão até que elas parem de discutir e cheguem a um acordo sobre algo para assistirem juntas.

O resultado surpreendente foi menos tempo em frente à TV. Quando ouço meus filhos discutindo sobre o que assistir, simplesmente entro na sala e desligo a TV. Os dois olham para mim, levantam-se e vão embora – sem dizer uma palavra. Normalmente a criança que não quis assistir aquele programa específico terá uma expressão satisfeita e presunçosa no rosto, mas ambas as crianças parecem aliviadas por terem uma solução rápida para o problema.

Uma vez fiz isso quando Gibson e Emma estavam discutindo sobre o que assistir na televisão. Dez minutos depois encontrei os dois em seus quartos, lendo um livro!

Mary

Todos nós já ouvimos o ditado "As ações falam mais alto que as palavras". Uma das razões pelas quais adoro usar essa ferramenta é porque ela elimina qualquer arrependimento ou culpa de minha parte.

Recentemente optei por um carro menor e perdi minha terceira fila de assentos. Eu sabia que seria vantajoso, porque economizaria combustível, mas que seria uma desvantagem porque os três meninos sentariam muito próximos uns dos outros. Meus meninos discutiam e brigavam sobre praticamente qualquer coisa: "Ele está olhando para mim!" "Ele está me tocando!" "Ele está me incomodando!". A maioria dos pais entende como pode ser irritante e perturbador quando seus filhos estão brigando no banco de trás.

Eu sabia que, com um carro menor e um longo deslocamento diário, teria que ensinar e depois praticar esta ferramenta de agir sem palavras. Durante um momento calmo, me diverti ensinando essa ferramenta. Meu marido Mark e eu adoramos praticar a dramatização como forma de ajudar as crianças a compreenderem nossa perspectiva. É também uma maneira divertida de trazer senso de humor a uma situação e realmente envolver nossos filhos na aprendizagem.

As duas regras mais importantes da dramatização são exagerar e divertir-se. Eu prometo que seus filhos vão adorar esse estilo de aprendizagem. Para montar a nossa dramatização, colocamos quatro cadeiras na sala (para preparar o cenário de um carro de mentira) e perguntamos: "Quem gostaria de fazer o papel da mamãe?". Meus dois filhos mais velhos queriam interpretar meu papel – o que foi perfeito, porque então eles puderam se revezar no papel e na observação.

Dissemos que íamos encenar duas cenas. A primeira cena seria o que acontece no carro quando a mamãe não está praticando a Disciplina Positiva. Meu filho mais velho, Greyson, interpretou meu papel primeiro. Meu marido e eu começamos a brigar no banco de trás (nossas cadeiras). Meus dois filhos mais novos riam histericamente. Claro, Greyson fez um ótimo trabalho ao me interpretar – foi constrangedor e humilhante ao mesmo tempo.

O que percebi, enquanto meu marido e eu interpretávamos nossos filhos, foi que nem ouvíamos o que Greyson estava dizendo como mãe. Percebemos que ele estava tentando chamar nossa atenção, mas meu marido e eu estávamos nos divertindo muito. (Que visão! Minha mãe me disse que crianças brigando são como filhotes de urso se divertindo, mas eu tive que vivenciar isso para acreditar.)

Depois de representarmos, processamos em família o que cada um de nós estava pensando, sentindo e decidindo. O momento de descoberta de Greyson foi o melhor – ele disse: "Vocês estavam doidos e, não importava o que eu dissesse ou quão alto eu falasse, vocês não paravam de lutar". Ele continuou dizendo: "Entendo por que isso é tão frustrante e irritante para os pais".

De volta ao papel de mãe na segunda cena, falei com os meninos e disse: "Como vocês acabaram de testemunhar, não é eficaz, respeitoso ou seguro para mim tentar bancar o árbitro enquanto estou dirigindo. De agora em diante, se vocês decidirem brigar enquanto eu estiver dirigindo, vou parar em um estacionamento seguro e sair do carro, e vocês poderão brigar por quanto tempo e tão alto quanto quiserem. Esperarei calmamente lá fora até vocês baterem na janela. Quando eu voltar para o carro, precisarei ouvir de cada um de vocês que vocês pararam de brigar e é seguro para nós irmos". Então perguntei: "Como saberei que é hora de começar a dirigir novamente?".

Eles repetiram: "Quando cada um de nós disser que paramos de brigar".

Eu respondi: "Ótimo! Estou feliz por termos elaborado um plano que é respeitoso e seguro para todos".

Começamos a encenação de eu dirigindo, e Reid e Greyson desempenharam alegremente o papel na briga. Puxei minha cadeira (carro) para o lado. Eles logo pararam de brigar, mas levaram alguns minutos para se lembrarem que ambos precisavam me dizer que haviam parado de brigar e que era seguro ir. Greyson gentilmente lembrou seu irmão mais novo, dizendo: "Nós dois precisamos dizer". Agradeci e comecei a dirigir novamente.

Nós nos divertimos rindo e conversando sobre o que aprendemos com essa encenação. Agora vamos avançar para a vida real. As crianças começaram a brigar e cometi o erro de perguntar: "Preciso parar e encostar?".

Claro que eles disseram que não, mas continuaram a brigar. Então encontrei um lugar seguro para encostar e saí do carro. Foi como mágica – na verdade, eles pararam de brigar antes mesmo de o carro estar estacionado. Acho que os dois ficaram muito chocados com o fato de estarmos em um estacionamento e eu não estar ameaçando ou gritando com eles.

Agir sem palavras é uma forma poderosa, livre de culpa e respeitosa de ser pai/mãe. É incrível como preciso pedir desculpas e reparar menos vezes quando posso simplesmente calar a boca e agir. Costumo lembrar aos pais que nossos filhos testarão os limites. Meu conselho é esperar isso e estar preparado para sair mais cedo na primeira vez que tentar fazer isso.

História de sucesso de Washington, D.C.

Agir sem palavras é uma ferramenta de Disciplina Positiva que realmente salvou minha sanidade – especialmente no carro. Meus filhos, como todas as crianças, adoram agitar as coisas em longas viagens de carro. E a rivalidade entre irmãos parece atingir seu auge quando estamos presos no trânsito.

Aproveitar o tempo para explicar que eu planejava parar o carro e ficar na beira da estrada (ou onde quer que eu encontrasse lugar para estacionar com segurança quando houvesse briga) mudou as coisas para sempre. Eu precisei parar e estacionar apenas uma vez antes que meus filhos entendessem a mensagem. Eu não disse uma palavra.

Por causa de tudo que li sobre Disciplina Positiva, eu sabia que deveria contar aos meus filhos com antecedência o que esperar. Então, agir sem palavras chamou a atenção deles. Ninguém quer ficar sentado na beira da estrada sem chegar a lugar nenhum. Como num passe de mágica, eles estavam trabalhando juntos para me garantir que eu poderia voltar à estrada e que não haveria mais brigas.

— Anônimo

DICAS DA FERRAMENTA

1. Não espere que seus filhos controlem o comportamento deles quando você não controla o seu. Essa é uma dica que vai te ajudar em muitas situações.
2. Ter um plano antecipado sobre como você agirá sem palavras (e informar seus filhos sobre esse plano) torna mais fácil fazer o acompanhamento do plano.
3. Agir em vez de falar é uma ótima maneira de chamar a atenção das crianças que podem ter aprendido a ignorar sermões.

SINAIS NÃO VERBAIS

Falar é uma das coisas mais ineficazes a se fazer.

— Rudolf Dreikurs

Os pais costumam falar demais. Um sinal não verbal poderia falar mais alto que palavras.

1. Sorria e aponte para os sapatos que precisam ser recolhidos.
2. Decida com seu filho quais sinais funcionariam melhor do que palavras durante um conflito ou como um lembrete para agir com boas maneiras.
3. Quando você se sentir chateado, tente colocar a mão no coração para sinalizar "eu te amo". Vocês dois se sentirão melhor.

Jane

Se for difícil para você agir sem palavras, pode ser uma medida útil fingir que perdeu a voz e precisa usar algum tipo de linguagem de sinais. Isso é especialmente divertido e eficaz quando você envolve seus filhos para ajudá-lo a criar alguns sinais não verbais.

A Sra. Beal estava frustrada porque ficava muito irritada quando as crianças voltavam da escola e largavam os livros no sofá. A reclamação constante não estava produzindo nenhuma mudança.

Durante uma reunião de família, ela disse aos filhos que não queria mais gritar e reclamar desse problema. Ela sugeriu o sinal não verbal de colocar uma fronha sobre a televisão como um lembrete de que havia livros no sofá. As crianças concordaram com esse plano e funcionou muito bem. A mãe não se envolveu mais além do sinal. Quando as crianças viam a fronha, elas pegavam seus próprios livros ou lembravam alguém de fazê-lo.

Várias semanas depois, a Sra. Beal quis assistir ao seu programa de TV favorito depois que as crianças foram para a escola. Ela ficou surpresa ao encontrar uma fronha na televisão. Ela olhou para o sofá e viu os pacotes que havia deixado lá na noite anterior, quando estava com pressa para preparar o jantar. Toda a família riu muito dessa reviravolta. Eles gostaram desse método e a partir de então as crianças pensaram em muitos sinais não verbais como soluções para problemas.

O sinal não verbal ilustrado no início desta seção serve para apontar para o relógio quando vocês combinarem (juntos) um horário específico em que algo deve ser feito. Lembre-se de sorrir enquanto aponta.

Sinais não verbais podem ajudar a resolver problemas, ajudar as crianças a seguir o plano e ajudar os pais a evitarem constantes reclamações e lembretes. Mary compartilha um exemplo de sinal não verbal (secreto). As crianças adoram a parte secreta – especialmente quando eles ajudaram a criá-la.

Mary

Comecei a usar sinais não verbais quando meu filho mais velho tinha quase 3 anos. Tudo começou quando eu ficava frustrada com ele, levantava a voz e ficava muito brava. Então eu me sentia horrível e culpada por levantar a voz. Eu sabia que havia uma maneira melhor de lidar com isso.

Estou sempre falando sobre como é importante modelar o comportamento que esperamos de nossos filhos. Mais uma vez, é mais fácil falar do que fazer. A pior sensação é quando ouço meu filho mais velho gritando com o irmão mais novo. É ridículo e constrangedor saber que ele está falando assim por causa da forma como falei com ele.

Sou grata pelas minhas ferramentas de Disciplina Positiva. Comecei com um pedido de desculpas e expliquei a Greyson que não queria ser uma mãe malvada que grita. Perguntei a ele se poderíamos criar um sinal não verbal para me ajudar a lembrar de respirar fundo e me acalmar. Compartilhei com ele que sempre quis poder falar com ele no mesmo tom respeitoso que espero dele.

Greyson teve a ideia de tocar o nariz para me lembrar que eu precisava me acalmar e respirar fundo. Assegurei-lhe que era um sinal brilhante e perguntei se poderia fazer o mesmo se e quando ele não estivesse falando em tom calmo.

Passaram-se apenas alguns dias para que Greyson tivesse a oportunidade de usar seu sinal não verbal comigo e, claro, funcionou perfeitamente. Parei imediatamente para respirar fundo algumas vezes, dei-lhe um abraço e sentei-me para falar com ele na altura dos olhos.

Quando Greyson tinha 4 anos, criamos outro sinal sobre a interrupção. Reservamos um tempo para praticar a dramatização. (Lembre-se de que a prática ocorre em momentos de calma – e não em momentos de conflito.) Quando estou conversando com outra pessoa, Greyson aperta minha mão para me informar que deseja dizer alguma coisa. Coloco minha mão em seu ombro para que ele saiba que terminarei assim que puder para poder ouvi-lo. Greyson raramente me interrompeu depois disso, ficou claro que ele estava satisfeito com nosso sinal secreto

Adotamos outro sinal não verbal do meu pai (o avô deles). Ele colocava a mão sobre o coração como um sinal de que estava tendo um "momento de amor". Sempre me senti muito especial cada vez que ele fazia isso – o que acontecia com frequência.

Meus meninos adoraram a ideia de que estávamos usando em nossa família um sinal que havia sido usado em minha família quando eu era pequena. É uma ótima maneira de estabelecer uma conexão, e espero que eles transmitam essa tradição às suas famílias.

História de sucesso da Colúmbia Britânica, Canadá

Minha filha de 4 anos estava choramingando e me interrompendo muito. Foi útil perceber que seu objetivo equivocado era atenção indevida. Decidimos criar um sinal não verbal.

Agora temos um aperto secreto no braço que minha filha pode usar quando estou conversando com outra pessoa para me informar que ela tem algo a me dizer. Dou-lhe um pequeno aperto no braço também para que ela saiba que entendi seu aperto e avisarei quando estiver pronta para ouvi-la.

No início, quando ela interrompia, eu parava de falar e explicava que é rude interromper e a lembrava de apertar o braço. Agora simplesmente aperto o braço dela e continuo minha conversa. Funciona muito bem. Ela para de falar e espera sua vez.

— Sarah Joseph, Educadora Parental Certificada em Disciplina Positiva

História de sucesso de Atlanta, Geórgia

Quando meus filhos eram pequenos, parecia que toda vez que eu falava ao telefone um deles precisava de alguma coisa. Certo, meus filhos são adolescentes e isso ainda acontece. Mas não é um problema, porque a ferramenta de sinal não verbal realmente funciona.

Meus filhos e eu desenvolvemos todos os tipos de sinais não verbais, que têm sido especialmente úteis quando preciso fazer ligações de trabalho em casa. Se estou ao telefone e eles querem saber quanto tempo falta, eles apontam para o pulso ou relógio e eu levanto os dedos para mostrar quantos minutos faltam. Também temos um sinal não verbal como código para uma chamada de trabalho.

Combinar com antecedência sobre os sinais não verbais é muito importante, e percebi que, quando meus filhos inventam o sinal, mesmo que pareça ridículo, eles o usam com ainda mais sucesso.

— Kelly Gfroerer, Trainer Certificada em Disciplina Positiva

DICAS DA FERRAMENTA

1. Faça uma sessão de *brainstorming* com seus filhos para obter ideias sobre os sinais não verbais que funcionarão para eles.
2. Encoraje seus filhos a inventarem sinais não verbais que possam usar para lembrá-lo de coisas que você precisa mudar, como falar demais ou perder o controle.
3. Reserve um tempo para praticar sobre como usar o sinal em momentos calmos.

UMA PALAVRA

Restabelecer a linguagem como meio de comunicação dentro da família exigiria evitar falar sempre que surge um conflito.

— Rudolf Dreikurs

Evite dar sermões e importunar. Use uma palavra como um lembrete gentil.

1. Para a toalha deixada no chão: "Toalha".
2. Quando o cachorro não foi alimentado: "Cachorro".
3. "Pratos".
4. "Dormir".
5. Quando os acordos são feitos em conjunto com antecedência, muitas vezes uma palavra é tudo o que precisa ser dito.

Jane

Se agir sem palavras for muito difícil, tente limitar seus lembretes a apenas uma palavra. A ilustração no início desta seção mostra o que acontece frequentemente quando os pais falam demais. As crianças podem não colocar os dedos nos ouvidos, mas muitas vezes se desligam da mesma forma. Rudolf Dreikurs lembra-nos que seria sensato parar de falar quando surge um conflito. Acreditamos que ele quer dizer até que você se acalme e possa ser racional e encorajador. E é aconselhável saber que falar demais realmente gera conflitos.

Por que apenas uma palavra? Existem muitas razões:

1. Será um lembrete para você evitar sermões.
2. Pode ser um lembrete para você controlar o seu comportamento.
3. Dependendo do seu tom, uma palavra pode ser gentil e firme.
4. Uma palavra não dá tempo suficiente para seus filhos pararem de ouvir o que você está dizendo.

Se você realmente não suporta dizer apenas uma palavra, tente usar apenas mais algumas, acrescentando: "Eu vi/notei/percebi _____". Por exemplo:

1. "Eu vi uma toalha de banho molhada na sua cama."
2. "Eu vi materiais de arte na mesa de jantar e é quase hora do jantar."
3. "Eu notei que sua bicicleta está lá fora e está começando a chover."

A simples observação, sem uma única palavra ou com poucas palavras, mostra que você acredita na capacidade que as crianças têm de descobrir o que precisa ser feito.

Mary

Certa manhã, meu filho mais velhos, Greyson, que tinha quase 7 anos na época, me disse: "Mal posso esperar até crescer para poder mandar nos meus filhos".

Achei divertido e fiquei surpresa e magoada ao mesmo tempo. Divertido porque ele achava que ser mais velho significa ser o "chefe". Surpresa porque estávamos nos abraçando na cadeira de balanço e eu estava compartilhando com ele que não queria que ele crescesse. E magoada porque não gostei que ele me percebesse assim.

Perguntei a ele: "Como um chefe fala?".

Ele disse: "Vá limpar seu quarto"... *agora*".

Nossa. Eu sabia que não era assim que falava com ele o tempo todo, mas também sabia que às vezes eu fazia isso.

Perguntei a ele: "E se chegássemos a um acordo em que tudo o que eu dissesse fosse uma palavra?".

Ele disse: "Eu gostaria disso!".

Eu disse: "Sei que você está ciente de todas as tarefas e expectativas que temos em relação a você como membro desta família".

Ele suspirou: "Mas às vezes preciso que alguém me lembre".

Combinamos que eu poderia pular os sermões e uma palavra seria suficiente.

Mais tarde naquela manhã, ele deixou sua tigela na bancada e eu disse: "Greyson, tigela".

Ele disse: "Mãe, foram duas palavras".

Sorri, dei-lhe um grande abraço, ri e disse: "Certo, talvez sejam duas palavras se o seu nome contar como palavra".

Essa ferramenta continuou funcionando ao longo do dia com lembretes de uma palavra, como "mãos", "dentes", "sapatos" e "abraço".

O que eu faria sem essas ferramentas da Disciplina Positiva?

Brad

Meu filho tem tendência a ser um pouco negativo (especialmente com a irmã). Então discutimos o problema em nossa reunião de família e todos pensamos na palavra "luz do sol" como um lembrete para não sermos tão negativos.

Acho que ele gosta muito mais disso do que receber um sermão meu sobre os pontos mais sutis de ser positivo. Também pode ser divertido. Ao dizer o lembrete de uma palavra, você poderá receber um sorrisinho de seus filhos quando entenderem e se lembrarem do que precisam fazer.

Você também pode ter que revisitar o assunto em sua próxima reunião de família. Foi o que aconteceu neste caso. Tentamos "luz do sol" por uma semana, mas foi mais divertido para Emma do que para Gibson. Emma e eu sorríamos e dizíamos "luz do sol", e Gibson ficava ainda mais irritado.

Assim, na próxima reunião de família, discutimos novamente o assunto. Perguntei a Gibson se havia outra palavra que funcionaria melhor. Ele disse que não. Então perguntei se ele poderia pensar em outra coisa que funcionasse. Ele mencionou que gostou muito da ferramenta do abraço. Então concordamos em dar um abraço em Gibson se ele estivesse sendo negativo. Isso funcionou muito melhor na semana seguinte.

Lembre-se de que existem muitas ferramentas parentais para você escolher. Nem todas as ferramentas funcionam para todos os filhos. Use sua intuição e pergunte a seus filhos o que funcionará.

História de sucesso de Atlanta, Geórgia

Meus filhos param de me ouvir imediatamente sempre que uso muitas palavras. Quando eles tinham 1, 3 e 5 anos, o pediatra (que, graças a Deus, conhecia Disciplina Positiva) me aconselhou a lembrar que, quando se trata de ser mãe/pai, "mais palavras significam menos". Ele me encorajou a usar apenas uma palavra sempre que eu começasse a ficar frustrada ou descobrisse que meus filhos não seguiam instruções de vários passos – o que pode ser muito difícil para a maioria das crianças.

Mesmo um simples "por favor, suba e pegue seus sapatos para que possamos ir ao parque" envolve vários passos. Isso parece bastante simples, mas, para uma criança em idade pré-escolar, esses dois passos podem ser um desafio – pelo menos eram na minha casa. Usar uma palavra, "sapatos", quando meus filhos inevitavelmente voltavam para baixo de mãos vazias sempre ajudava.

Uma palavra ajuda a trazer foco para a ação. Mesmo agora que meus filhos são adolescentes, ainda acho que usar apenas uma palavra traz resultados rápidos e definitivamente me ajuda a evitar me tornar uma chata.

— Kelly Gfroerer, Trainer Certificada em Disciplina Positiva

DICAS DA FERRAMENTA

1. O tom de voz é importante. Desaprovação e/ou sarcasmo não são encorajadores ou úteis.
2. Lembre-se de que as crianças não têm as mesmas prioridades que você.
3. Faça disso um jogo. Coloque um dólar em um pote secreto sempre que lembrar de dizer apenas uma palavra.
4. Faça disso uma piada. Diga a seus filhos que eles podem começar a contar nos dedos quando você começar a usar muitas palavras.
5. Use sua intuição para saber quando uma palavra pode ser mais eficaz.
6. Se você criou um acordo com seu filho, pode perguntar: "Qual foi o nosso acordo?".
7. Se o seu filho não responder a uma palavra ou a "Qual foi o nosso acordo?", coloque o problema na pauta da reunião de família para permitir algum tempo de calma.

9
CONSEQUÊNCIAS

CONSEQUÊNCIAS LÓGICAS

É melhor estar errado ao tentar descobrir o significado de uma situação do que ignorá-la.

— Rudolf Dreikurs

Muitas vezes, as consequências lógicas são punições mal disfarçadas.

1. Use consequências raramente. Em vez disso, concentre-se em soluções.
2. Quando apropriado, siga os Três "R" e um "U" das consequências lógicas. A consequência possui todas as quatro características?
   - Relacionada
   - Respeitosa
   - Razoável
   - Útil
3. Se qualquer uma dessas características estiver faltando, não é uma consequência lógica.

Jane

É quase engraçado observar as expressões dos pais quando anuncio: "Sem mais consequências lógicas – pelo menos quase nunca. Foquem as soluções". Especialmente porque já compartilhei tantos outros nãos: "Sem punição, sem recompensas, sem elogios, sem castigos, sem retirar privilégios". Eles se perguntam: "O que sobra?". A Disciplina Positiva responde a essa pergunta fornecendo muitas ferramentas de disciplina não punitivas.

Por anos, defendi o uso de consequências lógicas. Afinal, Rudolf Dreikurs foi o primeiro a ensinar sobre consequências lógicas. No entanto, continuei notando que o que a maioria dos pais chamava de consequência lógica era realmente uma punição mal disfarçada. Quando apontava isso, eles concordavam. No entanto, ainda recorriam a consequências lógicas punitivas quando estavam chateados, frustrados e não sabiam o que mais fazer.

Então, criei os Três "R" e um "U" das consequências lógicas:

1. **Relacionada** significa que a consequência deve estar relacionada ao comportamento.
2. **Respeitosa** significa que a consequência não deve envolver culpa, vergonha ou dor e deve ser aplicada de maneira gentil e firme. Também deve ser respeitosa com todos os envolvidos.
3. **Razoável** significa que a consequência não deve incluir acréscimos (adicionar sermões ou qualquer tipo de culpa, vergonha ou dor) e é razoável do ponto de vista da criança, bem como do adulto.
4. **Útil** significa que encorajará a mudança para todos os envolvidos.

Se qualquer um dos Três "R" ou um "U" estiver faltando, não pode mais ser chamada de consequência lógica. E, se a consequência não for relacionada, respeitosa, razoável e útil, as crianças podem experimentar os Quatro "R" da punição:

1. Ressentimento ("Isso é injusto. Não posso confiar nos adultos").
2. Retaliação ("Eles estão ganhando agora, mas eu vou me vingar").
3. Rebeldia ("Vou mostrar a eles que posso fazer o que eu quiser").
4. Recuo, na forma de dissimulação ("Não serei pego na próxima vez") ou redução da autoestima ("Sou uma pessoa ruim").

Pode ser muito difícil para os pais desistirem da ideia de que você tem que "fazer as crianças se sentirem mal para ensiná-las a agir melhor". A ciência provou o que ensinamos na Disciplina Positiva por anos: crianças agem melhor quando se sentem melhor. Anos atrás, vi um desenho animado que ilustrava essa crença muito bem. Mostrava uma mãe observando seu marido correr atrás do filho com uma vara. Na legenda, a mãe está dizendo: "Espere! Dê a ele outra chance". O pai responde: "Mas ele pode nunca mais fazer isso novamente".

Sofrimento não é uma característica necessária das consequências lógicas. Por exemplo, uma criança pode gostar de limpar a própria bagunça. Isso é bom, já que o propósito de uma consequência lógica é mudar o mau comportamento e encontrar uma solução, não se vingar causando sofrimento. Querer que a criança sofra é o que transforma uma consequência lógica em uma punição.

Há outros métodos que seriam mais eficazes, como realizar uma reunião de família, focar soluções em vez de consequências, criar rotinas, oferecer escolhas limitadas, pedir ajuda, lidar com a crença por trás do comportamento, decidir o que você vai fazer em vez do que você vai solicitar que seu filho faça, seguir adiante com dignidade e respeito, abraçar, ou qualquer outra ferramenta da Disciplina Positiva que pareça apropriada para a situação. Em vez de *impor* consequências ao seu filho, é sempre encorajador e empoderador ajudar seu filho a *explorar* as consequências de suas escolhas por meio de perguntas curiosas.

Explorar é muito diferente de impor. Perguntas curiosas ajudam seu filho a explorar as consequências de suas escolhas de uma maneira que leva a soluções: "O que aconteceu? O que você acha que causou isso? Como você se sente sobre isso? Como você acha que os outros se sentem? O que você aprendeu com isso? Como você pode usar o que aprendeu no futuro? Quais ideias você tem para resolver o problema agora?". Esses são apenas exemplos, não para serem usados como um roteiro. Esteja presente e seja curioso sobre entrar no mundo da criança.

Embora as consequências lógicas estejam quase no final da minha lista de ferramentas em nove de dez casos, quando usadas corretamente podem ser uma estratégia eficaz e encorajadora. Na verdade, compartilhamos várias ferramentas que poderiam ser chamadas de consequência lógica por outro nome – por exemplo, decidir o que você vai fazer, fechar a boca e agir, fazer o acompanhamento, usar erros como oportunidades de aprendizagem, desapegar e permitir que as crianças experimentem consequências (o que é muito diferente de impor consequências).

O teste definitivo para determinar se uma consequência lógica é eficaz é a pergunta: "Essa consequência faz meu filho 'pagar' por algo que ele ou ela fez no passado ou ajuda meu filho a se sentir encorajado a aprender para o futuro?".

Mary

Uma coisa que realmente me irrita é a briga e discussão entre meus dois filhos mais velhos na hora de dormir. Eles dividem o quarto e tendem a ficar mais enérgicos cinco minutos antes da hora de dormir. Ou eles querem lutar ou tentam ao máximo irritar um ao outro (e a mim, claro).

Eu tento manter a calma e a paciência pedindo gentilmente para eles pararem. Claro, isso não funciona. É aqui que minha parentalidade poderia ficar realmente feia se eu não fosse buscar algo na minha caixa de ferramentas de Disciplina Positiva.

Primeiro, eu lembro que as ações deles são normais, apropriadas para a idade, e definitivamente não são para me irritar. Então eu penso: "O que foi mesmo que minha mãe disse que reduziu a briga entre meu irmão e eu quando estávamos crescendo? Ah, sim – reuniões de família".

Então, em uma reunião de família com meus filhos discutimos o item da pauta sobre brigar na hora de dormir. Todos nós conseguimos focar soluções que também eram consequências lógicas de brigar na hora de dormir.

Decidimos permitir uma hora para nossa rotina de dormir. Todos concordamos que eles precisavam de cerca de quinze minutos de tempo livre para deitar no chão, lutar e fazer bagunça. Uma vez que completamos nossa última leitura do livro de dormir e cocei suas costas, era hora de apagar as luzes. "Apagar as luzes" foi o código que meus meninos criaram para significar sem mais conversas.

Se eles continuassem brigando depois de "apagar as luzes", começaríamos a rotina de dormir trinta minutos mais cedo na noite seguinte. Nós gentilmente os lembramos que isso poderia implicar sair do treino de beisebol mais cedo. Greyson odiou essa ideia, e Reid (que não estava jogando beisebol atualmente) sorriu.

Greyson trouxe um ponto válido quando disse: "E se eu estiver ignorando Reid e ele continuar a me irritar?". Então, chegamos à consequência relacionada de Reid ter que ir para a cama sozinho quinze minutos mais cedo do que Greyson. Isso daria a Reid um tempo sozinho sem ninguém para incomodar.

Reid não gostou da ideia, mas concordou que era justo. Reid ter que ir para a cama quinze minutos mais cedo parecia um pouco punitivo, mas percebi que era realmente uma consequência lógica porque era relacionada e razoável (sobretudo porque eles concordaram com isso). Caberia a mim garantir que fosse aplicada respeitosamente. Poderíamos então verificar em nossa próxima reunião de família se tinha sido útil. Se não, poderíamos procurar mais soluções. E todos nós tínhamos concordado com antecedência.

Na primeira noite que tentamos a estratégia de "apagar as luzes", funcionou!

Nota para mim mesma novamente: reuniões de família funcionam, e ter os filhos focados em soluções, mesmo que sejam consequências lógicas, é muito eficaz.

Brad

Quando ouvi: "Chega de consequências lógicas – pelo menos quase nunca. Foque as soluções", meu único pensamento foi: "Bem, isso faz sentido". Eu sempre me confundo com a diferença entre consequências naturais e lógicas de qualquer forma, e prefiro muito mais focar as soluções.

Eu usei consequências lógicas mais frequentemente com brinquedos que são deixados fora do lugar. Há uma consequência muito lógica para isso. As crianças guardam seus brinquedos (relacionado, razoável e respeitoso) ou eu os guardo e coloco fora do alcance deles por uma semana (novamente: relacionado, razoável e respeitoso). Meus filhos podem nem sempre concordar com a consequência lógica, mas eles diriam que é justo, desde que eu seja gentil e firme na minha maneira de lidar com isso.

Eu amo focar soluções, que também requerem gentileza e firmeza ao mesmo tempo. Quando chego em casa e vejo que minha filha deixou todas as suas coisas espalhadas pela mesa da cozinha, não fico chateado. Eu simplesmente peço que ela por favor limpe suas coisas para que possamos jantar, o que Emma fica feliz em fazer. Quando ela estava tirando uma nota baixa em matemática, eu gentilmente sugeri a solução de ela ficar depois do horário da escola para fazer sua lição de casa no laboratório de matemática, onde ela poderia ter ajuda com os conceitos que não entendia. Isso pareceu uma solução lógica e útil para ela.

Eu ouvi outras pessoas perguntarem: "Qual seria a consequência lógica para esse comportamento?", como se fosse realmente difícil pensar em uma. Notei que pensar em uma solução é muito mais fácil do que tentar chegar a uma consequência lógica, especialmente se eu perguntar aos meus filhos o que eles pensam. Eles são ainda melhores em pensar em soluções do que eu.

História de sucesso de Marselha, França

Concordamos com nossos dois filhos mais velhos sobre quanto tempo eles poderiam usar seu iPod ou computador (uma hora e meia às quartas-feiras e duas horas nos finais de semana) e, em caso de não cumprimento, definimos uma consequência lógica (tirar o aparelho por um tempo). Esse método funcionou bem... antes de dar errado no início de julho.

Irritou-me ver Léon ainda grudado à sua tela. Eu arranquei o iPod de suas mãos, e ele reagiu me chutando.

Fiquei chocada! Como ele pôde ser tão violento comigo? Então percebi que, à minha maneira, eu também tinha sido violenta e deveria ter sido mais paciente para fazê-lo me entregar o dispositivo em vez de tirá-lo dele. Meu principal erro foi esquecer de revisar o acordo antes das férias escolares.

Depois de enfatizar que era inaceitável, segui os Três "R" da reparação dos erros: eu pedi desculpas (reconhecendo meu erro), mostrei interesse por seu *videogame* (reconciliação) e me ofereci para trabalhar com ele em um novo acordo para o verão e em outra maneira de expressar nossas frustrações (resolução).

Ele ficou muito surpreso com meu interesse repentino. Ele detalhou seu universo com paixão. Essa conversa me permitiu ver meu filho como uma criança brilhante, não um *geek* apático, e me deu a ideia de pedir para ele baixar música no meu celular (validação). Eu vivenciei o quanto significava para ele eu valorizar sua contribuição, e o quanto isso o ajudou a sentir pertencimento (aceitação) e importância.

— Marie de Ménibus Le Marois

DICAS DA FERRAMENTA

1. Considere seus objetivos imediatos. Você quer fazer seu filho pagar pelo passado ou aprender para o futuro?
2. Considere seu objetivo em longo prazo. Você quer que seu filho sinta culpa e vergonha ou se sinta empoderado e capaz?
3. Quando estiver em dúvida, esqueça as consequências lógicas e use os mesmos Três "R" e um "U" para soluções.

CONSEQUÊNCIAS NATURAIS

Precisamos reconhecer o tremendo poder que reside em todos nós e que não podemos usar enquanto nos sentirmos vitimizados.

— Rudolf Dreikurs

As crianças desenvolvem resiliência e capacidade ao experimentar as consequências naturais de suas escolhas.

1. Evite sermões ou dizer "Eu avisei".
2. Mostre empatia: "Você está encharcada, deve estar desconfortável".
3. Seja confortador sem resgatar: "Um banho quente pode ajudar".
4. Valide os sentimentos: "Parece que isso foi muito embaraçoso".

Jane

Uma consequência natural é qualquer coisa que acontece naturalmente, sem interferência adulta. Quando fica na chuva, você se molha. Quando não come, você fica com fome. Quando esquece seu casaco, você sente frio. Não é permitido adicionar nada. Adultos adicionam quando dão sermões, repreendem, dizem "Eu te avisei" ou fazem qualquer outra coisa que adicione mais culpa, vergonha ou dor do que a criança experimentaria naturalmente.

As crianças geralmente se sentem mal ou culpadas quando cometem um erro. Sermões diminuem o aprendizado que pode ocorrer ao experimentar uma consequência natural porque a criança para de processar a experiência e se concentra em absorver ou se defender contra a culpa, vergonha e dor. Em vez de dar sermões, mostre empatia e compreensão pelo que a criança está experienciando: "Aposto que foi difícil ficar com fome [ou se molhar, tirar aquela nota ruim, perder sua bicicleta]." Pode ser difícil para os pais serem apoiadores sem resgatar ou superproteger, mas é uma das coisas mais encorajadoras que você pode fazer para ajudar seus filhos a desenvolverem um senso de capacidade.

Embora as consequências naturais frequentemente ajudem as crianças a aprender responsabilidade, há momentos em que as consequências naturais não são práticas:

1. Quando uma criança está em perigo. Adultos não podem permitir que a criança experimente as consequências naturais de brincar na rua, por exemplo.
2. Quando as consequências naturais interferem nos direitos de outros. Adultos não podem permitir as consequências naturais de permitir que a criança atire pedras em outra pessoa.
3. Quando os resultados do comportamento das crianças não parecem ser um problema para elas e as consequências naturais afetarão adversamente sua saúde e bem-estar. Por exemplo, não parece ser um problema para algumas crianças se elas não tomam banho, não escovam os dentes, não fazem a lição de casa ou comem toneladas de porcarias.

Nesses casos, existem muitas outras ferramentas que podem ser mais eficazes.

Mary

Algumas semanas atrás, meu filho e eu estávamos fazendo algumas tarefas na rua e ele descobriu um iogurte em sua lancheira. Ele estava sentado em seu carrinho e eu sabia que se ele comesse lá, em vez de em uma mesa, provavelmente derramaria e faria uma enorme bagunça.

Tentei raciocinar com ele explicando minha teoria, e, como ele tem 3 anos, não se importou. Quanto mais eu tentava convencê-lo, mais ele insistia que não precisava da minha ajuda. Várias vezes ele disse: "Eu faço".

Rapidamente percebi que estávamos em uma disputa por poder. Naquele momento, eu estava tentando evitar uma grande bagunça e um possível colapso emocional. Então lembrei que seria mais importante para ele experimentar as consequências naturais de comer seu iogurte no carrinho em vez de sentar--se à mesa. Como previsto, ele derramou e fez uma enorme bagunça. Foi necessário todo o meu autocontrole para não dizer: "Viu, eu te disse que você ia derramar".

Em vez disso, eu disse: "Opa, você fez uma bagunça, vamos limpar". Não houve vergonha ou culpa. Ambos permanecemos calmos e até rimos da bagunça que ele fez. Ainda bem que eu tinha uma troca de roupas extra no carro.

Mais uma vez, Parker insistiu em entrar no carro sozinho. Felizmente, eu tinha tempo e paciência extras naquele dia. No final, ficamos conectados, ele se sentiu empoderado, experimentou as consequências naturais de suas ações, e sua confiança aumentou.

Brad

Como pai solteiro, às vezes sua única escolha é permitir que seus filhos experimentem as consequências naturais. Especialmente quando você sai da cidade.

Em primeiro lugar, eu frequentemente recebo ligações dos meus filhos quando saio da cidade. Às vezes, se não consigo atender o celular imediatamente, meus filhos deixam uma mensagem elaborada que dura cerca de três minutos. Uma vez, quando estava em uma viagem de golfe, meu filho ligou e deixou uma mensagem assim:

"Pai, não consigo entrar em casa porque eu e meu amigo voltamos da casa dele e eu esqueci minha chave. Então, tentamos abrir a fechadura com um galho, mas o galho quebrou e agora a chave não funciona. Então, fomos até o quintal e tentamos entrar por uma das janelas, mas a janela estava trancada e agora a tela está quebrada. Mas finalmente encontramos uma janela aberta, e você sabe aqueles grandes barris azuis no quintal? Subimos em um deles para entrar pela janela. Então, consegui alimentar o gato e sair pela porta da frente, mas agora não conseguimos trancar a porta. Espero que você esteja se divertindo em sua viagem de golfe!"

Está começando a entender a situação?

Cheguei em casa de uma dessas viagens e encontrei este cenário:

1. O gato usou o tapete do porão como sua caixa de areia pessoal.
2. As crianças adormeceram e esqueceram de deixar o cachorro sair, então ele fez xixi no quarto do meu filho.
3. O gato vomitou uma bola de pelo no quarto da minha filha.

4. As crianças deixaram comida fora e o cachorro decidiu fazer uma versão do Riverdance* em nossa nova mesa da cozinha.
5. As crianças (que sabem que não são permitidas bebidas no meu escritório) derramaram leite com chocolate no tapete.
6. Ninguém lavou a louça enquanto eu estava fora, e então, quando servi sopa de macarrão com frango para o jantar, percebi que não havia colheres limpas e eu já tinha ligado a lava-louças. Então, fui criativo e fiz minha filha comer com uma colher grande de servir e meu filho com uma colher de servir sorvete. Minha filha se divertiu tanto ao ver meu filho comendo com uma colher de sorvete que ela explodiu em risadas, cuspindo sua sopa de macarrão com frango pela mesa no rosto do meu filho, causando uma reação não muito diferente do que se esperaria se ele tivesse sido atingido por ácido sulfúrico.

Ahh... não há nada como férias do dia a dia da casa para relaxar e descontrair.

Há um final feliz para todas essas experiências de consequências naturais. Meus filhos agora são adolescentes e aprenderam com todos os seus erros anteriores. Agora, quando saio da cidade, eles são capazes de cuidar de si mesmos. Eles planejam as refeições juntos, levam o cachorro para passear e mantêm a cozinha limpa. E eu aprendi a esconder uma chave da casa do lado de fora em um daqueles *sprinklers* falsos, então, se eles esquecerem a chave, podem entrar em casa sem usar um galho.

História de sucesso de Monterrey, México

Tenho um filho de 11 anos que eu rotulo como "distraído" porque ele sempre esquece de anotar sua lição de casa ou trazer tudo o que precisa para fazê-la. O problema é que mudamos ele para outra escola com regras diferentes e, toda vez que perde uma tarefa, ele recebe um "relatório de lição de casa".

Ele não estava acostumado com isso e parecia não se importar, mas os relatórios eram algo sério nessa escola. Eles tiravam pontos das suas notas (que eram excelentes, por sinal). Então, toda vez que ele chegava em casa com um

---

*   N. T.: Riverdance é um espetáculo de sapateado irlandês, reconhecido pelo rápido movimento de pernas dos dançarinos e aparente imobilidade da cintura para cima.

relatório, eu ficava superirritada com ele. Eu gritava, o colocava de castigo, mas nada parecia funcionar. Ele não se importava (ou era o que eu pensava).

Então, após uma reunião com sua professora, que me disse que ele estava prestes a ser suspenso, eu fiquei muito irritada com ele. Eu sentia que ele não era capaz de acompanhar a escola. E então aconteceu – eu encontrei uma pessoa que ouviu minha história e me falou sobre o *workshop* de Disciplina Positiva. Decidi me inscrever imediatamente.

Conforme participava do *workshop*, cada ferramenta era uma revelação para mim. Entendi que eu não estava ouvindo meu filho, que eu estava fazendo ele se sentir inadequado, que eu o resgatava toda vez que pensava que ele não seria capaz de ter sucesso. Então decidi tentar a consequência natural – deixar os relatórios afetarem suas notas.

Ele não gostou. Então, ele criou um plano para verificar duas vezes seu caderno de tarefas e checar se tinha tudo anotado e na mochila. Começamos a usar reuniões de família para falar sobre questões da escola e de casa, e funcionou perfeitamente. Usei o Quadro dos objetivos equivocados e comecei a empoderá-lo e a notar o que ele fazia certo. Deixei ele fazer sua lição de casa sozinho – com resultados incríveis. Comecei a ouvir o que ele dizia.

Agora já se passou um ano e posso dizer que ele está mais confiante, mais responsável com questões escolares e mais envolvido em atividades familiares. O melhor de tudo é que estou aproveitando a maternidade. Sinto-me menos estressada. Posso me mostrar mais como uma mãe compreensiva e aproveitar cada momento que passo com meu filho.

— Samantha Garcia, Educadora Parental Certificada em Disciplina Positiva

História de sucesso de Paris, França

A partir dos 3 anos e meio do meu filho, passei um ano repetindo todas as noites, pelo menos cinco a dez vezes, que eram oito horas e hora de ele ir para a cama a fim de que tivesse energia suficiente no dia seguinte. Essa parte do dia era dolorosa, eu ficava frequentemente irritada ou estressada. Tentei tudo o que podia pensar – punição, até mesmo chantagem –, mas era sempre a mesma história.

Um dia descobri sobre consequências naturais no livro Disciplina Positiva. Comprometi-me a nunca mais usar punição ou chantagem, e disse a mim mesma: "Por que não tentar consequências naturais?".

Nesse dia, meu filho me pediu para continuar brincando quando era hora de ir para a cama. Respondi de maneira gentil: "Vejo que você realmente quer continuar brincando em vez de ir para a cama. Eu estou de acordo com isso, mas quero que saiba que amanhã é dia de escola e você precisa acordar cedo. Por dormir mais tarde que o habitual, por favor, note que você provavelmente estará cansado amanhã. Se você se comprometer a levantar a tempo, não importa quão cansado esteja amanhã, você pode continuar brincando. É sua escolha e sua responsabilidade".

Ele ficou tão feliz e escolheu continuar brincando. Eu me senti aliviada porque poderia continuar com minhas atividades sem me estressar sobre ele ter dormido o suficiente. E ele foi para a cama por volta das 22h. No dia seguinte, ele parecia muito cansado, mas acordou. Ajudei-o a se vestir sem dizer uma palavra sobre ele estar cansado. A caminho da escola, ele me disse: "Mamãe, estou cansado".

Eu disse: "Ah, você está cansado. É difícil. Eu prefiro estar cheia de energia pela manhã".

Ele disse: "Eu também".

Isso me deu a oportunidade de perguntar qual solução ele poderia implementar para estar cheio de energia pela manhã. Sua resposta foi: "Acordar mais tarde". Eu queria rir, mas não ri, e simplesmente expliquei que não era possível em dias de escola se ele quisesse chegar a tempo. Então perguntei se ele podia pensar em outra solução, e ele respondeu: "Ir para a cama mais cedo?".

Olhei para ele com um sorriso e confirmei que ele tinha encontrado uma solução muito boa. Então perguntei qual seria o horário ideal e ele disse muito seriamente: "Que tal uma da manhã?".

Eu queria rir novamente, mas me contive. Simplesmente disse a ele: "Então, uma hora da manhã é mais tarde do que a hora que você foi para a cama ontem à noite. Gostaria que eu sugerisse uma hora mais cedo?".

Ele concordou.

Eu disse: "Que tal às oito da noite? É mais cedo que ontem. Isso te agrada?".

"Sim", ele disse.

Eu perguntei: "Quando você voltar da escola, gostaria que eu te mostrasse o oito no relógio para que você possa ser responsável por ir para a cama no horário?".

Ele respondeu "sim", com entusiasmo.

Quando ele voltou da escola, mostrei-lhe o oito no relógio e disse que agora ele era responsável por ir para a cama no horário. Acrescentei que, se ele estivesse na cama às oito, ainda teríamos tempo para ler uma história.

Por um mês, todas as noites ele vinha até mim quando estava perto das oito para me dizer que era quase hora de ir para a cama. Que alívio para mim e para meu filho!

Após esse mês, ele precisou reexperimentar as consequências naturais de ir para a cama tarde. Isso foi o suficiente para reforçar o que ele havia aprendido antes.

Isso aconteceu há um ano. Desde então, aprendi a ser mais flexível com relação à hora de dormir nos fins de semana e feriados. Confio na capacidade dele de acordar cedo o suficiente nos dias de escola, mesmo que ele vá para a cama mais tarde em alguns fins de semana e acorde mais tarde também. E estou realmente impressionada porque ele gerencia muito bem as mudanças de ritmo. Muito obrigada por este presente inestimável!

— Tarisayi de Cugnac, Educadora Parental Certificada em Disciplina Positiva

DICAS DA FERRAMENTA

1. Várias outras ferramentas são necessárias para que as consequências naturais sejam eficazes, como: dedicar tempo para treinamento, demonstrar confiança e ver os erros como oportunidades para aprendizagem.

2. Após permitir que seu filho experimente a consequência natural de uma escolha (como sentir frio porque não quis usar um casaco), você pode fazer perguntas curiosas para ajudá-lo a ter mais consciência de como ele tem mais controle sobre o que acontece com base em suas escolhas.

3. Não apoie nem permita consequências naturais quando elas puderem ser prejudiciais para seu filho ou outra pessoa, agora ou no futuro.

4. Outra possibilidade é perguntar ao seu filho(a) se ele (ou ela) gostaria de colocar um desafio na pauta da reunião de família para ajudar a pensar em soluções.

COLOCAR AS CRIANÇAS NO MESMO BARCO

Acusações não promovem cooperação.

— Rudolf Dreikurs

Em vez de tomar partido quando as crianças brigam, trate-as da mesma forma.

1. Ofereça a mesma escolha: "Crianças, vocês gostariam de ir para o banco da paz (se vocês todos criaram um juntos) ou usar a roda de escolhas?".
2. Mostre confiança: "Me avisem quando identificarem o problema e tiverem ideias para soluções".
3. Deixe o local. As brigas diminuirão significativamente quando você parar de tomar partido – contanto que você esteja realizando reuniões de família regulares para ensinar habilidades de resolução de problemas.

Jane

Em sua maioria os pais são péssimos detetives quando se trata de resolver o quebra-cabeça de quem começou a confusão. Afinal, aquele que está chorando deve ser a inocente vítima de um irmão intimidador, certo? Errado!

Volte a cena e você quase sempre notará um irmão mais novo provocando um irmão mais velho muito facilmente provocado. Por quê? Pode ser muito divertido ser a vítima. O soco de um irmão mais velho é um pequeno preço a pagar por todo o amor e atenção quando a mãe corre para proteger e acalmar o mais novo.

Observar essa cena sendo desenrolada pode parecer bastante engraçado – até você investigar os efeitos em longo prazo. A criança mais nova está desenvolvendo uma "mentalidade de vítima", decidindo que a melhor maneira de obter amor e atenção é ser uma vítima. Não é um bom plano para uma vida de sucesso. Novamente, é importante considerar os resultados em longo prazo do nosso comportamento.

Não tome partido ou tente decidir quem está errado. É provável que você não esteja certo, porque você nunca vê tudo que acontece. O que parece certo para você certamente parecerá injusto do ponto de vista de pelo menos uma das crianças.

Em vez disso, trate-as da mesma forma. Em vez de focar uma criança como o provocador, diga algo como: "Crianças, qual de vocês gostaria de colocar este problema na pauta?" ou "Crianças, vocês precisam ir para seus lugares do bem-estar por um tempo ou conseguem encontrar uma solução agora?" ou "Crianças, vocês querem ir para quartos separados?". Você pode usar essas palavras mesmo quando um bebê de 6 meses ou de 18 meses está envolvido e você tem certeza de que o mais jovem é totalmente inocente. Claro, o bebê ou a criança pequena não entenderá as palavras, mas a criança mais velha entenderá que não está sendo culpada por tudo. Além disso, a criança mais nova não terá a oportunidade de perceber o quanto pode ser divertido provocar o mais velho quando a mãe não está olhando, para que possa receber muita atenção por ser uma vítima.

Desista de tentar eliminar toda a rivalidade entre irmãos. Alguma parte dela simplesmente não é tão ruim quanto os pais pensam. Quando eu passava pela rotina de dormir de perguntar aos meus filhos sobre os momentos mais tristes e mais felizes do dia, eles raramente mencionavam suas brigas (mesmo que suas brigas fossem sempre os meus momentos mais tristes). Além disso, as crianças podem aprender muito com um pouco de rivalidade entre irmãos, especialmente quando aprendem alternativas durante reuniões de família regulares, nas quais têm a prática semanal de fazerem elogios uns aos outros.

Mary

É muito fácil me envolver nas brigas dos meus meninos e defender meu filho mais novo. Eu me pego sentindo pena dele e com raiva do meu filho mais velho por magoá-lo.

Como sou a caçula da minha família, sei que o filho mais novo geralmente provoca o irmão mais velho. Lembrar disso me ajudou a sentir-me confortável ao colocá-los no mesmo barco.

Quando os lembro de que não vou me envolver e que eles podem me procurar quando terminarem, eles lidam com o problema e o resolvem melhor do que se eu escolhesse me envolver. Ao colocar meus meninos no mesmo barco, elimino a possibilidade de um deles aprender a chamar a atenção por ser a vítima enquanto o outro recebe muito treinamento em ser o agressor. Tratar meus filhos da mesma forma quando brigam resulta, na verdade, em mais paz para todos nós.

Em uma semana em que meus meninos começaram a brigar, eu disse a eles: "Parece que vocês estão brigando, e eu não quero me envolver. Estarei no andar de baixo. Avisem-me quando terminarem para que possamos finalizar nossa rotina de dormir". Eu adicionei: "Espero que vocês resolvam isso rapidamente para que ainda tenhamos tempo para livros e compartilhamento dos momentos mais felizes e tristes".

Eu ainda não tinha chegado ao final da escada quando ouvi Greyson explicando calmamente a Reid: "A razão pela qual eu peguei aquele brinquedo de você e te bati com ele foi porque você não estava me deixando ter a minha vez".

Reid então disse: "Mas eu ainda não tinha terminado de brincar com ele".

Greyson disse: "Quanto tempo até eu poder ter a minha vez?".

Reid respondeu: "Vamos brincar com um jogo para que ambos possamos usá-lo".

Greyson então disse a Reid que estava arrependido e perguntou se ele poderia lhe dar um abraço.

Eu não poderia estar mais satisfeita. Eu sei que os resultados não teriam sido tão bons se eu tivesse me envolvido. Eu estava orgulhosa e surpresa ao mesmo tempo.

Eu sei que ajuda quando meus meninos estão envolvidos em aprender habilidades de resolução de problemas durante as reuniões de família. Eles também adoram me citar: "Você está procurando por culpa ou por soluções?".

Essa ferramenta traz mais paz para minha casa quando não estou no meio tomando partido e/ou defendendo um deles. Ainda mais incrível é quão rapidamente eles resolvem seus problemas quando eu me mantenho fora disso.

Brad

Essa ferramenta é muito difícil para mim. Claro, eu venho da perspectiva de uma criança mais nova com um irmão mais velho maldoso. Por outro lado, meu irmão mais velho me ajudou a melhorar minha habilidade atlética porque eu estava sempre tentando fugir dele. De fato, quando eu tinha 10 anos, ganhei o pentatlo local dos Jogos Olímpicos Júnior.

Meu irmão cresceu para ser um bom membro da sociedade, respeitador das leis, e eu consegui sobreviver à minha infância. Mas acho que isso ainda está no fundo da minha mente quando estou lidando com meus filhos. Eu sempre presumo que o irmão mais velho é o provocador.

Então, algo aconteceu que mudou completamente minha perspectiva. Meus filhos foram convidados por seus primos para ir ao nosso parque de diversões local enquanto eu ficava em casa me recuperando de uma cirurgia no joelho. Obviamente, eu estava preocupado em relação a como eles se comportariam sem minha supervisão. Meus filhos estão constantemente brigando e discutindo ao meu redor, mas eu cruzei os dedos e os enviei.

Quando eles voltaram, fiquei agradavelmente surpreso ao saber que Gibson tinha sido um exemplo de irmão mais velho, cuidando de sua irmã e garantindo que ela se divertisse e não se perdesse na multidão. Sua tia relatou quão impressionada ela estava, quão incríveis meus filhos foram juntos, e como eles pareciam ser melhores amigos.

Aquece meu coração saber que, embora meus filhos experimentem a rivalidade típica entre irmãos, no fundo eles também se amam e são melhores amigos.

Ao refletir sobre essa experiência, percebi que talvez meus filhos estivessem brigando e discutindo para meu benefício. Brigar na minha frente e saber que eu interviria e tomaria partido apenas adicionava combustível ao fogo. Quando eu não estava por perto para interferir, meus filhos eram bastante capazes de resolver seus próprios conflitos.

História de sucesso de Oakland, Califórnia

Quero contar a vocês minha história de sucesso desta manhã. Eu me senti como um dos exemplos do livro; fiquei tão surpresa com sua eficácia!

Esta manhã, meu filho de 5 anos e meio, Eden, deixou seus brinquedos Transformer favoritos no chão, e sua irmã de 1 ano e meio, Lulu, correu até eles e começou a brincar. Ele viu isso, correu até lá e a empurrou para trás, então a cabeça dela bateu no chão.

Eu calmamente me aproximei e disse: "Vocês dois precisam de ajuda? Lulu não sabe por que você a empurrou. Use suas palavras para dizer a ela. Eu sei que vocês dois podem resolver isso. Estou indo à cozinha agora para vocês poderem resolver".

Eu me afastei enquanto Lulu choramingava algumas vezes, apenas sentada ao lado de seu irmão, provavelmente insegura porque eu não a defendi melhor.

Apenas 5 a 10 segundos depois que me afastei, Eden disse: "Ei, Louie, você quer outro? Eu vou pegar um para você!", e pulou para pegar o único Transformer com o qual ele não estava brincando. Ele o deu a ela, ela aceitou alegremente, e se afastou alguns centímetros para brincar com ele em seu próprio espaço.

Eu não podia acreditar! Embora tenha funcionado tão bem, senti um pouco de culpa por aparentemente abandonar Lulu ao seu irmão mais velho em um momento de aflição. Mas entendi que o relacionamento deles se beneficiou muito mais com a resolução de problemas dele do que se eu tivesse intervindo.

Se pudermos ser consistentes com esse tipo de resolução de conflitos, ambos os filhos não se sentirão abandonados, mas empoderados.

— Rachel, Participante da aula de Disciplina Positiva de Lisa Fuller

DICAS DA FERRAMENTA

1. Você pode pensar que sabe quem começou. Na maioria dos casos, você não sabe.
2. A questão não é apenas tratar as crianças "da mesma maneira". Você precisa complementar com reuniões de família regulares em que as crianças aprendem outras habilidades para resolver conflitos.
3. As brigas diminuem consideravelmente quando você tem reuniões de família semanais porque as crianças aprendem habilidades de resolução de problemas.
4. Convide seus filhos a criar suas próprias rodas de escolha (ver o Capítulo 5) e revise-as periodicamente.
5. Veja a seção sobre senso de humor no Capítulo 10 para mais ideias criativas sobre como lidar com brigas entre irmãos.

10
SEJA UM EXEMPLO

CONTROLE SEU PRÓPRIO COMPORTAMENTO

Podemos mudar toda a nossa vida e a atitude das pessoas ao nosso redor simplesmente mudando a nós mesmos.

— Rudolf Dreikurs

O exemplo é o melhor professor.

1. Não espere que seus filhos controlem seu comportamento quando você não pode controlar o seu próprio.
2. Crie seu espaço especial da calma (pausa positiva) e avise seus filhos quando precisar usá-lo.
3. Se não puder sair do local, conte até dez ou respire fundo.
4. Quando cometer erros, peça desculpas aos seus filhos.

Jane

É quase impossível resolver problemas em momentos de conflito, quando tanto a criança como os pais estão descontrolados. O resultado é distância e sentimentos feridos, geralmente seguidos de culpa.

Por que não avisar seus filhos que você está fazendo uma pausa? Retire-se da situação e concentre-se antes de tentar resolver o problema. Como você se acalma depende de você. Talvez você vá para o seu quarto. Talvez você faça uma caminhada. Talvez ligue para um amigo próximo e discuta o problema. Seja qual for a sua decisão, o importante é reservar um tempo para se acalmar antes de resolver o problema.

Se não puder sair de cena, conte até dez ou respire fundo. Essa solução é muito útil quando você tem filhos pequenos ou a situação exige sua presença.

Não há problema em compartilhar o que você está sentindo: "Estou com muita raiva agora. Preciso me acalmar antes de conversarmos". As crianças precisam saber que o que sentem está sempre adequado, mas o que fazem com esse sentimento nem sempre é apropriado. Você dá um exemplo disso compartilhando seus sentimentos. Evite dizer: "Você me deixa com muita raiva". Assuma a responsabilidade por seus sentimentos reativos em vez de culpar seus filhos.

Quando cometer erros, peça desculpas aos seus filhos. Como já dissemos muitas vezes, as crianças perdoam com facilidade ao reservarmos um tempo para pedir desculpas sinceras quando perdemos o controle. Durante minhas palestras eu pergunto: "Quantos de vocês já pediram desculpas a uma criança?". Vejo várias mãos se levantarem. Eu então pergunto: "O que eles dizem?". A resposta universal é: "Tudo bem".

Ao pedir desculpas, você criou uma conexão (proximidade e confiança). Nessa atmosfera vocês podem trabalhar juntos para encontrar uma solução. Mais uma vez você demonstrou que os erros são oportunidades de aprender e que então vocês podem focar as soluções.

Controlar seu próprio comportamento é imperativo/obrigatório se você quer criar uma atmosfera de cooperação na sua casa.

Brad

Antes de focar esta ferramenta, conversei com minha mãe sobre minha dificuldade de comunicação com meu filho adolescente. Na minha opinião, parecia que Gibson estava apenas tentando provocar polêmica e iniciar discussões. Cheguei a sugerir que Gibson se juntasse à equipe de debate da escola para que ele pudesse utilizar todas as suas habilidades de persuasão lá.

Mas então minha mãe me disse algo que realmente me atingiu: "Quando um não quer, dois não brigam".

Hummm... Esse foi um ponto muito bom. Na verdade, não tive resposta. Pense em uma frase que encerra um debate. Então ela sugeriu que eu apenas usasse perguntas para permitir que Gibson explorasse suas ideias sem entrar em uma discussão.

Certa manhã, eu estava preparando o café e Gibson anunciou que precisávamos substituir o corrimão da escada, porque não parecia muito resistente e ele estava preocupado que quebrasse ao se apoiar nele. Como meus filhos não apenas se apoiam no corrimão como também fazem ginástica nele, meu pensamento imediato foi: "Então não se apoie nele!". Agora, só porque esse foi meu pensamento inicial, não significa que deva dizer isso. Certo? Mas muitas vezes não tenho muito filtro entre meus pensamentos e minha boca, então eu disse: "Então não se apoie nele!".

Gibson disse: "Mas e se eu esquecer e simplesmente me apoiar assim?". E ele demonstrou, encostando no corrimão.

"Não se apoie aí!", eu disse mais uma vez.

A essa altura, Gibson estava no "modo debate" e prestes a argumentar o teorema de Pitágoras no que se refere aos corrimãos. Mas eu nem o deixei chegar tão longe. "N-Ã-O se apoie aí!"

Agora vamos retroceder um pouco e ver como essa discussão poderia ter acontecido se eu tivesse apenas respirado fundo, deixado de lado meus pensamentos iniciais e simplesmente explorado as possibilidades com meu filho.

GIBSON: Pai, precisamos substituir este corrimão porque estou preocupado que ele quebre quando eu me apoiar nele.
PAI: Ah, conte-me mais sobre isso.
GIBSON: Bem, não parece muito resistente.
PAI: O que você acha que poderíamos fazer sobre isso?
GIBSON: Deveríamos substituí-lo.
PAI: Quanto você acha que isso custaria?
GIBSON: Não sei.
PAI: Bem, talvez você possa verificar isso para mim.

Isso pode ou não encerrar o tema da substituição do corrimão. Depende de quanto Gibson quer insistir nesse ponto. Meu palpite é que ele provavelmente teria deixado o assunto de lado e não o mencionaria de novo.

Mas vamos também explorar a possibilidade de Gibson ter realmente investido em sua ideia de substituir o corrimão e ter seguido em frente para descobrir quanto custaria. Talvez ele tenha descoberto que custaria US$ 1.000. E aí eu poderia dizer: "Uau, é muito dinheiro. Eu não posso gastar isso".

Uma dica importante: nos últimos treze anos como pai solteiro, aprendi que a chave para controlar meu comportamento é cuidar de mim mesmo. Ser pai pode ser estressante e precisamos fazer pausas para encher nossos baldes emocionais. Não apenas nós, pais, precisamos de uma folga de nossos filhos, mas também nossos filhos precisam de uma folga de nós. No longo prazo, quando você cuidar de si mesmo, será um pai melhor e mais paciente.

Mary

Às vezes tenho que ser lembrada de como é bobagem esperar que meus filhos controlem o comportamento deles, quando nem sempre eu controlo o meu. Controlar meu comportamento às vezes pode ser um desafio. Talvez seja porque tenho três meninos!

Houve momentos em que todos os três me provocaram em um determinado dia, como quando meu filho de 3 anos estava tendo ataques de raiva, meu filho de 7 anos estava me deixando triste porque queria tudo imediatamente e não aguentava esperar com paciência por qualquer coisa, e meu filho de 9 anos estava me insultando porque estava se sentindo apressado.

Eu sei que é hipócrita da minha parte esperar que meus três meninos parem de gritar quando estou gritando com eles: "Nós não gritamos!". E é injusto da minha parte exigir que eles pratiquem as ferramentas de se afastar, ignorar, focar soluções ou respirar fundo quando eu não estou sendo um exemplo de nada disso.

Então, um dia, quando meus filhos me incitaram a perder o controle e reagir ao seu comportamento, eu simplesmente não aceitei a provocação. Eu me contive e lembrei do valor de ser um exemplo de controle do meu próprio comportamento. Lembrei-me de primeiro fechar a boca enquanto contava até dez, respirei fundo e realmente pensei no que queria dizer e no impacto que isso teria.

Um pouco mais tarde, as respirações profundas não funcionaram para ajudar a me acalmar, então me afastei para outra parte da casa até conseguir me sentir serena.

Quando meu filho de 3 anos me seguiu, gritando por minha atenção, pulei no chuveiro. Eu sabia que não poderia lhe dar a atenção de que ele precisava até que me acalmasse.

Depois que me acalmei, consegui ajudar a tranquilizar a situação, dizendo a um dos meninos: "Não gosto quando você bate com as mãos e gostaria que você tocasse com gentileza". Para outro eu disse: "Seu tom é desrespeitoso e estou percebendo que foi assim que falei com você. Vamos começar de novo. Eu gostaria de perguntar novamente de uma forma respeitosa".

Tento praticar esses comportamentos após cada briga. Assim que me acalmo e assumo a responsabilidade pelo meu comportamento, peço desculpas. Sou específica ao afirmar que perdi o controle do meu comportamento e que era injusto para mim esperar um comportamento diferente deles. Em seguida, sigo com um plano ou solução que criamos juntos.

Se há algo que estou aprendendo diariamente ao longo desta jornada da criação de filhos, é que ser pai/mãe é uma questão de melhoria, não de perfeição. Essas ferramentas me ajudam a melhorar meu comportamento e também o comportamento de meus filhos.

História de sucesso de Marselha, França

Como pais de quatro meninos, sendo os dois mais velhos de 13 e 15 anos, enfrentamos conflitos constantes. Como podemos falar com eles sem gritar e como podemos manter um diálogo respeitoso? Em 2012, preocupados com o comportamento de Léon, nosso segundo filho, meu marido e eu nos encontramos com um terapeuta familiar (sem sucesso) antes de recorrermos à Disciplina Positiva. Inicialmente sentimos que isso nos roubava a autoridade, mas também ficamos felizes por enfatizar a gentileza. Inicialmente, tendíamos a esquecer o componente de firmeza e éramos muito permissivos. Mas, depois de três aulas de Disciplina Positiva, conseguimos integrar a abordagem na nossa vida cotidiana e, durante o ano seguinte, trabalhamos no restabelecimento das relações com o nosso segundo filho. No entanto, sem prática regular ou treinamento, acabamos retomando nossos maus hábitos.

A publicação do livro *Disciplina Positiva para adolescentes* nos trouxe um novo fôlego. Disciplina Positiva não é uma fórmula de solução rápida, mas existem várias ferramentas que consideramos muito úteis. Um exemplo é controlar nosso próprio comportamento.

Jules, nosso mais velho, costuma voltar da escola bastante agressivo. Ele é desagradável, rude e insulta seus irmãos. Fico muito irritada e zangada com ele. Interrompo seu jantar e não lhe desejo boa-noite.

Depois de refletir sobre isso, percebi que seu comportamento agressivo indica seu objetivo equivocado. Estamos em uma disputa por poder. Eu pensei em como contribuí para a disputa por poder.

Convidei-o para almoçar no dia seguinte (tempo especial), o que permitiu que ele expressasse seus sentimentos e me contasse como sofre ao ser provocado pelos colegas (conexão antes da correção). Sugeri que encontrássemos uma solução juntos para que ele encontrasse seu lugar no grupo. Discutimos várias ideias. Não tenho certeza se alguma delas funcionou, mas nos sentimos mais conectados porque consegui controlar meu comportamento.

— Marie de Ménibus Le Marois

DICAS DA FERRAMENTA

1. Dê uma olhada no que você está fazendo (ou não) para criar o que deseja.
2. Faça uma lista do que você precisa parar de fazer e do que precisa fazer.
3. Siga seu plano.
4. Não espere perfeição. Você pode começar de novo e de novo.

TOM DE VOZ

Nós mesmos muitas vezes instigamos o mau comportamento da criança por causa do tom (de voz) que usamos.

— Rudolf Dreikurs

A energia transmitida pelo seu tom de voz pode fazer toda a diferença.

1. Quando estiver chateado, tente pensar no quanto você ama seu filho.
2. Dê-se um tempo, se necessário, até poder falar respeitosamente.
3. Quando você se pegar usando um tom desrespeitoso, peça desculpas.
4. Perdoe-se.

Jane

Você já percebeu como é terrível ouvir outro pai repreender um filho? Como não está emocionalmente envolvido, você percebe a postura encolhida da criança e sente empatia pela vergonha e pelo desânimo que ela deve estar sentindo.

Durante nossas aulas e *workshops* de Disciplina Positiva, realizamos uma atividade experiencial chamada "O Gigante Competente". Os participantes formam pares e se revezam como um pai que fica de pé em uma cadeira e repreende a outra pessoa que está interpretando a criança. Então eles trocam de papéis. Em seguida, processamos o que eles estão pensando e sentindo no papel da criança. Tenho certeza de que você pode imaginar as palavras que eles compartilham: "com medo", "envergonhado", "magoado", "não sou bom o suficiente", "querendo encolher e desaparecer".

Depois perguntamos o que eles estavam pensando e sentindo no papel de pais. Eles compartilham palavras como "zangado", "frustrado", "fora de controle" (mesmo que atuem de forma controladora). Então eles têm que admitir que não estão pensando racionalmente. Eles não olham nos olhos da criança e não têm consciência do efeito que estão causando nela.

Uma vez fora do papel, eles também contam como foi difícil fingir que estavam repreendendo quando não estavam realmente chateados. Eles ficam muito conscientes do efeito que estão causando na criança. Isso mostra como é improvável que os pais realmente gritem com os filhos se eles estiverem pensando de forma racional.

Esta ferramenta serve para nos advertir sobre quão importante é lembrar o nosso tom de voz e o efeito que ele tem sobre os nossos filhos – e depois usar um tom que seja encorajador e empoderador.

Mary

Quantos de nós tentamos ensinar nossos filhos a tratar os outros da maneira que gostariam de ser tratados? E quantos de nós falamos com nossos filhos num tom que não gostaríamos?

Por exemplo, ontem eu disse ao meu filho mais velho: "Tire seu *shake* de proteína do meu carro ou vai estragar até amanhã". Surpreendentemente, ele não me destratou ou fez malcriação e apenas fez o que eu disse para ele fazer.

Depois que terminei o "dever de mãe", percebi quão desrespeitoso meu tom de voz tinha sido. Repeti em minha cabeça como eu poderia, deveria, teria "perguntado" em vez de "dito".

Falei com Greyson no dia seguinte e pedi desculpas pelo meu tom de voz sobre seu *shake* de proteína. Ele olhou para mim, confuso. Talvez meu tom não tenha sido tão ruim quanto eu pensava. Ou talvez ele apenas tenha aprendido a me ignorar e a não levar isso para o lado pessoal.

Repeti como falei com ele no dia anterior e reconheci que não estava orgulhosa de mim mesma por falar com ele naquele tom. Eu continuei praticando como deveria ter falado com ele. "Greyson, o que você acha que acontecerá se você deixar seu *shake* de proteína no carro durante a noite?"

Ele sorriu e disse: "Ah, entendi".

Continuei reconhecendo que às vezes uso um tom com ele porque estou me sentindo aborrecida, irritada, impaciente ou brava porque ele não está lendo minha mente e, em vez disso, está pensando como uma criança de 9 anos. Ele riu.

Eu disse: "A mamãe não quer usar esse tom, e porque sou imperfeita posso garantir que farei isso novamente. Você estaria disposto a usar uma palavra-código e me lembrar quando ouvir esse tom?

Greyson disse: "Claro, mãe".

Meus dois filhos mais velhos estão familiarizados com o uso de sinais silenciosos e palavras em código, então esse conceito não era novo para ele. Ele também sabe o quanto eu aprecio quando ele me lembra.

Certa vez, um pai, em um de meus *workshops* para pais, disse: "Você não se sente desrespeitada quando seu filho a critica?".

Eu respondi: "De jeito nenhum. Fizemos um acordo de que podemos fazer isso. Eu poderia não ter gostado se não tivéssemos combinado antecipadamente durante um momento mais calmo".

Quero mostrar para ele que às vezes preciso de lembretes – e ele também precisará. Minha esperança é que eu seja um exemplo de como ser humana e humilde. Acredito que fazer com que ele me lembre pode ser uma habilidade valiosa para seu futuro – se ele me perceber apreciando seus lembretes úteis (depois de estabelecer um acordo com antecedência) sem ficar na defensiva ou com raiva, isso pode lhe ensinar uma habilidade que ele pode usar com seus irmãos, professores, amigos, futura esposa e futuros colegas de trabalho.

Brad

Esta ferramenta trata do tom de voz, mas poderia facilmente ser sobre sarcasmo. Caso você não tenha notado, tenho um toque sarcástico em minha personalidade. Infelizmente, meus filhos nem sempre apreciam meu sarcasmo, e isso foi como um tiro no pé muitas vezes.

Quando meus filhos eram mais novos, meu sarcasmo passava despercebido. Mas, assim que se tornaram adolescentes, perderam completamente o apreço pelo meu humor sarcástico. Isto é o que ouço dos meus adolescentes: "Pai, você não é engraçado!" "Pai, pare! Você está me envergonhando!". Ou às vezes eles não dizem nada. Eles simplesmente reviram os olhos.

Aprendi a morder a língua quando estou perto de meus filhos adolescentes. Isso é ótimo porque o tom de voz só se aplica quando você está falando.

História de sucesso do Alabama

Acredito que minha casa é a mais barulhenta do quarteirão. Pode ser difícil lembrar de usar uma voz baixa quando quero a atenção dos meus filhos, especialmente quando estamos tentando sair de casa.

Há poucos dias estávamos fazendo as malas para as férias. Todos pareciam estar procrastinando. Quando fiquei frustrada com a falta de progresso no processo, concentrei-me em me organizar, em vez de gritar ordens.

Até que cada uma das crianças veio falar comigo e checar o que poderiam fazer para ajudar. Eu gostaria que tudo corresse tão bem o tempo todo – e provavelmente aconteceria se eu me lembrasse de ficar quieta sempre que me sentisse tentado a levantar a voz. Meus filhos muitas vezes "intervêm" quando eu "saio". Isso me lembra duas outras ferramentas: desapegar e acreditar. Eu realmente aprecio como todas as ferramentas da Disciplina Positiva funcionam e dão suporte umas às outras.

– Kiley Granger

DICAS DA FERRAMENTA

1. Seu tom de voz fala muito mais alto que suas palavras.
2. Seja modelo do controle do seu tom de voz antes de esperar que seus filhos controlem o deles.
3. Respire fundo e lembre-se: conexão antes da correção.
4. Como você é um pai/mãe imperfeito, perderá o controle muitas vezes, então pratique pedir desculpas.
5. Coloque desafios na pauta da reunião de família para ter tempo de se acalmar e falar com respeito.

NÃO RETRUQUE

As palavras são tanto usadas para ocultar o significado da nossa ação como para transmiti-la.

— Rudolf Dreikurs

Não retruque. Isso cria uma disputa por poder ou um ciclo de vingança.

1. Valide os sentimentos: "Parece que você está com muita raiva".
2. Assuma a responsabilidade por sua parte: "Percebo que falei desrespeitosamente com você, parecendo mandão ou crítico".
3. "Vamos nos acalmar até que possamos ser respeitosos."
4. "Você sabe que eu realmente te amo?"

Jane

A Sra. Henderson disse ao filho, Jon, pela terceira vez naquela noite: "É melhor você fazer sua lição de casa antes que fique muito tarde".

Jon respondeu: "Se é tão importante para você, por que você não faz?" A Sra. Henderson ficou chocada. Afinal, ela estava apenas tentando ajudar.

Ela reagiu dizendo: "Não fale assim comigo, garoto. Eu sou sua mãe".

Jon reagiu dizendo: "Bem, não fale comigo desse jeito. Eu sou seu filho".

Nesse ponto, o Sr. Henderson interveio e gritou: "Vá para o seu quarto agora mesmo. Você está de castigo até aprender a ser respeitoso".

Jon gritou: "Tudo bem", enquanto batia o pé até seu quarto e batia a porta.

O que cria uma cena como essa? A mãe estava sendo modelo oposto do que ela estava tentando ensinar, respondendo ao filho. Como a cena anterior poderia ser diferente?

> MÃE: Notei que você não fez sua lição de casa. Estou me perguntando como você se sentirá quando seu professor lhe der uma nota ruim.

JON (que está acostumado com as reclamações da mãe): Vou me sentir bem. É problema meu.

MÃE: Você está certo. Eu estava apenas curiosa. E, se você se sentir bem por não fazer a lição, fico feliz que não a faça.

JON: Você está sendo sarcástica?

MOM: Não. Espero que você sempre pense no futuro sobre como se sentirá quando chegar a hora de experimentar as consequências de suas escolhas. Você acha que se sentirá bem se não fizer a lição, então não faça.

JON (enquanto ele sai para fazer a lição de casa): Nossa!

Jon não parecia muito feliz em fazer a lição de casa, mas, ao evitar conversas indiretas, a mãe convidou Jon a pensar nas consequências de sua escolha em longo prazo. Como decidiu fazer a lição de casa, mesmo com relutância, ele deve ter decidido que não gostaria das consequências de não fazer.

Aqui estão algumas reações típicas dos pais quando desafiados:

"Não fale assim comigo, mocinha!"

"Como você pode falar assim comigo depois de tudo que fiz por você?"

"Você acabou de perder todos os seus privilégios."

"Até onde você acha que essa língua afiada vai te levar?"

Se você fosse uma criança ouvindo essas respostas, o que aprenderia e o que decidiria fazer? Se olhasse a lista de características e habilidades para a vida da Introdução, você aprenderia alguma coisa daquela lista? Você ficaria tentado a reagir adotando alguns dos comportamentos da lista de desafios?

A seguir estão algumas respostas de um pai que aplica a Disciplina Positiva e que evita responder a um filho que retruca, o que efetivamente neutraliza a situação em vez de agravá-la. Mais uma vez, ouça estas respostas do ponto de vista de uma criança.

"Uau. Você está com muita raiva."

"Eu me pergunto o que fiz para te chatear tanto."

"Posso ver que você está com muita raiva agora. Você quer me contar mais sobre isso?"

"Você sabe que eu realmente te amo?"

Agora olhe para as duas listas novamente. Quando criança, o que você aprenderia com essas afirmações? Esse é outro lembrete para manter os resultados de longo prazo em mente.

Brad

Quando mencionei essa ferramenta em uma reunião de família, minha filha disse: "Ei, pai, parece com você e o Gibson".

Culpado pela acusação! Devo admitir que costumo entrar em discussões acaloradas com meu filho. Para mim, parece que meu filho gosta de debater comigo. Realmente não importa qual seja o assunto – ele parece gostar de adotar o ponto de vista oposto. Mas tenho certeza de que, da perspectiva dele, estou apenas tentando criar uma disputa por poder para provar que estou no comando.

Veja este exemplo. Estávamos fazendo compras de volta às aulas e eu tive que devolver algo na Costco,* então disse: "Ei, crianças, vamos ver se eles têm alguma coisa boa de volta às aulas na Costco". Se você não soubesse o contexto poderia pensar que acabei de perguntar a Gibson se ele gostaria de reabastecer as prateleiras de toda a loja.

> GIBSON: Pai... Eu odeio quando você faz isso.
> PAI: Faço o quê?
> GIBSON: Você sempre acrescenta tarefas extras quando saímos de casa.
> PAI: Gibson, se entrar na Costco é a coisa mais difícil que você precisa fazer hoje, então eu diria que você tem uma vida muito fácil. Talvez precisemos mandá-lo para um lar muito pobre onde você realmente tenha que fazer algo pela sua sobrevivência. [Observação: este não é um método de comunicação da Disciplina Positiva.]
> GIBSON: Tanto faz!
> PAI: Por que você tem que ser tão negativo o tempo todo, Gibson? Não é muito divertido fazer coisas com você, porque você é sempre muito negativo.
> GIBSON: Não sou negativo.
> PAI: Você é totalmente negativo.
> GIBSON: Não, não sou!

---

* N. T.: Costco é uma espécie de supermercado atacadista norte-americano, com descontos atrativos e produtos vendidos em grandes quantidades somente para membros associados.

Você entendeu. Eu definitivamente precisava usar a ferramenta de não retrucar com meu filho naquele dia. Acho que a chave para mim é apenas validar o ponto de vista do meu filho: "Entendo que você não gosta de fazer todas essas tarefas. Ainda precisamos ir à Costco para devolver algo, então preciso que você venha comigo".

Não preciso ser pego pela negatividade. Eu provavelmente me sentiria da mesma forma se fosse um adolescente fazendo tarefas com minha família, mesmo se não tivesse nada melhor para fazer.

Mary

Fiz um *insight* incrível ao praticar a ferramenta de não retrucar. Aconteceu no início da semana quando, mais uma vez, estávamos apressados para sair de casa. Eu gritei com meu filho por fazer algo que ele poderia ter esperado pra fazer no carro. (Ele estava montando seu novo equipamento de espionagem.) Quando falei com ele em um tom desrespeitoso, ele imediatamente me respondeu no mesmo tom.

Isso já havia acontecido antes; a única diferença desta vez foi que consegui perceber imediatamente. Desci ao nível dos olhos dele e disse: "Você só levantou a voz para mim e falou desrespeitosamente porque eu levantei a voz e fui desrespeitosa com você. Sinto muito por não perceber que o que você estava fazendo era importante para você. Eu estava esperando que você valorizasse meu senso de urgência para sair na hora certa".

Sabe o que ele disse? "Tudo bem, mãe".

Mais uma vez aprendi que o bom andamento dos meus dias não depende de como meus filhos agem ou se comportam, mas de como eu, como mãe, ajo ou me comporto.

As crianças espelham o que fazemos. Não podemos esperar que nossos filhos controlem o seu comportamento quando não controlamos o nosso. Em outras palavras, se você quiser saber por que seus filhos estão falando com você de maneira desrespeitosa ou negativa (retrucando), então reveja ou repita como você acabou de falar com eles.

Durante o resto da semana, fiquei extremamente atenta ao meu tom de voz. Na vez seguinte em que Greyson estava demorando, toquei gentilmente seu ombro e disse: "Estou preocupada em chegar atrasada e preciso de sua ajuda". Ele imediatamente parou de perder tempo e se preparou para que pudéssemos sair na hora certa.

Cada vez que uso uma ferramenta como essa, me pergunto por que esqueço. Pode levar mais alguns segundos para chegar ao nível dos meus meninos quando falo com eles, em vez de gritar com irritação; mas isso me salva de muita irritação e estresse, e desfruto de momentos mais tranquilos e respeitosos com eles.

História de sucesso de Michigan

A ferramenta da Disciplina Positiva sobre não retrucar me ajudou a evitar muitas disputas por poder. Um dos meus maiores dilemas como mãe tem sido como evitar microgerenciar os trabalhos escolares dos meus filhos. Descobri que, quando quero reagir, ajuda muito, em vez disso, validar os sentimentos.

No ano passado, quando um dos meus filhos estava se adaptando às exigências do ensino médio, começamos a entrar em uma disputa por poder quando ele procrastinava (o que acontecia com frequência). As perguntas curiosas foram descartadas e comecei a dizer-lhe o que achava que ele deveria fazer, o que não é nada útil ou eficaz.

Felizmente, por causa da Disciplina Positiva, me recompus imediatamente e usei essa ferramenta quando as coisas não estavam indo bem. Isso me ajudou a lembrar de validar seus sentimentos e reconhecer que a escola estava muito difícil e diferente este ano.

Quando assumi a responsabilidade de me intrometer na sua vida e simplesmente fui embora, isso o ajudou a desenvolver seu próprio senso de desenvoltura e nos impediu de brigar.

— Kristine Gallagher

DICAS DA FERRAMENTA

1. Esteja ciente do exemplo que você está dando - e seja modelo do comportamento que deseja ensinar.
2. Revise a seção "Controle seu próprio comportamento" anteriormente neste capítulo.
3. Esteja preparado para "agir" com ponderação em vez de "reagir" - assim como seu filho.
4. Lembre-se da conexão antes da correção.

SENSO DE HUMOR

O principal perigo na vida é que você tome precauções demais.

— Alfred Adler

O humor pode ajudar pais e filhos a se iluminarem.

1. Lembre-se de rir e se divertir.
2. Use jogos para ajudar a tornar as tarefas divertidas: "Lá vem o monstro das cócegas para pegar as crianças que não guardam seus brinquedos".
3. Quando as crianças estiverem brigando, aborde-as com cuidado e diga "Vamos pro abraço coletivo da vitória".
4. Seja sensível aos momentos em que o humor não é apropriado.

Jane

O que diabos é "abraço coletivo da vitória"? Meu marido, Barry, inventou esse jogo. Quando as crianças começavam a brigar, ele as derrubava no chão, gritando: "Abraço coletivo da vitória!". Então ele os agarrava e rolava no chão (como se estivessem comemorando um gol no futebol). Logo todos estavam rindo enquanto as crianças se juntavam, tentando ficar em cima do pai.

Um pai compartilhou comigo que ele apontava o polegar na frente de seus filhos brigões e dizia: "Sou repórter da CNN. Quem gostaria de ser o primeiro a falar ao meu microfone e me dar a sua versão do que está acontecendo aqui?". Às vezes seus filhos apenas riam, e às vezes cada um contava sua versão. Quando contavam suas versões da briga, o pai se voltava para um público imaginário e dizia: "Bem, pessoal, vocês ouviram aqui primeiro. Sintonize amanhã para ver como essas crianças brilhantes resolvem esse problema". Se o problema não fosse resolvido até então, o pai dizia: "Você vai colocar o problema na pauta da reunião de família para que toda a família possa ajudar com sugestões? Ou posso encontrá-los aqui amanhã, no mesmo horário, na mesma estação, para um relatório ao nosso público?".

Uma palavra sobre sensibilidade: você já percebeu que, quando alguém faz cócegas em você, você não consegue evitar rir, mesmo que não seja divertido? As crianças não se divertem realmente quando sentem cócegas – pelo menos não o tempo todo.

Seja sensível ao fato de que as crianças podem não ter um senso de humor altamente desenvolvido; portanto, tome cuidado ao usar humor que não seja engraçado para elas. As crianças podem ter seus sentimentos feridos por algo que o pai/a mãe diz em nome do humor e depois ser provocadas por algo que não acham engraçado.

Brad

O senso de humor é absolutamente inestimável na criação dos filhos. Precisamos ser capazes de ter senso de humor com nossos filhos e também conosco. Não sei como sobreviveria a este mundo louco de pais solteiros sem senso de humor.

Um dia peguei minha filha na escola e no caminho para casa ela estava me contando tudo sobre o jogo que eles faziam na aula chamado Hinky Pinky (também pode ser chamado de Hink Pink ou Hinkety Pinkety). Aqui está como funciona. Você pensa em duas palavras que rimam que descrevem outra coisa e depois pede às pessoas que adivinhem. Emma tinha uma lista de charadas de Hinky Pinky para mim no caminho da escola para casa. Depois, no jantar, ela explicou o jogo para Gibson e todos nos divertimos revezando-nos e pensando nas rimas de Hinky Pinky.

Aqui está uma lista de alguns dos meus favoritos do jantar da noite passada.

Um peixe comediante: um pintado engraçado
Quando Einstein mostra a língua: inteligente irreverente
Um felino sábio: gato sensato
Pilha que gosta de caminhar: pilha andarilha
Um réptil português: tartaruga portuga
Um salgado reciclável: pastel de papel
Uma pessoa que produz que é legal: produtora da hora

Experimente com seus filhos. É diversão garantida!

Mary

Quando penso no motivo pelo qual queria ter filhos, o primeiro pensamento que me vem à mente é: "Porque quero ter uma vida alegre, com muita diversão e lembranças amorosas". Parece adorável, certo? Então meus meninos fazem algo tão irritante, como brigar, que tudo o que posso fazer é evitar reagir e ficar frustrada.

Depois que tomei a decisão de praticar a ferramenta do senso de humor sempre que possível, descobri que, sempre que o fazia, os muitos desafios de ataques de raiva, choramingos, retruques, não escutar, brigas com irmãos cessavam imediatamente. Como mágica.

Um dia Greyson estava chateado e dizia coisas como "Eu te odeio", "O pior dia de todos!" ou o meu favorito: "Você gostaria que eu não fizesse parte desta família". Em vez de dizer-lhe que o que ele estava falando era totalmente ridículo e falso, comecei a fazer cócegas nele e a cantar: "Você não acha que eu te amo?". E então eu o "ataquei" com vários "eu te amo" e algumas cócegas e beijos divertidos. Não demorou muito para que ambos estivéssemos rindo.

Outro dia, quando deveriam estar na garagem limpando a bagunça dos brinquedos, Greyson e Reid estavam brigando sobre quem deveria pegar o quê ou quem fez qual bagunça. Eu estava irritada porque eles estavam brigando mais uma vez. Então me lembrei do senso de humor. Liguei o rádio do carro e disse: "Hora da dancinha". Imediatamente começamos a rir e a brincar como bobos. Estávamos arrumando as coisas juntos como uma equipe, totalmente conectados e nos divertindo. Não só a garagem foi limpa como também criamos uma ótima lembrança ao fazê-lo.

História de sucesso de Pasadena, Califórnia

Quem gosta de cozinhar sabe: é muito desanimador quando uma receita não sai como você esperava. Como cozinheira experiente, ainda me sinto desanimada quando crio um prato que fracassa.

Minha filha, Claire, cozinha desde que começou a andar. Hoje com 8 anos, ela adora preparar pratos sozinha. Ela entende o valor de seguir uma receita testada, mas prefere criar a sua própria. Embora eu admire seu entusiasmo em criar algo do zero, isso às vezes significa que suas misturas não são nada deliciosas! Na verdade, algumas foram absolutamente horríveis. As ferramentas da Disciplina Positiva, Senso de humor e Acreditar, ajudaram-na a superar as decepções.

No verão passado, Claire assistiu a um programa de culinária infantil em que o *chef* preparava rolinhos de peru. Envolvia peru em camadas com queijo e vegetais, enrolado e fatiado formando cata-ventos. Claire ficou imediatamente inspirada a fazer sua própria versão dessa receita, sozinha. (Tradução: "Mãe, não dê sugestões desta vez, eu sei o que estou fazendo!".)

Naquela noite, Claire colocou duas fatias de peru num prato. Então ela começou a trabalhar no recheio. Devo admitir que foi difícil não interromper (ou engasgar). Em uma tigela, ela combinou maionese, molho *barbecue*, migalhas de biscoito, manjericão seco e tomate cereja fatiado. Ela colocou uma camada grossa de recheio em cada fatia de peru e tentou enrolá-las. Não surpreende que não tenha funcionado. O peru estava recheado demais com o recheio pegajoso. Implacável, Claire esmagou o peru em volta do recheio e apertou-o por cima. Ela os renomeou como "bolsas de peru". Eles realmente pareciam pequenas bolsas em um prato! Eu certamente admirei sua engenhosidade.

Já mencionei que Claire insistiu em prepará-los como uma refeição especial para o papai? Assim que meu marido, John, entrou pela porta, Claire orgulhosamente entregou-lhe o prato com bolsas de peru. John e eu trocamos olhares e ele deu uma mordida. Ele engasgou e finalmente eu não aguentei mais. Explodi em gargalhadas. John disse de modo irônico: "Bem, Claire, as migalhas de biscoito certamente são... surpreendentes".

Graças ao grande senso de humor de Claire, ela achou engraçado que seu pai mal conseguisse engolir a mordida. Naturalmente, ela também ficou desapontada porque seu prato não funcionou. Discutimos como é péssimo quando nossa receita fracassa. Lembrei-lhe que a mesma coisa tinha acontecido comigo no início daquela semana, quando preparei um novo prato. Também discutimos como ela poderia melhorar seu prato na próxima vez. Claire sugeriu usar a receita original como guia de quantidades e ingredientes, enquanto improvisava com outros ingredientes para torná-la sua.

Em vez de resgatar Claire dizendo-lhe que a receita iria fracassar, demonstrei que acreditava na capacidade dela de superar a decepção quando isso acontecesse. Também validei seus sentimentos compartilhando minha própria história.

Um dos melhores resultados de demonstrar que acreditamos é ver a resiliência de Claire crescer. Experimentar na cozinha, enquanto supera decepções ocasionais, deu-lhe confiança tanto na cozinha quanto no mundo. Claire não tem medo de errar, pois sabe que estaremos lá acreditando nela e que ela saberá lidar com o resultado.

— Amy Knobler, Educadora Parental Certificada em Disciplina Positiva

DICAS DA FERRAMENTA

1. Envolva seus filhos na criação de sinais engraçados e ridículos e combine antecipadamente sobre como e quando utilizá-los.
2. Seja exemplo de senso de humor frequentemente, encontrando o lado engraçado das situações e rindo muito.
3. Nunca use o sarcasmo como desculpa para o humor.
4. O que é engraçado para você pode não ser engraçado para outra pessoa.
5. Em outras palavras, use esta ferramenta com cautela.

EMPODERE SEUS FILHOS

Ver com os olhos do outro, ouvir com os ouvidos do outro, sentir com o coração do outro. Por enquanto, esta me parece uma definição admissível do que chamamos de sentimento social.

— Alfred Adler

Partilhe o controle com os jovens para que possam desenvolver as competências necessárias para terem poder sobre as suas próprias vidas.

1. Ensine habilidades de vida.
2. Concentre-se em soluções em conjunto.
3. Acredite em seus filhos.
4. Desapegue (com pequenos passos).
5. Aumente a autoconsciência: "Como você se sente? O que você acha? Como isso afeta o que você deseja em sua vida?".

Jane

Um amigo me perguntou se a Disciplina Positiva era um programa para ensinar os pais a gerenciar/controlar seus filhos. Eu disse: "Não, é um programa para ajudar os pais a *empoderarem* seus filhos a fim de cuidarem de si mesmos". E aí está – o objetivo principal da Disciplina Positiva. É muito importante fornecer aos pais as ferramentas para empoderar seus filhos.

Afirmamos anteriormente que a Disciplina Positiva é um modelo de encorajamento. O encorajamento é a essência do empoderamento. A nossa definição de encorajamento é "entregar o controle aos jovens o mais cedo possível, equipando-os com as competências de que necessitam e empoderando-os para viverem as suas próprias vidas como membros felizes e contribuintes da sociedade".

A nossa definição de desencorajamento é "inserir controle excessivo na vida dos jovens (geralmente em nome do amor) para salvá-los de sofrer as consequências das suas escolhas".

Neste capítulo queremos esclarecer a diferença entre declarações de desencorajamento que são desempoderadoras e declarações empoderadoras.

Disciplina Positiva na criação de filhos

Começaremos com as declarações de desencorajamento para tirá-las do caminho.

Frases desencorajadoras para crianças de 2 a 5 anos

1. "Não. Não. Você não pode colocar o leite no copo. Você pode se machucar ou fazer uma grande bagunça."
2. "Pegue os brinquedos agora ou você vai se sentar na cadeira do castigo."
3. "Outras crianças pegam seus brinquedos. Eu me pergunto se você é um bebê ou uma menina crescida."
4. "Vou ajustar o cronômetro para três minutos e é melhor pegar esses brinquedos até ele tocar!"
5. "Você é muito pequeno. Mamãe fará isso por você."
6. "Passamos por isso todos os dias. Estou cansado disso."
7. "Se você não quer que seus brinquedos sejam jogados fora, é melhor pegá-los agora mesmo!"
8. "Por que você não pode simplesmente me ouvir e fazer o que eu peço?"
9. "Está tudo bem. Sua avó ou eu faremos isso."
10. "Nunca mais me peça para fazer nada por você."

Frases encorajadoras para crianças de 2 a 5 anos

1. Demonstre que acredita e proporcione um ambiente de exploração seguro: "Eu sei que você consegue. Esta jarra de leite é para o seu tamanho".
2. Reconheça os sentimentos primeiro: "Você está muito animado para tentar. Mostre-me como você consegue fazer isso".
3. Verifique a compreensão da criança: "O que precisamos fazer com os brinquedos antes da hora da história?".
4. Convide a cooperação e depois uma escolha: "Preciso da sua ajuda. Você quer cantar enquanto faz a arrumação ou arrumar em silêncio?".
5. Compartilhe o poder: "Aqui está o cronômetro. Veja quantos brinquedos você consegue pegar antes que toque".
6. Ofereça escolhas limitadas: "Você quer guardar primeiro os blocos grandes ou os pequenos?".
7. Desça ao nível dos olhos da criança e diga o que quer (e seja sincero): "Querida, é hora de guardar os blocos agora".

8. Faça uma pergunta curiosa: "Para onde vai esse brinquedo?".
9. Conecte-se e redirecione: "É mais divertido se trabalharmos juntos. O que você gostaria que eu fizesse para ajudar e o que você fará?".
10. Assim que _____, então _____: "Assim que os brinquedos forem recolhidos, será a hora da história".

Frases desencorajadoras para crianças de 6 a 12 anos

1. "Quantas vezes tenho que dizer para você não deixar sua bicicleta na garagem?"
2. "Você age assim todos os dias! O que há de errado com você?"
3. "Eu não me importo com o que você quer. Faça isso agora."
4. "Não importa. Tenho certeza de que você fará isso mais tarde."
5. "Se não pode ser mais responsável, você está de castigo."
6. "Vou ajustar o cronômetro para dez minutos e é melhor que suas tarefas estejam concluídas quando ele tocar."
7. "Estou muito cansado de incomodar você."
8. "Está tudo bem. Eu posso fazer isso por você desta vez."
9. "Por que você não pode simplesmente me ouvir e fazer o que eu peço?"
10. "Se você não quer que suas coisas sejam jogadas fora, é melhor pegá-las agora mesmo!"
11. "Por que você espera que eu faça tudo por você quando você não faz nada por mim?"

Frases encorajadoras para crianças de 6 a 12 anos

1. Demonstre confiança com um lembrete do que a criança pode fazer: "Eu sei que você sabe para onde vai sua bicicleta. Obrigado por cuidar disso agora".
2. Perguntas curiosas: "O que você precisa fazer para manter seu equipamento esportivo seguro?".
3. Reconheça primeiro os sentimentos: "É difícil lembrar de coisas que não estão na sua lista de prioridades. Fico feliz em lembrá-lo uma vez".
4. Assim que_____, então_____: "Assim que suas tarefas terminarem, eu o levo para o seu jogo".

5. Verifique o conhecimento ou compreensão da criança: "O que deveria estar acontecendo agora?".
6. Convide a cooperação e depois uma escolha: "Preciso da sua ajuda. Você quer fazer suas tarefas agora ou em trinta minutos?".
7. Conexão antes da correção: "Não sei o que faria sem a sua ajuda. Qualquer coisa que você puder fazer será apreciada".
8. "Eu te amo, e_____ [diga o que você quer/quer dizer]": "Eu te amo, e isso precisa ser feito agora".
9. Use linguagem não verbal: coloque uma mão gentilmente no ombro dela e depois pegue a mão da criança, aponte o que precisa ser feito e sorria com um olhar compreensivo.
10. Dê poder: "Você deseja definir o cronômetro para o tempo que você acha que levará para terminar?".
11. Conectar e redirecionar: "É mais divertido se trabalharmos juntos. O que você gostaria que eu fizesse para ajudar e o que você fará?".

Frases desencorajadoras para adolescentes

1. "Não acredito que você está procrastinando de novo. O que será de você? Certo, desta vez farei isso, mas da próxima vez você terá que sofrer as consequências."
2. "Querido, pensei que você faria sua lição de casa depois que comprei um carro e um celular para você e lhe dei uma ótima mesada."
3. "Querido, apresse-se e faça o máximo que puder agora enquanto eu escolho suas roupas e aqueço o carro para que você não sinta frio quando eu te levar para a escola."
4. "Eu simplesmente não entendo. Eu te dispensei das tarefas. Eu te acordei cedo. Eu levei você a todos os lugares para que você tivesse mais tempo. Eu fiz seus almoços. Como isso pôde acontecer?"
5. "Tudo bem, vou escrever um bilhete para a professora informando que você estava doente esta manhã, mas precisa pegar a lição com os colegas."
6. "Você está de castigo e perdeu todos os seus privilégios – sem carro, sem *videogame*, sem amigos – até que isso seja feito."
7. "Não é de admirar. Eu vi você desperdiçando seu tempo com *videogame*, passando muito tempo com seus amigos e dormindo até tarde."
8. "Você deveria sentir vergonha de si mesmo. É melhor se preparar/recuperar ou vai viver nas ruas como um vagabundo."

9. "Quantas vezes eu já disse para você fazer sua lição de casa mais cedo? Por que você não pode ser mais responsável como seu irmão?"

Frases encorajadoras para adolescentes

1. Perguntas curiosas: "Qual é a sua visão sobre o que está acontecendo em relação à sua lição de casa? Você estaria disposto a ouvir minhas preocupações? Poderíamos levantar juntos algumas soluções possíveis?".
2. Demonstre confiança: "Vejo que você se sente mal por ter tirado aquela nota baixa. Acredito na sua capacidade de aprender com isso e descobrir o que você precisa fazer para obter a nota desejada".
3. Decida o que você fará e informe com antecedência: "Não estou disposto a livrar sua cara. Quando sua professora ligar, entregarei o telefone para que ela possa discutir o assunto com você".
4. Ouça: "Gostaria de saber o que isso significa para você".
5. Decida o que você fará e siga em frente: "Estou disponível por uma hora, duas noites por semana, quando combinarmos antecipadamente um horário conveniente, mas não estou disposto a me envolver no último minuto".
6. Compartilhe o que você quer e ouça: "Espero que você faça faculdade, mas não tenho certeza se isso é importante para você. Fico feliz em conversar com você sobre seus pensamentos ou planos".
7. Compartilhe seus sentimentos, faça pausas positivas e realize reuniões de família: "Estou muito chateado para falar sobre isso agora. Vamos colocar isso na pauta da reunião de família para que possamos conversar sobre isso quando eu não estiver tão abalado".
8. Resolução conjunta de problemas: "Poderíamos sentar e ver se podemos trabalhar em um plano em relação à lição de casa com o qual ambos possamos conviver?".
9. Amor e aceitação incondicional: "Eu te amo do jeito que você é e respeito suas decisões".

O **comportamento desencorajador** dos adultos pode provocar rebeldia *ou* uma dependência pouco saudável nas crianças, impedindo-as de se sentirem capazes. O comportamento desencorajador inclui: resgatar, superproteger e controlar.

O **comportamento encorajador/empoderador** dos adultos convida as crianças a aprenderem as habilidades de vida de que necessitam para terem poder sobre as suas próprias vidas e experimentarem a alegria de contribuir com os outros. Comportamento encorajador/empoderador significa acreditar na sua capacidade de aprender e se recuperar dos seus erros em um ambiente seguro.

Se você está acostumado a empregar soluções de controle e resgate em curto prazo, talvez não perceba quão poderosas são essas frases empoderadoras/encorajadoras.

Declarações e ações empoderadoras/encorajadoras são importantes porque dão aos seus filhos poder sobre suas próprias vidas. Esse poder muitas vezes leva a erros e fracassos. Quando você entende e confia que aprender com os erros e fracassos é uma parte importante de um processo de vida bem-sucedido, poderá achar mais fácil usar as frases encorajadoras/empoderadoras. Se o que você está fazendo atualmente não está funcionando, confie e trabalhe no uso de frases encorajadoras/empoderadoras com seus filhos.

Brad

Você nunca sabe ao certo o impacto que sua parentalidade está tendo sobre seus filhos. Minha mãe diz que um verdadeiro sinal de boa educação é como seus filhos agem quando você não está por perto. Não recebo crédito pelas realizações dos meus filhos, mas tento o meu melhor para proporcionar um ambiente encorajador de amor e apoio que lhes permitirá ter sucesso. E devo admitir que não ouço nada além de elogios de outras pessoas sobre meus filhos.

Mary

A única ferramenta que foi consistente na minha infância, e mesmo na idade adulta, é o empoderamento. Tenho tantas lembranças vívidas de minha mãe usando o empoderamento para me ensinar muitas das habilidades de vida e características que ela queria que eu tivesse.

Um grande exemplo vem de uma época da minha vida quando eu tinha 16 anos e passei por um estágio rebelde de curto prazo. Fiz um teste para a torcida e não consegui. Eu gostava de inglês e odiava meu professor. Eu tinha um namorado um ano mais velho que eu. Meu irmão mais velho saiu de casa para ir para a faculdade. Eu tinha um carro, carteira de motorista e vontade de testar a independência e os limites. Até considerei fazer meu GED* para não ter que ir à escola nunca mais.

Enquanto eu relaxo, agora como mãe, e penso em todas as maneiras como excedi muitos limites, honestamente não consigo me lembrar de uma única vez em que minha mãe ameaçou, deu sermões, subornou, me envergonhou ou até mesmo tirou privilégios (como uma consequência que não foi relacionada, razoável ou respeitosa). Em vez disso, ela fez *muitas* perguntas e realmente me convidou a pensar sobre como seria minha vida em longo prazo com as decisões que eu estava tomando. Ela sempre esteve lá para encorajar, apoiar e ajudar a resolver problemas, ao mesmo tempo que me convidava verdadeiramente a encontrar as respostas.

Olhando para trás, para minha adolescência e até mesmo para meus vinte e poucos anos, posso reconhecer muitas das decisões erradas e dos erros que cometi. Como mãe, só posso imaginar quão difícil e tentador pode ter sido para minha mãe querer intervir e "me contar" que eu estava tomando a decisão errada, ou querer me resgatar e me ajudar a evitar cometer erros. Graças a Deus ela não fez isso! Em vez disso, ela praticou o que pregou e me deixou viver minha vida (com erros e tudo).

Decidi concluir o ensino médio enquanto trabalhava em dois empregos, fui para a faculdade e terminei meu mestrado em aconselhamento matrimonial e terapia familiar. Estudei no exterior e sempre estive empregada, com pelo menos um emprego – geralmente dois. Vivi meus 20 anos ao máximo e tive meu primeiro filho aos 31 anos. Sinceramente, acredito que minha vida não teria sido do jeito que foi se minha mãe não tivesse me fortalecido e demonstrado que acreditava em mim.

Hoje uso todos os meus erros e o apoio incondicional de meus pais para ensinar outras pessoas por meio de *workshops* de Disciplina Positiva para pais, apresentações, trabalhando com clientes como terapeuta matrimonial e familiar e, mais importante, criando meus três filhos.

---

* N. T.: A certificação GED, ou *General Educational Development*, é um diploma equivalente ao ensino médio nos Estados Unidos e Canadá. Ela é destinada a pessoas que não concluíram o ensino médio tradicionalmente, mas desejam obter uma certificação reconhecida que comprove suas habilidades acadêmicas.

Sinceramente, não me arrependo porque mais uma vez eu vivo com as palavras de sabedoria da minha mãe e sei que "tudo é perfeito – exatamente como deveria ser".

Lembro-me de quando fui mãe pela primeira vez e estava enfrentando um desafio com um de meus filhos. Pensei: "Tem opção melhor do que a minha mãe para eu ligar?". Em vez de me dar as ferramentas ou os conselhos que eu queria, ela perguntou: "O que seu coração lhe diz?".

DICAS DA FERRAMENTA

1. Capacite seus filhos a descobrirem quão capazes eles são, permitindo-lhes experimentar suas capacidades.
2. É provável que o sofrimento deles seja mais difícil para você do que para eles. Tenha em mente os resultados em longo prazo.
3. Compreenda que o princípio por trás de todas as ferramentas da Disciplina Positiva é empoderar seus filhos – e você mesmo – no processo.

REFERÊNCIAS BIBLIOGRÁFICAS

1. Baumrind, D. (1966). Effects of authoritative parental control on child behavior. *Child Development, 37*, 887–907.
2. Baumrind, D. (1967). Childcare practices anteceding three patterns of preschool behavior. *Genetic Psychology Monograph, 75*, 43–88.
3. Baumrind, D. (1971). Current patterns of parental authority. *Developmental Psychology, 4(1, Pt.2)*, 1–103. doi: 10.1037/h0030372.
4. Baumrind, D. (1996). The discipline controversy revisited. *Family Relations, 45*, 405–414.
5. Bower, B. (1989). Teenagers reap broad benefits from authoritative parents. *Science News, 136*, 117–118.
6. Gershoff, E., & Larzelere, R. (2002). Is corporal punishment an effective means of discipline? American Psychological Association.
7. Adler, A. (1927). *Understanding human nature.* (W. B. Wolfe, Trans.). New York: World.
8. Furnham, A., & Cheng, H. (2000). Perceived parenting behavior, self--esteem, and happiness. *Social Psychiatry Psychiatric Epidemiology, 35*, 463–470.
9. Maccoby, E. E., & Martin, J. A. (1983). Socialization in the context of the family: Parent-child interaction. In P. H. Mussen (Ed.), *Handbook of child psychology: Vol. 4: Socialization, personality, and social development* (4th ed., 1–101). New York: Wiley.

10. Masud, H., Thurasamy, R., & Ahmad, M. (2015). Parenting styles and academic achievement of young adolescents: A systematic literature review. *Quality and Quantity, 46,* 2411–2433.
11. Milevsky, A., Schlechter, M., & Netter, S. (2007). Maternal and paternal parenting styles in adolescents: Associations with self-esteem, depression and life satisfaction. *Journal of Child and Family Studies, 16(1),* 39–47. doi: 10.1007/s10826-006-9066-5.
12. Newman, J, Gozu, H., Guan, S., Lee, J. E., Li, X., Sasaki, Y. (2015). Relationship between maternal parenting style and high school achievement and self-esteem in China, Turkey and U.S.A. *Journal of Comparative Family Studies, 46,* 265–288.
13. Ren, L., & Pope Edwards, C. (2015). Pathways of influence: Chinese parents' expectations, parenting styles, and child social competence. *Early Child Development & Care, 185,* 616–632.
14. Dinwiddie, S. (1999). Effective parenting styles: Why yesterday's models won't work today. Kidsource.com/better.world.press/parenting.
15. Adalbjarnardottir, S., & Hafsteinsson, L. G. (2001). Adolescents' perceived parenting styles and their substance use: Concurrent and longitudinal analysis. *Journal of Research on Adolescence, 11,* 401–423.
16. Burback, D. J., & Borduin, C. M. (1986). Parent-child relations and the etiology of depression: A review of methods and findings. *Clinical Psychology Review, 6,* 133–153.
17. Turkel, Y. D., & Tezer, E. (2008). Parenting styles and learned resourcefulness of Turkish adolescents. *Adolescence, 43(169),* 143–152.
18. Dweck, C. S. (2006). *Mindset: The New Psychology of Success.* New York: Random House.
19. Warneken, F., & Tomasello, M. (2006). Altruistic helping in human infants and young chimpanzees. *Science, 311,* 1301–1303.
20. Kaiser Family Foundation (2010). Generation M2: Media in the lives of 8-to 18-year-olds. http://kff.org/other/event/generation-m2-media-in--the-lives-of.

ÍNDICE REMISSIVO

A

Abordagem equilibrada 24
Aborrecimentos matinais 78
Abraço 29, 103, 171, 172, 252, 288
Ação 283
Acompanhamento 65, 131, 132
  eficaz 136, 137
  gentil 64
Acontecimentos 241
Acordos 24, 72, 138
  respeitosos 136
Acredite 112
Adler, Alfred xix, xxi, 69, 124, 241,
    288, 293
Adolescentes 23, 31, 50, 179, 239,
    281, 296, 297
Agir sem palavras 241
Ainge, Brad xxix, 17, 26, 31, 35, 43,
    50, 58, 65, 72, 78, 83, 98, 104,
    109, 114, 121, 126, 131, 138,
    143, 148, 159, 168, 173, 179,
    183, 187, 195, 203, 210, 216,
    226, 232, 237, 242, 252, 258,
    263, 270, 274, 281, 285, 289,
    298
Alternativas 198
Ambiente
  de apoio 26
  seguro 95
Ameaças 66
American Academy of Pediatrics
    214
Amigos 129
Amor 142, 164, 268
Ansiedade 211
Apenas escute 124
Apoio 25
Apreciação 120
Aprendizado 261

Armadilhas que atrapalham um
  acompanhamento eficaz 137
Ataque(s) de raiva 34, 183
Atenção 238, 268, 277
  aos filhos 237
  indevida 2, 240
Atitude das pessoas 177
Atividades alternativas 213
Autoavaliação 185
Autoconfiança xxv
Autocontrole xxv, 262
Autodisciplina xxv, 78, 222
Autoestima 142, 255
Automotivação xxv
Autorregulação 83, 90
Autossuficiência 185
Aventura xxx

B

Bagunça 262
Baumrind, Diana xx
Boas intenções 88
Brainstorming 48, 54, 102, 128, 129,
  130, 135, 136, 138, 147, 151,
  209, 222, 226, 249
Brigas 245, 268
Brinquedos 25, 168, 211, 225, 242

C

Cachorro 210, 211
Capacidade 142

Característica inata das crianças 209
Caráter 142
Castigo 88, 132
Celular 217, 239
Cenas 243
Cérebro 82
  intermediário 83
  reptiliano 130
Chantagem 265
Ciclo(s) de vingança xxvii, 77, 283
Ciência do cérebro 157
Cofrinho 202
Colegas 209
Colocar as crianças no mesmo barco
  268
Cometendo erros 82
Como os adultos podem contribuir
  para o problema 6, 8
Como se conectar 107
Compaixão xxv
Competências 25, 293
Competição 42
Comportamento xix, xxi, 2, 4, 90,
  102, 168, 177, 224, 268
  desafiador 10
  desencorajador 297
  encorajador/empoderador 298
Compreenda o cérebro 82
Compreensão 24
Compromisso 239
Computador 217
Comunicação
  eficaz 23
  na família 47

Índice remissivo

Conclusão feliz 149

Conexão xxiii, 29, 57, 215, 248, 274
antes da correção 29, 171, 278, 287

Confiança 29, 115, 120, 274

Conquistar a cooperação 42

Consciência social xxv, 142

Conscientização 236

Conselho 245

Consequências 37, 99, 254
lógicas 77, 254
naturais 77, 113, 261, 262, 266

Constrangimento 60

Contribuição 173

Controle 82, 182
seu próprio comportamento 273

Conversa(s) 167
dos pais 231

Cooperação xxiii, xxv, 42, 43, 50, 64, 65, 78, 268

Coração 69, 178, 293, 300

Coragem xxv, 115, 138

Correção 71
convencional 30

Cortesia xxv

Crença(s) xix, 3
equivocada xxi
na capacidade pessoal xxv
por trás do comportamento xxi, 1, 2, 6, 8, 232

Criação dos filhos 289

Criança(s) xxvi, 42
de 1 ano 143
de 2 anos 143
de 2 a 5 anos 294

de 6 a 12 anos 295
de 7 e 9 anos 144
desencorajada 33
em idade pré-escolar 181

Critérios da Disciplina
Positiva xxiii

Culpa 89, 147, 245, 273

Cumprir os acordos 136

D

Decepção 60

Decida o que você vai fazer 62

Decifrar o código 1

Deficiências 114

Desafios xxv
diários 128, 129

Desapegar 76

Desconexão 183

Desculpas 103, 129, 178, 259

Desejo de contribuir 209

Desencorajamento 293

Desenhos animados 220

Detetives 268

Dicas
da ferramenta 12, 21, 28, 32, 41, 46, 55, 61, 68, 75, 81, 87, 93, 100, 105, 111, 119, 123, 127, 135, 141, 146, 150, 155, 163, 170, 176, 180, 184, 190, 196, 200, 207, 212, 221, 230, 235, 240, 245, 249, 253, 260, 267, 272, 278, 282, 287, 292, 300

para desapegar, evitar problemas de manhã e ensinar responsabilidade 77

para um acompanhamento eficaz 137

Dilema 72

Dinheiro 201, 203, 204

Disciplina Positiva

em sala de aula 35

para adolescentes 277

para crianças de 0 a 3 anos 199

Discussão 81, 136

Disputas por poder xxvii, 62, 77, 78, 283

Dissimulação xxii

Distância 273

Dominação dos adultos 128

Dramatização 193, 248

Dreikurs, Rudolf xx, xxi, 1, 13, 22, 23, 29, 33, 42, 47, 56, 62, 76, 82, 88, 94, 101, 107, 112, 120, 128, 136, 142, 147, 151, 156, 164, 171, 177, 181, 185, 191, 197, 201, 208, 222, 231, 236, 246, 250, 254, 261, 268, 279, 283

Dweck, Carol 185

E

Educação

de filhos 95

Infantil 35

Educador(a) 236

Parental Certificado(a) em Disciplina Positiva 12, 20, 27, 32, 40, 46, 54, 60, 87, 93, 100, 118, 155, 162, 169, 180, 212, 220, 221, 230, 235, 248, 265, 267, 292

Elogios 50, 185, 186, 189, 269

e reconhecimentos 47

Emoções 60, 61, 222

Empatia xxv, 215

Empoderamento 293

Empodere seus filhos 293

Encenação 160

Encorajamento xxiii, 10, 29, 33, 48, 186

versus elogio 185

Energia 279

Ensine às crianças a diferença entre o que sentem e o que fazem 57

Entrando no mundo do seu filho xxvi

Entrelinhas 232

Entusiasmo 93, 267

pela vida xxv

Equilíbrio 219

Erros xix, 25, 48, 56, 98

como oportunidades de aprendizado 94, 234

Erwin, Cheryl 68

Escola 38, 132, 246, 278

Escolhas 24, 198, 215, 261, 293

limitadas 197

Esportes 67

Estado de "descontrole" 83
Estágio de mãe firme 71
Estilo parental xix, xx, 69, 70
Estresse 287
Evite mimar 164
Exemplo 83, 273
  é o melhor professor 232, 273
Expectativas xxx
Experiências 38, 116, 117, 142, 271
Expressões 255

para adolescentes 296
para crianças de 2 a 5 anos 294
para crianças de 6 a 12 anos 295
Frases encorajadoras
  para adolescentes 297
  para crianças de 2 a 5 anos 294
  para crianças de 6 a 12 anos 295
Freud, Sigmund xix
Frustração xxx, 60
Futebol 216

F

Faça o acompanhamento eficaz 69
Família(s) xx, 53, 63, 118, 213
Felicidade 164
  matinal 78
Férias 183
  escolares 36, 259
Ferramenta(s)
  de disciplina não punitivas 255
  parental 233
Filhos xxiv, xxviii
Filosofia 150
Firmeza e gentileza 22
Fisiologia 157
Foco em soluções 147, 148, 149
Fome 165
Formulário de dicas para ser um
    detetive dos objetivos
    equivocados 4, 5
Fracasso 186
Frases desencorajadoras

G

Gentil e firme 22
Gentileza 25, 94
  e firmeza 199, 215, 258
Gesto passivo-agressivo 228
Guloseimas 225

H

Habilidade(s) 152, 206
  atlética 270
  de comunicação xxv
  de escuta 48
  de resolução de problemas xxv, 42,
    117
  de vida xxvi, 13, 208, 293
  práticas 201
  sociais e de vida xxiii, 47
História
  das crianças 206
  dos pais 205

Histórias de sucesso
  da Carolina do Norte 127
  da Colúmbia Britânica, Canadá 248
  da Coreia 10
  da Costa Rica 99
  da Dakota do Norte 154
  da Dra. Jane Nelsen xxviii
  de Atlanta, Geórgia 168, 249, 252
  de Bozeman, Montana 59
  de Bradenton, Flórida 154
  de Burnaby, Colúmbia Britânica, Canadá 229
  de Carlsbad, Califórnia 74
  de Chicago 37
  de Chino, Califórnia 199
  de Deer Park, Nova York 45
  de Lima, Peru 54
  de Marselha, França 259, 277
  de Mary Nelsen Tamborski xxix
  de Michigan 287
  de Mission Viejo, Califórnia 150
  de Monroe, Washington 60, 140
  de Montana 31
  de Monterrey, México 264
  de Nashville, Tennessee 80
  de Oakland, Califórnia 132, 271
  de Oceanside, Califórnia 86
  de Oklahoma 73
  de Paris, França 265
  de Pasadena, Califórnia 18, 92, 122, 161, 179, 290
  de Pleasanton, Califórnia 174
  de Prince George 11

  de Reno, Nevada 67
  de Riyad, Arábia Saudita 211
  de San Diego, Califórnia 27, 111, 118, 160, 188, 196, 205, 230
  de Seattle, Washington 234
  de Shenzhen, China 104, 175, 239
  de Sydney, Austrália 220
  de Union City, Pensilvânia 145
  de Upper Saddle River, New Jersey 53
  de Vista, Califórnia 100
  de Washington, D.C. 245
  de Xiamen, China 39, 219
  do Alabama 281
  do Arizona 184
  do Cairo, Egito 117
  do pai solteiro Brad xxix
  do Peru 39
Hobbies 214
Honestidade xxv

I

Inadequação assumida 3, 4
Insight 86, 286
Instruções 253
Integridade xxv
Interesse
  em aprender xxv
  social (contribuição) 47, 142, 208
Irmãos 120
Irritação 287

J

Jogo(s) 17, 169
  de tabuleiro 139
Julgamento 191

L

Lego 205
Lembrete(s) 281
  gentil 250
Lição
  de casa 156
  de vida 135
Lidando com os desafios 171
Limitar o tempo de tela 213, 217
Limite 215
Listas e metas 225
Livro(s) 243
  infantil 90
  de Disciplina Positiva 200

M

Maturidade social 165
Mau comportamento 279
Maus hábitos 277
Memória 177
Menos é mais 231
Mensagem(ns)
  codificada 3, 6, 8, 12
  de amor 29
  negativas 95

Mente(s) 222
  aberta xxv
Mesada 201, 202
Mesencéfalo 83, 86
Métodos de ensino 95
Mídias 214, 215
Modelo(s) 152
  de disciplina xx
Momento(s)
  de calma 242
  de conflito 273
  encorajador 37
  especial 107, 236
Motivadores externos para
      controlar seu comportamento
      225
Músculos da decepção 25, 117, 166

N

Não retruque 283
Necessidades da criança 58
Negatividade 286
Nelsen, Jane xxviii, 13, 22, 29, 33, 42,
      47, 56, 62, 69, 76, 82, 88, 94,
      101, 107, 112, 124, 129, 136,
      142, 147, 151, 156, 164, 171,
      177, 181, 185, 191, 197, 201,
      208, 213, 222, 232, 236, 241,
      246, 250, 255, 261, 268, 273,
      279, 283, 288, 293
Noites de encontro 108
Nutrição 227

O

Objetivo(s)
da criança 6, 8
equivocados 1, 4, 5, 172, 211
O espaço mágico que acalma 90, 91
Olho no olho 177
Opiniões 93
Oportunidade(s)
de aprendizado 101, 221
de perguntar 266
Opostos se atraem 22
Orgulho 19
Orientação parental 47
Ouvir 231

P

Paciência xxv, 112, 182
Pais 24, 69
autoritativos 70
helicóptero 237
ou professores 6, 8
permissivos 70
rigorosos 70
Palavras 241, 283
Parentalidade
autocrática 24
autoritária 23
permissiva 23, 24
Participante(s)
da aula de Disciplina Positiva 175,
272

do curso de Disciplina Positiva 55
Passos para acordos respeitosos 136
Passos para reuniões de família
eficazes 49
Atividade divertida 50
Bastão da fala 49
Brainstorming 49
Concentre-se em soluções 49
Elogios ou reconhecimentos 49
Encoraje as crianças a falarem
primeiro 49
Escolhendo a solução 49
Introdução 49
Pauta da reunião de família 49
Use os Três "R" e um "U" para
avaliar as soluções propostas
49
Pausa
positiva 88, 130
punitiva 89
Peça ajuda 142
Pedido
de ajuda 237
de desculpas 86
Pensamento(s) 82, 188, 222
aleatórios 126
Pequenos passos 181, 182, 197
Perguntas
curiosas 192, 195, 256
curiosas (motivacionais) 156
curiosas (que geram conversas)
191
de conformidade 159, 192
Perigo 262

Pertencimento (aceitação) e
importância xxi, 108, 259
Pessoas descontroladas 83
Poder mal direcionado 2, 3, 172
Ponto de vista 42
Prática semanal 269
Preste atenção 236
Princípios fundamentais xxvii
Prioridades 72
Problema(s) 65
da vida 4
Processo do desafio 79
Professora e Trainer Certificada em
Disciplina Positiva 100, 150
Proximidade 29, 274
Punição(ões) xxii, 37, 88, 265
mal disfarçadas 254

Q

Quadro
de rotina 77, 225, 226, 227
dos objetivos equivocados 1, 6, 8,
10, 168, 169
Quatro "R" da punição xxii, 255

R

Raiva 60, 112, 129
Rebeldia xxii, 255
Receita de minibolinhos de milho
com salsicha 20
Reclamação 196

Recomendação 14
Recompensas 14, 15, 187, 222
Reconciliação 103
Reconhecimentos 120, 121
Recuo xxii, 255
Rede(s) social(is) 132
da Disciplina Positiva 13
Redirecionamento 24
Redução da autoestima xxii
Refeição 291
Relacionamentos 29, 132, 213
Reparação dos erros 101, 106
Reserve tempo para praticar 13
Resiliência xxv, 47, 261
Resolução de problemas xxiii, 48, 64,
77, 128, 131, 138, 239
com seus filhos 128
Respeito xxiii, 178
genuíno por outro indivíduo 197
por si mesmo e pelos outros xxv
Responsabilidade xxv, 16, 42, 76-78,
93, 138, 165, 191, 197, 262,
266
Resposta(s)
da criança 6, 8
proativas e encorajadoras dos pais/
mães e professores 6, 8
Ressentimento xxii, 255
Retaliação xxii, 255
Reuniões de família 16, 47, 48, 72,
113, 151, 205, 246
comunicação na família 47
Revolução Industrial 236
Rivalidade entre irmãos 269

Roda
de escolhas 90, 151, 152, 154
de escolhas na sala de aula 154
de tarefas 211
Roteiro 191
Rotina(s) 16, 222, 223
de hora de dormir 73
Roupas 202

de problemas 14
respeitosa 29, 101
Sonhos 101
Sorriso 187
Submissão 197
Sucesso 181, 226
acadêmico 165
Sugestão falha (suposição) 201

S

Saúde mental e física 216
Seja um exemplo 273
Sensação 247
Sensibilidade 289
Senso
de capacidade 261
de humor xxv, 288
de igualdade 128
de realização 225
interno de orgulho 34
Sentimento(s) 56, 57, 283
de inferioridade xix
feridos 273
social 293
Sermões 33, 250
Sete dicas para desapegar, evitar
problemas de manhã e ensinar
responsabilidade 77
Simulações 130
Sinais não verbais 246-248
Situação de conflito 22
Solução(ões) 29, 129, 152, 156, 258

T

Tamborski, Mary Nelsen xxix, 17,
26, 30, 35, 44, 52, 58, 65, 71,
79, 85, 90, 96, 102, 108, 113,
121, 125, 130, 139, 143, 148,
152, 158, 165, 173, 178, 182,
186, 193, 198, 204, 209, 218,
228, 233, 238, 243, 247, 251,
257, 262, 269, 276, 280, 286,
290, 298
Tarefas 186
diárias 121
domésticas 201, 208, 209
TDAH 199
Tecnologia 213, 220
Telas 213
Televisão 217, 243, 246
Tempo
de pausa positiva 89
de tela 214
especial 29, 107, 110, 278
para pensar/castigo 89
Tensão 38

Índice remissivo

Terapia familiar 277
Tesouros 183
Tom 280
  de voz 279
  respeitoso e calmo 178
Tradição 108
Trainer Certificada em Disciplina
      Positiva 38, 61, 75, 105, 111,
      123, 135, 141, 161, 189, 196,
      240, 249, 253
Treinamento 225
Três "R"
  da reparação dos erros 101
  e um "U" das consequências lógicas
    254, 255

U

Uma palavra 250

V

Validação de sentimentos 24, 25,
    56-58

Vergonha 89
Via de mão dupla 71
Viagens 263
Videogame 87, 160, 203, 213, 216,
    217, 220, 259, 296
Vingança 3
Violência 103
Voz 279

W

Workshops de Disciplina Positiva 34,
    222, 265, 279, 299

X

Xingamentos 51

Z

Zoológico 160